中国海洋捕捞业生产的理论与实证研究

Theoretical and Empirical Study on Marine Fishery Production in China

梁　铄/著

经济管理出版社
ECONOMY & MANAGEMENT PUBLISHING HOUSE

图书在版编目（CIP）数据

中国海洋捕捞业生产的理论与实证研究/梁铄著．—北京：经济管理出版社，2017．10
ISBN 978－7－5096－5290－9

Ⅰ．①中…　Ⅱ．①梁…　Ⅲ．①海洋渔业—捕捞—研究—中国　Ⅳ．①F326．4

中国版本图书馆 CIP 数据核字(2017)第 195715 号

组稿编辑：杜　菲
责任编辑：杜　菲
责任印制：司东翔
责任校对：董杉珊

出版发行：经济管理出版社
（北京市海淀区北蜂窝 8 号中雅大厦 A 座 11 层　100038）
网　　址：www. E－mp. com. cn
电　　话：（010）51915602
印　　刷：北京玺诚印务有限公司
经　　销：新华书店
开　　本：710mm×1000mm/16
印　　张：13．5
字　　数：256 千字
版　　次：2018 年 1 月第 1 版　　2018 年 1 月第 1 次印刷
书　　号：ISBN 978－7－5096－5290－9
定　　价：78．00 元

总　序

由中国海洋大学管理学院工商管理系“100 工程”（百万学术支持工程）支持，凝结着我们这个默默无闻的学术群体的集体智慧和辛勤汗水，承载着我们志存高远的学术理想和不懈追求的《工商管理系列专著》终于面世了，我的心被欣慰所充满，被感动所融化，一种自豪的情怀油然而生……

中国海洋大学管理学院工商管理系成立于 2001 年 11 月。在十几年的发展中，我们立足本学科领域的研究，确立科研重点，打造学术团队，凝练主攻方向，整合优势资源，采取了一系列的科研推动措施。在 2011 年 10 年系庆之际，我们启动了“100 工程”，同时规划了《工商管理系列专著》的出版事宜，系列专著的出版是“100 工程”的重要组成部分。如今，《工商管理系列专著》的面世，正是我们十多年以来重视学科建设、鼓励学术自由探索、支持创新性学术研究的体现，也是我们抒发学术感思夙愿的实现。

《工商管理系列专著》由中国海洋大学管理学院工商管理系的创收经费资助出版，充分体现了我们对于学科建设和学术研究的高度重视，可谓全系同仁学术道路上的一个里程碑。《工商管理系列专著》承担着记载与积累学术成果、弘扬和传承科研传统的使命，凝结了集体的智慧和力量。系列专著从不同侧面对管理理论和实践问题进行深入研究与探讨，提出具有前瞻性和战略性的学术思想与观点，颇具理论和实践价值。

作为高校中最基层的学术团队，我们求真务实，协作创新，执着追求，永不言败。我们深深懂得：追求学术的过程是艰辛而坎坷的，既是我们在学术的道路上不断进步的过程，也是我们久耐学术寂寞，稳坐“冷板凳”，坚持探索学术真谛的过程。我们肯定不是最优秀的，但我们一定是最努力的；我们肯定不是最成功的，但我们一定是最执着的。我们要用饱含生命智慧和心血的研究成果，默默地为丰富我国管理理论而添砖加瓦，为拓展我国管理实践而增光添彩。

出版《工商管理系列专著》的初衷有三：第一，进一步推进既定研究方向的科研活动深入开展，对科研活动做出阶段性的总结；第二，向管理理论和实践研究领域注入我们的学术思想，向学术界发出我们——这个最基层学术团队的微弱的呐喊，以示我们对学术的那一份追求和对世事浮躁的那一份淡定；第三，向社会各界求教，与同行学者共勉。

《工商管理系列专著》的主要特点有三：第一，作者理论基础深厚。系列专著的作者长期从事工商管理专业的科研和教学工作，具有较为深厚的理论基础。第二，研究具有前沿性。每一位作者都立足自己长期坚持的研究方向，对其最前沿的管理理论和实践问题进行思考和探索。第三，系列专著用途广泛。既可以用作管理理论研究的参考用书，也可以用作管理实践探讨的参考用书，还可以用作相关专业人士的学习参考用书。

我们自知才疏学浅，见识有限，恳请社会各界、同行学者对我们的浅薄之见不吝赐教。限于作者水平，系列专著的缺点和不足在所难免，敬请广大读者批评指正。

深情写来，是为序。

中国海洋大学管理学院工商管理系主任

王森

于 2014 年秋

目 录

第一章 绪论

一、研究背景

海洋是生命的摇篮、资源的宝库，海洋以博大的胸怀滋养着人类。海洋里捕捞的鱼、虾、蟹、贝类等能够提供优质蛋白，具有特色风味，深受人们喜爱。海洋捕捞业为沿海地区人口提供了重要的谋生手段，也是海洋经济传统的支柱性行业，在一些国家的国民经济中甚至占有支柱性地位。我国是海洋捕捞业大国，2015 年海洋捕捞总量达 1534 万吨，位居世界第一。但自 20 世纪 90 年代以来，由于捕捞强度大大超过渔业生物资源补充能力，加之由工业发展带来的海域污染日趋严重，造成全球海洋生态环境不断恶化，海洋生物资源量不断衰退，而我国近海的渔业资源衰退问题尤为突出。海洋生物种类不断减少，传统渔场鱼汛逐渐消失，一些有重要经济价值的海洋鱼类数量衰退严重。据《中国海洋发展报告》称，渤黄海有记录生物物种 300 种、东海 760 种、南海 1000 多种。然而1997～2000 年的专项调查结果显示，渤黄海生物仅剩 180 种、东海也只有 620 种，海洋生物物种的种类分别减少了 40% 和 30%。如我国传统主要经济鱼类之一的大黄鱼，在经历了 70 年代的高产量后，进入 80 年代产量骤减，到 2010 年产量已由峰值的 19.7 万吨下降到 6.3 万吨①。在渔业资源的持续衰退下，巨大的海洋捕捞量越来越依靠捕捞幼鱼和营养层级低的劣质鱼种实现。除直接导致渔获量下降及品质降低外，渔业资源衰退还引发渔民失业、

---

① 在持续增殖放流之后，大黄鱼捕捞量已逐渐上升，2014 年达 10.46 万吨。

跨国界渔业纠纷、海洋生态系统严重退化、海洋生态灾害频发等一系列问题。

为了扭转近海捕捞能力过剩，渔业资源不断衰退的趋势，我国一方面加强增殖放流、伏季休渔、海洋保护区建设等渔业资源恢复工作，另一方面对近海捕捞能力发展进行限制。自 1987 年起，我国开始对海洋捕捞渔船实行渔船数量和主机功率总量控制的“双控”政策。2003 年，农业部印发了《关于2003～2010 年海洋捕捞渔船控制制度实施意见》，并一直坚持实施。在捕捞业产出控制方面，自 1999 年起，我国实施了近海捕捞量零增长政策，即将近海捕捞产量大致稳定在 1998 年水平。此外，还大力引导近海捕捞渔船、劳动力等向远洋捕捞业转移。但为了保障渔民的生活水平，我国还发放了渔用柴油补贴，以使得渔民出海捕鱼有利可图。在这些政策措施规范下，近海捕捞渔船快速增长的势头有所遏制，捕捞强度控制工作取得了一定进展，但总体而言并未取得预期的成效。表现在近海捕捞能力仍持续提高，近海渔业资源继续不断衰退，捕捞业经济效益下滑，并突出表现在非休渔期大量渔户自愿休渔。

政策失效的成因，除捕捞能力控制与渔业补贴之间存在政策导向矛盾、捕捞能力控制政策难以落实到位外，更重要的原因在于渔船数量和功率控制下，信息化技术、网具和设备、捕捞技术等方面的投资和进步，使捕捞业效率和生产率得以持续提升，进而使近海捕捞生产能力在“双控”限制下仍能够不断增长，最终导致“双控”政策难以发挥预期效果。生产力增长是国民经济整体及各构成部门经济发展的核心。对各部门生产的经济理论与实证研究尤其是对生产率及其相关指标的核算，是制定各部门经济发展政策的基础。但对近海捕捞业生产的理论与实证研究而言，具有与其他行业以促进生产力增长为目的研究所不同的特殊意义。近海捕捞业生产的理论与实证研究，是在研究捕捞业生产力发展及其与海洋渔业资源相互作用的规律基础上，着重研究如何使渔业生产力发展与近海渔业资源状况相匹配，如何通过消减过剩捕捞能力来提高近海捕捞业经济效益，以减轻甚而逆转近海渔业资源衰退的趋势，最终实现近海捕捞业的长期可持续发展。远洋捕捞业是我国海洋经济在资源与环境刚性约束下新的增长点。对远洋捕捞业而言，研究其效率与生产率问题有助于总结其发展规律，提炼经验、创新对策，进而为我国远洋捕捞业转变传统生产方式，实现持续、快速和有质量发展提供理论依据。

二、研究目标

作为世界海洋捕捞业第一大国，我国对捕捞业生产的理论与实证研究，尤其是对捕捞业生产率的实证研究相对缺乏。这一现状与国际学界对海洋捕捞业生产的研究态势不符，也与时代发展对于捕捞业科学化管理的要求和渔业行政管理的现实需要不相符。必须从实际出发，吸收国际有关理论成果和研究方法，对我国捕捞业生产加以严格的理论和实证研究，并以翔实的数据和量化分析作为依据，探寻捕捞业生产力发展及其与渔业资源相互影响的规律，以对我国海洋渔业相关管理政策做出评估和改进建议。本书在海洋渔业资源衰退背景下对我国近海和远洋捕捞业生产进行了理论和实证研究，研究重点是捕捞业生产率、效率及其影响因素。生产率研究部分以翔实的海洋捕捞业投入产出和相关统计数据为基础，在细致分析效率和生产率及各项相关指标的基础上，研究海洋捕捞业生产力发展的内在规律和影响因素，并对有关捕捞业发展、规制、补贴以及渔业资源保护的各项管理政策的实施效果进行了评价。此外，本书还对近海污染对近海捕捞业的影响进行了实证研究。这些研究可为今后改进和制定捕捞业发展与规制的各项政策提供量化依据，以促进我国海洋捕捞业长期可持续发展。

三、研究内容

（一）基本框架

本书研究内容以文献梳理、实践总结、理论研究、实证研究、政策分析为主体，核心是对我国海洋捕捞业效率与生产率问题进行实证研究。研究内容的基本结构为：第一部分是研究基础，包括第一至第三章，主要综述了国内外相关研究现状，介绍了本书研究所依据的基本理论与方法。第二部分是实践背景，包括第四和第十一章两章，分别对我国近海捕捞业和远洋捕捞业发展的历程与现状做了总结。第三部分是理论分析与实证研究。其中第五章对自由进入与垄断占有状态下的渔业经济均衡及其影响因素进行了模型分析，为理解实证结果、分析政策绩效提供基础。第六至第八章分别实证研究了近海捕捞业的技术效率变动及其影响因素、近海污染对捕捞业生产的影响。第十一和第十二章研究了远洋捕捞业的技术效率影响因素及全要素生产率变动。第四部分是对策建议，包括第九、第十三和第十四章。主要是依据理论与实证分析的结果以及对海洋捕捞业发展现状的分析，对现行政策提供对策建议。本书研究的基本框架如图 1－1 所示。

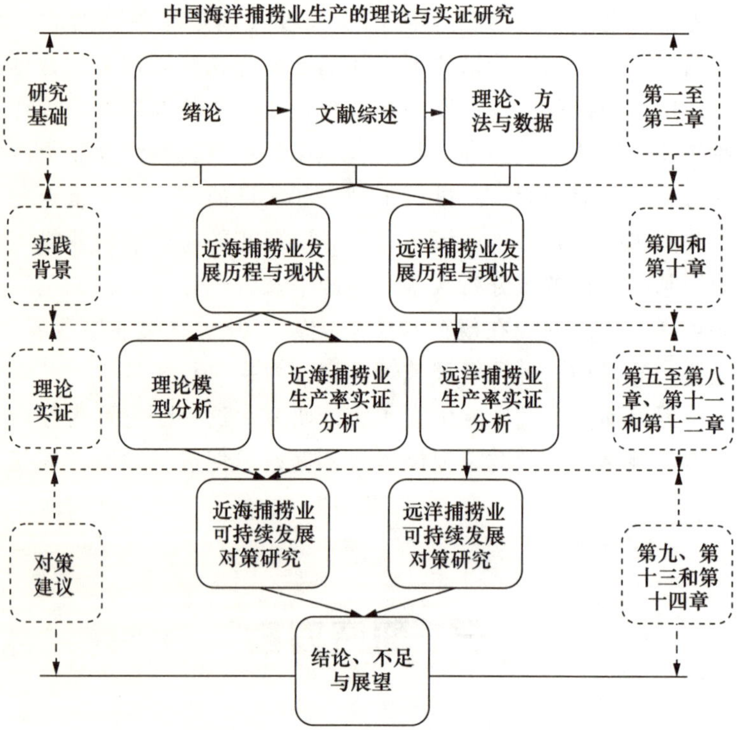

图 1－1　本书研究内容基本框架

（二）主要内容

本书的主要研究内容如下：

1. 文献综述与生产率核算方法选择

在国内文献部分，综述与近海、远洋捕捞业紧密相关的各主题，以尽可能反映我国海洋捕捞业的研究全貌，重点是海洋捕捞业生产率的相关研究。在国外研究部分，在概括国外捕捞老业理论研究的简单脉络后，重点对捕捞业效率与生产率方面的文献进行评述。整理和比较相关研究中生产率及相关指标的具体核算方法，包括数据包络分析法（DEA）、全要素生产率指数法、随机前沿面分析法（SFA）、基于最小二乘计量经济的生产模型法等，比较各类方法优劣之处和适用范围，结合本书研究需要和国内渔业统计数据的实际情况，选择基于 CD 生产函数的 SFA 方法为本书的主要研究方法。

2. 理论模型分析

经典的 Gordon - Schaefer 模型无法分析如要素价格、生产弹性、科技进步等外生因素对渔业均衡的影响，因而对现实渔业无法开展有效的分析。通过引入 Cobb - Douglas 生产函数来刻画努力量的生产，将要素投入与技术进步等因素引入模型，在自由进入和垄断占有两种渔业产权配置状态下，研究得到捕捞要素投入、捕捞努力量、近海渔业资源存量水平等的均衡结果；进而对均衡进行比较静态分析，在此基础上讨论各种外生经济因素如技术进步、要素成本等对渔业资源存量、捕捞努力量及要素投入量的影响，以期为我国海洋捕捞业的经济分析提供模型基础，并为理解后文实证结果和分析政策绩效提供基础。

3. 近海捕捞业技术效率及影响因素研究

利用我国近海捕捞业投入产出的省级面板数据，对近海捕捞渔业技术进步率、技术效率、投入要素弹性等指标进行核算，对指标的历年发展状况进行描述和解读，概括其历年来变动特征；结合估计的前沿技术进步率及其他有关实证研究结果，对我国近海渔业资源衰退速度进行估计；研究了近海捕捞业技术效率的影响因素，对我国渔业管理的主要政策，包括捕捞能力控制政策和渔业补贴政策对于技术效率的影响进行了分析；同时研究了如经济发展水平、环境污染、渔业生产保障、捕捞渔船吨位等各类环境与技术因素对于近海捕捞业技术效率的影响，并分析了其内在影响机制。

4. 我国远洋捕捞业技术效率与生产率实证研究

利用我国远洋捕捞业投入产出的省级面板数据，分别对远洋捕捞业技术效率及其影响因素，远洋捕捞业的全要素生产率变动进行研究，对各指标的历年发展状况进行描述和解读，并概括其历年来变动特征；研究了如经济发展水平、单船规模、产品结构、市场状况等各种环境与技术因素对于远洋捕捞业技术效率的影响，分析了其内在影响机制；将远洋捕捞业全要素生产率变动进行分解，并从全国总体与各省份两个层面，探讨了全要素生产率变动及各分解指标的变化特点。

5. 关于近海污染的实证研究

近海污染与过剩捕捞能力是危害我国近海捕捞业长远发展的最根本因素。以省级面板数据为基础，利用计量方法实证研究了我国近岸海域污染对近海捕捞业的影响。发现近海污染对近海捕捞业生产有显著的负向影响，但这一影响并非直接产生，而是通过降低近海渔业资源存量，间接对近海捕捞业产出产生影响。在上述实证研究基础上，提出了相应的对策及治理建议。

6. 政策建议

梳理我国海洋捕捞业发展与规制的目标及措施，回顾之前相关政策的实施效果，对政策效果进行评价和反思，并以前述实证结果和理论分析为基础，对我国海洋捕捞业生产提出政策建议。主要包括严格落实限产政策、将渔船数量和主机功率的“双控”政策修改为负零增长、消减捕捞能力应当分省设立目标、加大渔业资源保护力度及严控近海污染、远洋渔业规模有序扩张、谨慎制定远洋渔业补贴政策等。

四、研究方法

（一）理论研究

在理论研究部分，采用的是基于渔业经济模型和微观经济模型的均衡分析法。即将微观经济学中常用的 Cobb – Douglas 生产函数引入生物经济学中经典的 Gordon – Schaefer 模型，以实现对捕捞努力量的刻画。通过数学优化与数值计算等方法，推导和分析自由进入、垄断占有等不同渔业资源管理情景下的渔业经济均衡，进而研究资源环境特性、市场交易特性、技术特性等对于各均衡状态的影响。

（二）实证研究

在实证研究技术效率分析部分，采用的是随机前沿分析方法。随机前沿分析（Stochastic Frontier Analysis，SFA）是一对多投入、单产出的多个决策单元进行效率评价的方法。它在数据检验的基础上利用已知形式的函数代表生产前沿面，并利用极大似然法估计出函数参数。相对于数据包络分析（DEA）方法，该方法最大的优势是将实际产出分为生产函数、随机因素和技术无效率三部分，而DEA忽略了随机因素对于产出的影响，把实际产出小于前沿产出的原因全部归结为技术效率，因而存在一定偏误。国际上对于渔业技术效率的研究，也大部分利用了SFA方法。在全要素生产率分析部分，采用的是基于DEA的马姆奎斯特指数法，该方法可将全要素生产率变动分解为经济意义明显的纯技术效率变动、技术进步率和规模效率变动三个细分指标，易于计算，在国内外渔业生产率变动研究中也得到广泛运用。此外，在研究污染对于捕捞业的影响问题以及进行其他一些辅助性分析时，还综合运用了最小二乘回归、面板数据固定效应回归、描述性统计、相关性分析、最优化、数值计算等统计计量与数理方法。

五、创新之处

本书研究可能的创新之处如下：

（1）在渔业资源自由进入与垄断占有两种情况下，通过将捕捞努力量以Cobb－Douglas生产函数表示，将要素价格、弹性、技术进步等因素引入Gordon－Schaefer模型，得到了自由进入均衡、垄断占有的最大经济产出均衡（MEY）、垄断占有的最大可持续生物产出均衡（MSY）结果。全面分析了各种外生因素对于渔业经济均衡的影响效果及其机理。

（2）利用随机前沿分析法（SFA）分别对近海和远洋捕捞业前沿技术进步率、技术效率及其影响因素进行了分析。利用基于数据包络分析的马姆奎斯特指数法（DEA－Malmquist Index）对远洋渔业全要素生产率变动进行了分析。国内已有同类研究多是将包括近海渔业、远洋渔业、海水养殖、水产加工等在内的我国海洋渔业整体或捕捞业整体进行分析。事实上，构成海洋渔业主体的这四个行业内在差别很大，合在一起进行分析难以发现各自不同的规律特性，更难以提出有针对性的对策建议。

（3）利用估算的技术进步率对我国近海渔业资源存量衰退速度进行了推测。捕捞业生产函数中除了各种投入要素外，还包括了渔业资源存量水平。但我国并没有近海渔业资源存量的完整统计数据，因而不得不在遗漏这一重要变量的情况下做计量分析。书中探讨了这一遗漏变量问题对计量分析结果产生的影响，尤其是对于估算出的前沿技术进步率与技术效率的影响。还收集了大量利用同类方法对我国渔业整体、农业整体以及经济整体的技术进步率的测算结果，以之为基础估计渔业技术进步率的范围，进而反向推测我国近海渔业资源的衰退速度。

（4）测算了我国各省近海和远洋捕捞业的技术效率，分析了其趋势及差异，并对其影响因素展开细致分析，得到了省域经济发展水平、渔船吨位、渔船生产控制措施、渔业补贴、渔业保障能力、近海污染等因素对于近海捕捞业技术效率的影响结果；得到了省域经济发展水平、单船规模、产品结构、市场状况等各种因素对于远洋捕捞业技术效率的影响。

（5）实证研究了近海污染对于近海捕捞业生产的影响。其它国内关于这个问题的研究文献多为定性阐述和逻辑分析，缺乏基于实际数据的测算，因而海洋环境污染对近海捕捞业造成的影响仍缺乏直接证据和整体把握，难以提出更具针对性的对策建议。本书的研究提供了初步的量化结果及更具体的对策建议。

（6）以实践总结、理论分析、实证结果为基础，对我国近海及远洋捕捞业的管制、补贴与发展政策进行了评价和反思，并提出了一系列建议。例如提出将近海捕捞能力消减分省设立目标，并对具体指标进行了测算。

第二章　国内外海洋捕捞业研究综述

国内外关于海洋捕捞业的研究非常多，本章选择其中与本书主题联系紧密的领域进行综述，以建立研究的基础、比较的对象与前沿的共识。本章整体上分国内外两部分收集归纳文献。国内文献部分，对与海洋捕捞业紧密相关的各主题尽量覆盖，以尽可能反映我国海洋捕捞业的相关研究全貌，明确海洋捕捞业生产率研究等本书研究主题的地位和作用。国外渔业经济研究文献众多，本章在概括国外渔业理论研究的简单脉络后，重点对捕捞业效率与生产率方面的文献进行评述。

一、国内近海捕捞业研究综述

（一）投入控制与补贴

由于近海渔业资源衰退加剧，我国加强了捕捞强度控制。投入限制是我国控制捕捞能力的主要手段，实行了包括捕捞渔船数量与功率零增长政策、捕捞许可证制度、捕捞渔船渔具准入控制、禁渔休渔等制度在内的多种管控措施。基于经济学视角的相关理论研究也成为热点。慕永通和韩立民（2003）指出，是否能够真正避免资源利用的自由准入状态，是考察我国现有及新设计渔业管理措施是否得当所应遵循的标准。慕永通（2005）认为我国海洋捕捞业现存诸多问题的根本原因，在于现有管理制度与海洋渔业资源的生物物理和经济特性以及渔民心理和行为不匹配。要使我国海洋捕捞业彻底摆脱过度投资和过度利用的宿命，就必须依靠制度创新。而构建基于产权的渔业管理体制，是确保我国海洋捕捞业可持续发展的关键性制度屏障。朱玉贵等（2007）认为，由于诱发过度投资的激励始终存在，要素投入限制、捕捞许可证等命令与控制式的措施难以对捕捞能力形成有效约束。刘舜斌（2009）反思了我国渔业“双控”制度，认为存在主体不明、目标不细、法规自相矛盾等问题，指出“双控”制度实质上是渔业资源配置制度，而无偿配置的功率指标会导致公共资源错配。朱玉贵（2009）认为，渔业资源的自由准入制度是捕捞能力过剩的根源。现有的税收和资源租金措施难以贯彻执行，捕捞许可证制度和渔船回购制度也不能从根本上解决捕捞能力过剩问题。余秀宝（2012）认为，现阶段我国渔业捕捞中存在的问题与渔业捕捞行政许可制度的不完善有直接关系，我国渔业捕捞行政许可的主体、内容、程序以及许可证的效力都存在一定的问题。余远安（2009）、欧焕康和虞聪达（2011）、刘景景和龙文军（2014）等对“双控”失效的执行与制度层面成因进行了总结，探讨了捕捞政策完善措施和转型方向。我国的渔业补贴以渔用燃油补贴为主（胡明明和邓启明，2013），其目的是在渔获大幅度下降，捕捞渔民收入难以维持正常生计时，予以一定经济补偿，这事实上促进了捕捞人力、船只、时间等要素的投入。普遍认同渔业燃油补贴会加剧过度捕捞，损害渔业资源，因而有必要加以调整（王严，2010；吴喜梅，2012；朱丽娜和黄硕琳，2014）。

（二）基于权利的管理

自由进入渔业会导致渔业资源衰竭，而投入控制措施又难以奏效，这促进了总可捕量制度（TAC）和个别可转让配额（ITQ）理论的起源与发展。TAC制度需要解决总量确定、配额分配与交易、海上渔获量的监管和统计等诸多问题，我国还不具备相关统计和监管条件。个别可转让配额在20世纪70年代后期提出，该理论曾被誉为20世纪最伟大的制度变革之一，其本质是在国家管辖权范围内对海洋共有资源进一步实施“私有化”。慕永通和马琳娜（2004）从起源与发展、作用机理与制度优势等方面，对个别可转让配额理论进行了研究；通过比较我国现行渔业管理体制同个别可转让配额制度在作用机理、理论优势以及可能产生的制度效果方面的差异，分析了个别可转让配额制度的优势；并提出中国应该实行个别渔村配额、个别休闲渔业俱乐部配额和个别商业可转让配额三位一体的管理模式。陈艳和慕永通（2005）在分析渔业资源经济学特征的基础上，主要从渔业资源的产权形态和资源租金的角度，对基于产权的渔业管理制度进行了经济学理性思考，充分论证了基于产权的渔业管理制度是实现渔业经济绩效提高和渔业可持续发展的有效制度安排。杨正勇（2006）从威廉姆森交易费用理论视角出发，分析了我国引入个体可转让配额制度时交易成本的影响因素；并指出，由于我国海洋渔业的兼捕性强、渔民众多、渔区之间存在较大的差异性等原因，在引入个体可转让配额制度时存在不确定性较大、信息传递的同声系数较小、资产专用性较高等问题，因此会具有比较高的交易成本；为了降低交易成本，应当在大的渔区首先实施该制度，同时通过转产、转业来降低捕捞渔民的数量。

（三）捕捞业实证研究

国内学者对海洋捕捞业开展的实证研究不多，主要是通过建立生产函数或模型，进行捕捞业增长的经济分析，并判断各影响因素的实际作用。如李文杭等（2003）用增长速度方程测算天津渔业技术进步的贡献率。卢江勇（2005）通过 CES 模型计算海南省渔业增长要素贡献率和粗放程度。包特力根白乙和冯迪（2008）利用 1980～2005 年时间序列数据构建了中国渔业生产计量经济模型，得出了捕捞业生产函数和养殖业生产函数，进而分析了捕捞业和养殖业的生产结构并进行了预测。林群等（2009）利用 C－D 生产函数分析了山东渔业产量的主要影响因素。张欣（2012）运用广义最小二乘法、分位数回归法以及似不相关估计法等研究了我国沿海地区渔业经济增长方式，发现 2005 年之前渔业发展的主要贡献是劳动和自然资源，经营相对粗放，但最近 10 年已出现劳动力过剩和自然资源影响递减的趋势。许罕多（2013）对我国海洋捕捞业的实证表明，在资源衰退下海洋捕捞业仍能长期保持高产量，原因在于技术进步、捕捞区域扩大和捕捞品种的增加。此外，实证研究还包括分析渔业制度对经济增长的作用。如姚震等（2001）分析了 50 年渔业全要素生产率变化中制度因素所起的作用；王海峰等（2006）通过应用计量模型，实证分析了制度要素对我国海洋捕捞业发展的影响；认为除了“入世”制度要素以外，其他制度要素对我国海洋捕捞业的发展都起到了应有的效果；袁新华等（2008）分析了我国渔业发展各阶段经济增长率的变化特点，证明了我国渔业制度变革对渔业经济增长率的明显贡献。

（四）效率与生产率

经济增长依赖生产要素投入规模的扩大，但长期可持续增长则依赖对投入要素运用效率的持续提升。测算某一生产部门或经济整体的效率和生产率，研究各因素对其影响作用，有助于分析生产力增长的源泉、脉络和质量，为经济体的长期可持续发展提供政策启示。国内经济学者从国家、省区、行业、城市、企业等不同层面和视角对技术效率、全要素生产率及其影响因素进行了广泛研究（姚洋和章奇，2001；何枫等，2004；李京文等，1993；易纲等，2003；周晓燕和韩朝华，2009；刘秉镰和李清彬，2009；蔡昉，2013）。而对于捕捞业效率和生产率的研究，只是近年来才有所开展。周应祺等（2000）、周应祺和郑奕（2002）、张益丰（2008）等对捕捞能力概念和以数据包络分析（DEA）为主的各类计量方法进行了介绍和探讨。周春旗等（2006）使用随机前沿生产模型研究了沿海某市渔船的作业效率，结果显示抽样渔船的平均作业效率只有33%，渔船出海频率过高和性能落后是导致其效率低下的主要原因，船员工资的增加则提高了生产效率。郑奕等（2008）利用数据包络分析法对中国海洋捕捞能力及捕捞能力利用度（技术效率）进行了计量分析，发现近海渔船总吨位与总功率的过剩率处于较高水平。郑奕等（2009）采用数据包络分析方法分析了我国1994～2005年的近海捕捞与远洋捕捞业的技术效率，并以此为依据对我国渔业管理的政策绩效进行了量化分析。肖姗和孙才志（2008）运用数据包络分析法对沿海11个省份的海洋渔业经济进行了技术效率分析，并为海洋渔业经济的可持续发展提出了建议。平瑛等（2013）运用数据包络分析法对我国31个地区的渔业生产技术效率进行了实证研究，结果表明我国部分地区渔业生产效率走在全国前列，大部分地区表现为粗放型的技术进步特征，生产效率始终在较低水平徘徊，综合效率有待进一步提高。

渔业全要素生产率变动研究方面，张彤（2007）利用数据包络分析法对我国沿海11个省份的海洋捕捞生产效率进行了总体分析和评价，并利用马姆奎斯特生产率指数对考察对象的效率变动进行了分析和总结；结果表明我国海洋捕捞产业的纯技术效率较高，规模经济效率低下是综合效率低下的主因；各考察对象之间的综合技术效率差异较大，并表现出明显的区域特征；考察期内马姆奎斯特指数指数降低，且主要来自技术进步率的下降。席利卿和彭可茂（2010）测定了我国1999～2007年29个省（区、市）渔业的全要素生产率及其分解指标，并对省际渔业的经济趋同效应进行了分析。高强和丁慧媛（2011）对山东省渔业生产效率及其构成因素的变动趋势进行了测算。于淑华和于会娟（2012）采用2002～2009年沿海11个省份的渔业相关投入产出指标分析了我国沿海省份渔业产业效率。测算了我国分省份的渔业全要素生产率（TFP），重点分析了各省份的技术效率、规模效率和纯技术效率，并从投入产出角度分析了各沿海省份渔业经济发展的效率因素及不同省份的差异情况。刘炳磊和于会娟（2014）分析了我国11个沿海省市海洋捕捞业在2009～2013年的全要素生产率的动态变化，研究发现该期间我国沿海11省份海洋捕捞业全要素生产率提升了8.8%，主要来源是技术进步率提升，综合技术效率对全要素生产率提升起阻碍作用。沿海 11 省份中有 10 个省份海洋捕捞业全要素生产率在提升，其中山东省提升幅度最大，天津市提升幅度最小。上述研究均采用了基于数据包络分析（DEA）的马姆奎斯特指数法。整体而言，国内现有研究零散而不系统，对于计量方法的运用也经常存在不规范的问题，因而研究价值受到一定限制。从研究方法来看，国内文献对于生产率和技术效率的研究都采用了 DEA 方法，没有采用当前国际文献中常用的随机前沿分析法（SFA）进行研究。

（五）渔业资源可持续利用

渔业资源可持续利用是渔业资源枯竭和环境污染压力下的必然导向。酷渔滥捕、环境污染和气候变化是影响渔业资源可持续利用的主要因素。随着海洋资源环境状况的逐步恶化，不少国内学者将研究重点转向海洋渔业资源的可持续利用，包括实施增殖放流、建设人工鱼礁和海洋牧场等（郑曙光，1987；傅占先，1988；史同广，1995）。胡兆群（1993）、马永兴（2000）较早指出应重视海洋渔业的增殖，在挖掘海洋渔业资源潜力的同时，更应搞好增殖放流活动。李文抗等（2003）、林光纪（2005a）指出可以通过建设人工鱼礁来保护和修复海洋渔业资源，并且提出了建设人工鱼礁的具体建议。林光纪（2005b）以公地悲剧理论讨论了渔业公共资源市场配置所导致的悲剧现象，指出了当前公共资源开发利用中存在着极多相类似的渔业公共资源过度开发的问题，并从博弈论的视角提出了合作博弈、产权安排、配额流转、税收与管制、制度与监督 5 点应对策略。刘卓和杨纪明（1995）、佘远安（2008）通过对日本和韩国海洋牧场建设和发展情况的分析，归纳了海洋牧场建设的主要环节与过程，并且强调应通过对海洋牧场的利用和管理，实现海洋渔业资源的可持续增长和利用极大化。张秀梅等（2009）强调长期开展渔业资源增殖放流，是养护渔业资源和修复渔业环境的重要措施，并指出应将水生生物栖息地保护作为渔业资源增殖放流的重要基础和前提。

在渔业资源可持续性评价的理论和方法上，陈新军和周应祺（2002）创造性地运用系统论、灰色相关分析等方法研究了渔业资源可持续利用问题，构建了以 BP 神经网络模型为基础，包括经济、社会和资源环境三方面的渔业资源可持续利用预警系统，并提出了渔业资源可持续利用的综合评价方法和步骤。这种方法比传统的生物经济模型更为全面，可量化反映渔业资源可持续利用的各个方面。梁仁君等（2006）运用非线性理论建立了海洋渔业资源二次非线性捕捞的动力模型，研究了渔业资源生物量增长与增长率和捕捞强度的关系。结果表明，海洋渔业资源生物量与其增长率呈正相关关系、与捕捞强度呈负相关关系。在相同的资源生物量下，渔业资源的捕捞强度越大，所要求的资源生物量增长率就越大。为了保证海洋渔业资源的可持续利用，必须把捕捞强度控制在一定的水平上并采用合理的捕捞策略，才可以得到持续的最大产量，进而避免海洋渔业资源的过度利用和枯竭。陈作志等（2010）提出了南海渔业资源可持续利用的评价指标体系，包括渔业资源环境子系统、社会子系统和经济子系统 3 个层次共 23 个指标。

二、国内远洋渔业研究综述

（一）公海管理

对公海渔业管理进行研究，有助于了解公海渔业管理政策的发展走向，为我国远洋渔业发展政策的制定提供参考。1982 年《联合国海洋法公约》（以下简称《公约》）确立了公海渔业管理的基本原则和框架。邵泽宁（1990）较早对有关保护公海渔业资源的法律发展历程进行了梳理。黄硕林（1993）、陈思行（1994，1997）较早介绍了公海渔业及其管理，并探讨了公海渔业管理的发展趋势。《公约》于 1994 年 11 月 16 日正式生效，受到包括发展中国家和发达国家在内的世界各国的广泛支持。其内容涉及海洋法的各主要方面，有关海洋渔业资源开发利用、保护和管理的条款包括在其中的多项法律制度内，最主要的反映在专属经济区制度和公海制度中。《公约》的正式生效对世界渔业产生了巨大影响。黄硕林（1996）在归纳世界大多数沿海国家执行《公约》的实践以及分析《公约》有关条款的基础上，指出今后渔业管理制度将朝着有利于沿海国的方向发展，远洋渔业国只有与沿海国密切合作，承担《公约》所规定的养护生物资源的义务，才能确保远洋渔业生产的持续稳定发展。公海捕鱼自由原则是公海自由原则的主要内容，其内容和规则随着国际关系和科学技术的发展而逐渐变化。陈新军和周应祺（2000）对国际海洋渔业管理的发展历史及趋势进行了概括总结。慕亚平和江颖（2005）阐述公海捕鱼自由原则的确立及其演变，分析了《跨界鱼类种群协定》对公海捕鱼自由原则及其渔业管理制度的影响。认为海洋渔业管理制度发展趋势包括：海洋渔业进入全面管理时代、沿海国与公海捕鱼国在渔业法律实施方面加强合作、区域性渔业管理不断加强渔业管理的实体组织形成、公海渔业管理措施趋向于强制性执行非缔约国也应承担一定责任等。刘艳红和黄硕琳（2009）探讨了《联合国海洋法公约》及之后出台的一系列国际渔业协定、决议或公约等公海渔业制度的特征和今后发展趋势。提出要维护我国公海渔业权益，需采取合理调整作业类型、积极开发新渔场、建立国家级远洋渔船档案制度和捕捞数据收集制度、积极加入国际渔业组织并在国际渔业管理中争取我国的权益等做法。白洋和朱伯玉（2014）认为，公海渔业资源养护和利用的国际法应当是建立在资源生物特性上的一种法律规范，只有符合资源生物特性的制度安排才能有效应对世界渔业危机。公海渔业危机的化解应是一个基于不同产权实施模式的综合管理问题，不仅是私人财产权，还应包括公共财产权、混合财产权等。只有在科学确定总可捕量的前提下，通过落实有限准入、健全分配机制、加强监管、深化合作等手段互相配合，才能实现公海渔业资源的永续利用。

中西太平洋区域是世界上渔获量最大的渔区之一，也是金枪鱼最大的产区。该区域的22个国家和地区拥有广阔的专属经济区和少量的陆地资源。中西太平洋渔业委员会通过与太平洋岛国论坛渔业局以及太平洋共同体秘书处的合作，采取兼容性的渔业管理政策，控制捕捞努力量，保持渔业可持续发展。沈卉卉和黄硕琳（2014）分析了中西太平洋区域的渔业管理措施存在的问题，包括捕捞能力过剩、渔业数据缺乏、非法捕捞、养护和管理措施执行的有效性偏低以及政治因素的干扰等，使该区域长期养护和可持续利用高度洄游鱼类种群的管理目标受到挑战；以底拖网为代表的深海底层渔业对脆弱的深海海洋生态系统的危害，受到国际社会的密切关注。唐议等（2014）对公海深海底层渔业国际管理的争议和进展进行了综述。近年来，中韩在黄海水域的远洋渔业活动有合作也有冲突。顾婷和李灵稚（2013）介绍了《中韩渔业协定》对黄海水域的划分以及双方在黄海海域远洋渔业合作和冲突的现状，提出了中韩远洋渔业在黄海深化合作的对策建议，包括加强配额管理、互相开展海难救急支援和渔船补给、完善法律体系加强执法协调等。韩杨等（2014a，2014b）还分析了印度尼西亚、菲律宾等国家海洋渔业发展趋势及其与中国远洋渔业合作的空间。

（二）资源利用

公海渔业资源的衰退迫切要求对公海捕捞作业进行有效的养护和管理。金枪鱼作为一种重要的公海渔业资源，有众多国际渔业管理组织对其进行管理，对公海金枪鱼渔业的管理无论是在管理理念上还是管理实践上都处于领先地位。王秉和（1998）较早综述了世界公海渔业资源的域界、种群、跨界鱼类和高度洄游鱼类的渔场及开发利用现状，尤其对金枪鱼资源进行了详细介绍。聂启义和黄硕琳（2011）在分析公海金枪鱼渔业管理趋势基础上，根据我国公海金枪鱼渔业现状，提出了加强我国在国际金枪鱼管理组织中的政策决策影响力、规范我国公海金枪鱼生产作业、完善远洋渔业数据库、调整远洋渔业结构积极开发新渔场、发展金枪鱼加工产业等发展我国公海金枪鱼渔业的建议。大洋性柔鱼类是海洋生态系统的重要组成部分，同时也是我国远洋渔业目前重要的开发对象。陈新军等（2012）系统地对大洋性柔鱼类资源及开发现状进行了分析，并结合柔鱼类的生物学特性，提出了全面了解大洋性柔鱼类的生态地位和作用、全面掌握包括全球气候变化等环境因素对大洋性柔鱼类资源补充量的影响、深入研究大洋性柔鱼类短生命周期资源评估模式、发展基于生态系统的大洋性柔鱼类资源管理方法 4 个科学问题。综合考虑生态效益、经济效益和社会效益来科学制定渔业管理目标是确保柔鱼资源可持续利用的重要研究内容。刘金立等（2014）以 Gordon - Schaefer 生物经济模型为理论基础，利用 1996 ~ 2008 年我国鱿钓船在西北太平洋海域捕捞柔鱼的生产数据建立了柔鱼资源综合配置模型，模拟不同备选方案下柔鱼的短期（1 ~ 5 年）、中期（10 年）及长期（20 年）的渔业资源状况、经济效益及其社会效益。结果表明，西北太平洋柔鱼资源已处于充分利用状态，但尚未遭受过度捕捞，适宜捕捞努力量应控制在 3.94 万 ~ 4.19 万船次，可确保柔鱼资源量稳定在最大可持续产量上。刘金立、陈新军和李纲（2014）构建了基于贴现率的西北太平洋柔鱼生物经济模型。分析表明西北太平洋柔鱼资源状况处于良好状态，并未遭受过度捕捞。当贴现率在 0.3 ~ 0.5 且渔获物价格在 9195 ~ 12500 元/吨时，该海域的柔鱼资源种群资源量相对稳定，能达到最优种群数量水平，可保证柔鱼渔获量始终处在 MSY 之下，确保柔鱼资源的可持续利用。

邱永松和张鹏（2013）在分析南海大洋性渔业资源潜力和渔业现状的基础上，提出重点发展大型灯光罩网渔业、调整渔业管理措施、加强外海渔业基础设施建设和开展渔业资源利用关键技术研发等促进南海大洋性渔业资源开发利用的对策建议。西北太平洋是世界海洋捕捞产量最高的渔区，近年来其年产量稳定在 2000 万吨以上，其捕捞能力也始终处在高强度状态下，但对其可持续利用状况没有做出客观的评价。渔获物平均营养级的变化情况能够反映捕捞活动下各海域海洋生态系统的变化情况。丁琪等（2013，2015）探讨了 1950 ~ 2010 年西北太平洋渔获物平均营养级的变化情况，以此来判定其渔业资源可持续利用状况。研究认为除朝鲜外，西北太平洋海域渔业资源开发已经出现

“捕捞对象沿着海洋食物网向下移动”的现象，其渔获物平均营养级降低表明海洋生态系统结构和功能遭到破坏，且平均营养级的下降主要是由过度捕捞所引起。由于各国采取的渔业管理措施不同，导致各国渔业资源出现不同的资源衰退状况。准确预报中心渔场是提高远洋渔业生产能力的重要内容。汪金涛等（2014）利用反向传播神经网络（EBP）建立了秘鲁茎柔鱼中心渔场预报模型，研究表明该模型不仅在预报精度上达到要求，而且能够很好地解释秘鲁茎柔鱼中心渔场的形成机制。长鳍金枪鱼作为高度洄游的大洋性鱼类，因其经济价值高、资源量丰富而成为世界海洋渔业的主要捕捞对象之一。范永超等（2015）利用基于多海洋环境因子的综合栖息地适应性指数模型预报中心渔场，研究表明中心渔场预报准确率接近70%。

（三）发展战略

远洋渔业的健康发展离不开有效的战略规划和政策导向，国内这方面的研究较多。史磊和高强（2009）分析了我国远洋渔业发展的困境，提出了完善远洋渔业发展支持政策的建议。扶持和壮大我国远洋渔业研究课题组（2010）认为，虽经20多年的积累发展我国已经跻身于世界主要远洋渔业大国之列，但远洋渔业的规模和现状与我国的国际地位和可持续发展的要求并不适应。应当把远洋渔业作为一项战略产业加以扶持，加强对远洋渔业发展的统筹规划，完善对远洋渔业产业发展的政策支持，提升对远洋渔业现代化的技术支撑。杨瑾（2012）总结了我国远洋捕捞业现状、政策及发展趋势，并指出我国远洋捕捞业存在装备陈旧、基地建设相对滞后、研究开发投入少、科技支撑严重不足、远洋渔业企业总体实力不强，参与国际竞争能力较低、远洋渔业产业抗风险能力弱等问题；认为应当以获取更多国际渔业资源和拓展海洋权益为重点，以增强远洋渔业产业的综合实力和竞争能力为目标，扶持和壮大一批远洋渔业大型骨干企业，并加大科技投入，打造国家级研发平台。张沛军（2013）认为远洋渔业应是一个国家海洋战略的有机组成部分，发达的远洋渔业直接体现了一个国家对海洋资源的话语权，是一个成熟的海洋大国必须着力开拓的领域。目前我国远洋存在的问题包括：松散不规范的渔业合作方式和组织化程度妨碍着远洋渔业持续稳定发展、远洋渔业仍然基本局限在产业链的捕捞环节缺乏与国内国际两个市场的有效对接、利润率和附加值低、装备科技水平低捕捞方式落后、资源信息缺乏等。刘世禄等（2014）指出，虽然在国家相关政策的支持下我国远洋渔业取得显著的进步，成为发展中国家中发展最快和最重要的远洋渔业国家之一，但仍存在着渔船及渔业装备研发严重落后、捕捞船型偏小、老龄化严重、高端装备主要依赖进口、作业类型仍以拖网渔船为主等诸多问题；提出将远洋渔业资源开发列为国家战略、加大远洋渔业投入提高资源调查与生产能力、提升远洋渔船及其装备的研发能力与水平、加速建立一批大型远洋渔业综合保障基地、加强远洋渔业信息技术体系与设施建设、加快南极磷虾渔业开发步伐、加大对远洋渔业的财政和税收支持等战略措施。此外，国小雨（2013）、刘志东等（2014）也探讨了我国远洋渔业的现状及趋势、机遇与挑战。

姚丽娜和刘洋（2014）借鉴迈克尔·波特的产业竞争力模型，从生产能力、贸易与加工能力、可持续增长能力、要素禀赋及外部保障等方面提出了影响远洋渔业竞争力的五大要素，构建了递阶层次的远洋渔业竞争力评价指标体系，进而运用层次分析法对我国沿海 9 省份的远洋渔业竞争力进行了排名比较和评价。利用 2012 年数据，各省份远洋渔业综合竞争力排名为山东、浙江、江苏、广东、福建、辽宁、上海、广西、天津。分析了浙江省远洋渔业与其他省份的差距，从可持续发展、要素禀赋和外部保障等方面提出了相应的提升措施。建设"21 世纪海上丝绸之路"是我国新时期的重大发展战略。韦有周等（2014）认为，我国远洋渔业作业范围遍及世界主要渔区，契合"21 世纪海上丝绸之路"建设的战略方向，在能力和空间、制度框架、国际合作基础等方面具备了加快发展的良好基础。但远洋渔业发展也面临着整体布局缺乏、企业能力不足、管理和协调机制不完善、外部约束增强等挑战。国家应从战略定位、全球布局、战略支点、企业能力、管理和协调、两岸合作等方面采取相应措施，以实现通过发展远洋渔业推动"21 世纪海上丝绸之路"建设的目的。

远洋鱿钓渔业是我国远洋渔业的重要组成部分，也是我国发展规模最大的远洋渔业产业。岳冬冬和王鲁民（2013）归纳了我国远洋鱿钓渔业从外向型向内外兼顾型、产品加工由低层次向多层次平衡发展的远洋鱿钓渔业市场演进路径；结合对舟山等地的调研分析认为，我国远洋鱿钓产业主要存在捕捞量与加工市场需求量不协调、国内外市场依赖程度不协调、个别利益与产业整体利益之间不协调三大制约瓶颈；提出了通过加强对公海鱿鱼渔场的调查、加快拓展国内鱿鱼消费市场规模、进一步提升鱿鱼产品深加工能力、建立紧密型行业服务组织的对策建议。我国沿海各地近年来也积极发展远洋渔业。刘勤等（2011）对上海远洋渔业产业发展的主导动力因素进行了探讨，指出外部机会、政府行为、竞争压力和消费需求与消费方式的变化是推动产业发展的基础动因，而远洋渔业资源、技术资源、资金、深加工、物流、市场和专业人才的投入是产业发展的主导动力所在。黄勇民（2013）针对福建省远洋渔业存在的装备水平相对滞后、经济效益不高、远洋渔业船员缺乏、部分资金扶持政策落实不到位、企业违规操作等远洋渔业发展过程中暴露出的问题提出对策。孙建富和王丹（2015）分析了辽宁省远洋渔业发展中存在的远洋渔业企业规模偏小设备落后、科技投入少支撑能力弱、成本上升、人才匮乏、世界渔业资源竞争加大等问题，提出了辽宁省远洋渔业的可持续发展策略，包括政策扶持扩大企业规模、提升科技创新水平、财政支持远洋渔业可持续发展、加强后备人才队伍建设、积极开发后备渔场等。

（四）远洋装备

“工欲善其事，必先利其器”，远洋渔业的产业链长，科技含量高，其发展直接依赖远洋渔业装备的发展。孙培廷（2012）基于现代造船技术的发展为远洋渔船建造提出了建议。王传荣（2013）讨论了发展远洋渔船装备的意义、国际经验及策略；指出应当重点研制国家急需的大型拖网渔船、加工船、金枪鱼延绳钓船、鱿鱼钓船、竹荚渔船、南极磷虾捕捞船等远洋渔业装备，促进我国远洋渔业装备制造业的快速形成；围绕实施高技术高附加值远洋渔业装备自主研制战略，突破液压捕捞机械系统、小目标高精度鱼探仪、大容量冷冻压缩机等的设计、工艺、制造核心技术，带动远洋渔业装备自主创新能力的提升。张勋等（2013）阐述了我国远洋渔业渔具发展过程中存在的渔具基础技术不足、渔具创新落后、渔具性能与效率低等问题，提出了增加远洋渔业科研投入、加强渔具基础与应用研究、优化研究组织方式、提高研究与成果转化效率等建议。张铮铮和李胜忠（2015）通过国内外远洋渔业装备发展现状的对比，提出了我国远洋渔业装备发展的总体思路；指出远洋渔业装备发展的重点领域包括大型远洋渔业装备的研发设计和制造、远洋渔业综合补给加工仓储船的设计制造、大型远洋渔业综合基地的建设、先进渔机渔具等捕捞装备的设计建造等；应加强主力远洋渔船与辅助配套船舶及其装备的标准化和节能减排技术、捕捞辅助技术、海产品船载加工与储藏技术、远洋渔业信息服务与管理平台等的研究开发。

三、国外研究综述

（一）理论研究概述

自由进入渔业或规制不当的共有资源渔业会导致共有财产悲剧（Hardin，

1968），捕捞者会竞争性、掠夺性地利用渔业资源，使捕捞量超过生物资源可持续捕捞量，致使渔业资源衰竭。而若能单独拥有某一渔业资源并完全获得其经济租金，则渔民就有强烈的动机养护这一资源，以便能够从这一资源的持续利用中受益（Scott，1955）。基于此，Christy（1973）提出了个别可转让配额（ITQs）制度，即将可转让的捕捞产出配额分配到单个捕捞者。这一制度在渔业发达国家得到推广，并在渔业资源可持续利用方面取得巨大成效。如 Hentrich 和 Salomon（2006）认为，建立可转让的渔业权制度是保护渔业资源的有效办法。Sanchirico 等（2006）经过对冰岛、新西兰、澳大利亚和加拿大的实证研究，认为实行个体配额制度有利于渔业的盈利和可持续发展。此类基于权利的捕捞产出控制政策能够有效抑制捕捞能力的过度增长，成为国外渔业发达国家控制海洋捕捞能力的主要工具（Stavins，2011）。

相对而言，投入限制类政策成为次优（Suboptimal）选择，但仍为许多国家和渔区采用。投入限制能够提升渔业租金，一定程度上避免捕捞能力过剩（Anderson，1986；Campbell 和 Lindner，1990；Deacon 等，2011）。但投入限制不可避免地会带来要素投入替代，要素替代弹性大小会对限制效果及渔业租金产生影响（Campbell，1991；Dupont，1991）。此外，投入限制还会导致过度投资与福利损失（Homans 和 Wilen，1997；Homans 和 Wilen，2005；Smith 和 Wilen，2003）。虽然并非最优，但由于能够使渔业收益在捕捞业利益相关者之间重新分配并由此影响了政策制定者，投入限制类政策仍在现实中持久的存在（Karpoff，1987；Boyce，2004）。与之相关的实证研究方面，不同实证研究的结果比较一致，即投入限制带来要素替代及技术效率下降。如 Kompas 等（2004）研究了渔船功率和船体大小控制的影响，发现捕捞者会将受管制的投入替换为不受管制的投入，技术效率也随着这一限制而下降，表明管制者增加经济效率的目标没有实现。Greenville（2006）分析了政府捕捞投入限制对于技术效率的影响，发现相对于渔船规格，渔民会利用过大的渔网，而对于渔船更新的限制也会导致渔船太旧而使技术效率下降。

（二）渔业效率与生产率

国外学者对于资源衰退背景下海洋捕捞业生产问题开展了大量理论和实证研究。自 1983 年 Hannesson 首次对渔业生产率问题进行实证分析以来，对渔业生产率的研究逐渐成为近 30 年国际渔业经济学家关注的重点，在这一学术领域积累了丰富的研究文献。概括来看，这些文献在细致分析全要素生产率及各项相关指标的基础上，研究了渔业生产力发展的内在规律及其影响因素，对投入限制、产出限制、配额设计和转让等各项渔业管理政策的现实效果进行评价，为各国、各地区今后改进和制定渔业经济发展与规制的各项政策提供了量化依据，也对单船、船队、渔场、国家渔业的发展提供了具体建议，具有重要的理论和实践意义。本小节从四个方面对这些文献进行评述：①对于海洋捕捞业生产率核算方法的探讨；②对全要素生产率、技术效率等指标的核算和应用；③对技术进步（变化）的测算与研究；④以生产率、技术效率等指标核算为基础，对政策效果进行考察。以期总结前人经验，建立研究前沿的共识，为今后的研究提供稳固基础，并探求未来的发展趋势。

1. 海洋捕捞生产率核算方法研究

与其他行业不同，海洋捕捞业的作业对象是可更新资源，其生产率不但受到资源存量的制约，也对资源存量及其更新产生影响。并且对于海洋捕捞业而言，环境因素对于生产的影响也较其他行业大。因而生产率核算应恰当地将资源存量与环境因素考虑在内。尤其是20世纪90年代后，随着全球渔业资源衰退及环境恶化这一问题变得更加凸显。

Squires（1992）最早关注了这些问题。他利用生产率指数法研究了开采共有资源行业的全要素生产率核算，尤其考虑了共有资源在新古典生产技术中的估值与函数设定、资源的可捕获能力以及生产能力利用率变动等因素。通过实证分析自由进入美国太平洋沿海拖网渔业生产率发现，将资源丰裕度、可捕能力、能力利用率变动等因素纳入后，生产率的估算更精确。Felthoven 和 Paul（2004）回顾了渔业生产率已有研究文献，讨论了将兼捕水平、环境影响与渔业资源量变动纳入生产率分析的必要性，并提出了考虑上述因素的生产率分析的方法论框架。Hoyo 等（2004）讨论了生产率研究中，数据包络分析（DEA）、确定前沿分析（DFA）、随机前沿分析（SFA）等不同效率测度方法的特性和适用范围，并利用西班牙加迪斯湾围网渔业的数据实证比较了 DFA 方法和 SFA 方法几种变体的核算效果。Squires 等（2008）研究了在考虑生产能力利用率、资源存量及环境影响的情况下，利用 Malmquist 指数核算全要素生产率的方法，并对韩国的太平洋金枪鱼围网渔船队生产率进行了分析。Felthoven 等（2009）在增长核算框架下，基于转换函数的二阶近似建立并估计了渔业生产参数模型，考虑了除基本投入因素如人力、资本、时间之外的因素对生产率的影响，尤其是考虑了附带捕获、环境条件、规模经济以及渔业生产力测度中的偏差等因素。另外，Jin 等（2002）、Fox 等（2003）和 Hannesson（2007a）将生产力增长测度拓展到盈利能力测度，包括针对单个渔场的研究、利用总量数据针对一个经济体内渔业的研究以及对当新渔场及产品被开发出来时的研究。O' Donnell（2014）提出了一个能将生产率变化分解为环境变化与效率变化的具有良好性质的新生产率指数，给出了基于计量估计的指数计算方法，并将其应用于澳大利亚北部捕虾业的生产率核算（O' Donnell, 2015）。

回顾这一方面的研究文献可发现，生产率测度中常用的指数法、基于生产函数的增长核算法、DEA 方法、SFA 方法等，都在渔业生产率测算中得到了应用和有针对性的发展，使渔业资源存量、环境因素、附带捕获等影响渔业生产的特殊因素恰当地体现在生产率核算过程中。针对渔业的生产率核算方法趋于成熟，SFA 方法逐渐成为这一学术领域中的主流研究方法。在对生产率各相关指标的测度中，除全要素生产率增长率外，对技术效率与技术进步（变化）的测度也居于核心地位。

2. 对全要素生产率、技术效率等指标的核算和应用

这一方面的文献主要是对前述生产率核算的各种方法进行运用，以家庭级、单船与船队级、国家级数据为对象，估计全要素生产率及相关的技术效率、规模效率等指标，研究其趋势变化和决定因素，目的是为单只渔船、渔业企业、国家渔业的经营管理和政策制定提供量化依据。这方面的文献众多，本书主要从研究方法、渔法、国家和地区等角度选择有代表性且较新的部分文献进行介绍。

很多关于技术效率的研究致力于在单船水平上进行技术效率和船长技能的测度。在这里，技术效率指单个公司或单条船水平的给定投入约束的产出与由最优业绩的公司或船所构造的最优实践前沿的比较。这些约束包括船、设备和工具、人员、油料消耗、技术状态、环境、资源存量等。Kirkley 等（1998）最早注意到技术效率反映了渔船船长对于渔船的管理或者叫船长技能（Skipper Skill）。而根据好船长假说，有些船长在发现和捕捞鱼方面展现了更高的技艺，因而建立起最优实践的前沿。他们还将船长技能或技术效率与各种潜在的解释变量相关联，包括制度的及船长人力资本的测度。Sharma 和 Leung（1999）利用 SFA 方法研究了夏威夷延绳捕鱼业的技术效率及其影响因素；发现技术效率显著影响了渔船的收入水平与变动，而渔业经验、是否由所有者本人经营、渔民教育水平、船体尺寸等对技术效率有正向影响；专捕剑鱼以及根据季节等因素选择捕鱼目标的渔船，比专捕金枪鱼及不区分捕鱼种类的渔船效率要低；此外还估算了产出弹性、投入的边际生产率和规模收益等指标。Kim 等（2011）利用随机前沿分析方法估计了韩国东部沿海刺网沙鱼业的生产效率；建立了以截断正态分布表示无效率的超越对数生产函数，产出变量为捕鱼产量，投入变

量是与渔业活动有关的实物生产要素，如船的吨位、马力、水手数量等，发现平均的技术效率是0.59，而不同吨位的渔船技术效率并没有不同。

Sesabo 和 Tol（2007）利用了坦桑尼亚两个沿海村庄的数据，设定并估计了一个随机生产前沿模型，对渔业家庭的技术效率进行了分析，所估计出的渔业家庭无效率水平是52%；结果还显示渔业家庭效率与渔业经验、作业区域面积、与渔场距离、与市场集成性等因素正相关，与非渔业就业和家庭规模等因素负相关。Olajide 和 Akinbogun（2010）研究了存在生产风险情况下尼日利亚渔业牧场的技术效率核算，发现不考虑风险因素会使技术效率估计过高；劳动力是减少产出风险的投入品，而肥料与食物是增加产出风险的投入品；劳动力、养殖经验、教育水平以及进入市场途径会减少技术无效率水平。Eggert 和 Tveteras（2013）分析了冰岛、挪威与瑞典 1973～2003 年渔业的全要素生产率，利用渔业实际总增加值作为产出变量，以资本、劳动、基于主要鱼种的存量指数作为投入变量。发现考虑存量变化后，冰岛有最高的年均 TFP 增长率3%，而瑞典和挪威分别是2.8%和0.8%；在良好实用的渔业技术可方便扩散的情况下，没有发现三个国家生产率收敛的证据。

Hannesson 等（2010）利用挪威罗浮敦群岛鳕鱼业 130 年的数据，研究了技术变化及其对于劳动生产率以及全要素生产率的影响。发现全要素生产率增长比劳动生产率快，表明该行业的技术进步在一定程度上被渔业资源存量的下降所抵消，而开放式进入是导致渔业资源存量下降的主要原因。Stephan（2013）利用 Fisher 生产率指数法研究了澳大利亚东部金枪鱼与旗鱼渔业、联邦拖网渔业等 5 个重要渔业的全要素生产率，并分析了政策调整与渔业资源变动对生产率演变趋势的影响。Kuriakose 等（2013）利用 Tornqvist 指数法研究了印度 Kerala 邦海洋渔业的生产率变动，发现 1985～2010 年虽然捕捞量增长近一倍，但全要素生产率年均下降3.69%，表明渔业资源量下降且过剩捕捞能力大量存在。

3. 对技术进步（变化）的测算与研究

相对而言，技术变化这个对海洋捕捞业生产力增长最重要的贡献因素得到了较少的研究。技术变化可以被归类为产品创新或过程创新，在海洋捕捞业中产品创新或新产品创造显然远没有过程创新重要。海洋捕捞业中的技术变化更多地体现在过程创新，即对渔业捕捞全过程的创新，包括渔船、渔具、渔法、通信、探测等各类新方法、新工具的运用。对于技术变化实证研究的关键问题包括，由谁、为什么、采纳了哪一种类的创新，它们扩散的速率，它们对于投入产出利用与利润的影响，它们对于每单位努力捕获、可捕系数、总的资源丰裕度、选址、航行里程、船员人数等的影响。这一领域的研究重在探寻技术变化的规律，以加深人们对渔业生产力发展的理解，并指导相关政策的制定。

在一个实证框架中，Squires 和 Grafton（2000）开展了关于渔业技术变化的首例正式计量经济研究。Kirkley 等（2004）检验了渔业的物化（Embodied）技术变化，利用随机前沿方法研究了渔业生产的技术变化对生产率的影响，发现物化性技术进步使法国赛特的拖网渔船队全要素生产率提升了1%，但包括管制、环境、渔业资源存量等外部因素起了相反的作用，使净产出每年下降3%。Jensen（2007）检验了蜂窝电话对于印度喀拉拉邦手工渔业生产的影响。Hannesson（2007a）还对渔业部门的技术进步与其他经济部门技术进步之间的关系进行了初步检验。Gilbert 等（2007）检验了马来西亚一个手工渔业的技术变化。Squires（2007）检验了马来西亚一个围网渔场的技术变化，发现过程创新提高了单次航行利润。Squires 等（2008）针对韩国捕捞西、中部太平洋金枪鱼的围网捕鱼船队，测度了其外生技术进步的速率及其扩散，但并没有处理更复杂的扩散率。

对于技术进步的研究一方面是利用计量经济学进行实证性研究。一般是利用时间趋势项，将技术变化设定为平滑的、随时间指数增长的趋势。如果有面板数据，则可以考虑 Baltagi 和 Griffin（1988）的方法，这一方法允许技术变化并非是平滑与指数增长的。另一方面则是基于生物经济学框架的理论研究。如 Murray（2007）检验了技术变化导致渔业资源存量崩溃的方式。Squires 和 Vestergaard（2004，2007）将外生技术变化与外生与内生技术效率引入标准的 Gordon – Schaefer 生物经济学模型，以研究技术进步、技术效率等因素与渔业资源存量、最大生物与经济可持续产量、渔业努力量等变量之间的影响关系。这一领域的研究重在解释技术变化与渔业生产之间的内在联系，为实证结果提供理论依据，不过这些研究超出了本书的研究范围。

4. *以生产率、技术效率等指标核算为基础，对政策效果进行考察*

由于自由进入渔场会造成公地悲剧，使捕捞量大大超过生物资源可持续的捕捞量，致使渔业资源衰退。因而对于渔业的管理政策主要从限制渔业生产投入以及对公共渔场配置私人产权从而限制产出入手，以达到实际捕捞量与经济可持续捕捞量相符，提高渔业经济效益以及可持续发展的目标。这些政策的目标及着力点均以渔业生产为核心，因而对生产率、技术效率以及相关指标在政策实施前后的变化进行测算和分析，能够考察政策实施的直接效果及附带影响。

这一方面有代表性的文献包括，Grafton 等（2000）利用随机前沿分析方法，研究了加拿大不列颠哥伦比亚省大比目鱼渔场在私人捕捞权引入前后生产率、技术进步、配置效率与经济效率变化等的变化，发现除短期的成本效率有所改善外，整体而言捕鱼船队的经济效率并无改善。短期效率仅有较少改善，可归因于产权结构设计缺陷和渔民需花费较长时间才能优化运营。与之相反，生产者剩余和单位租金有即时且显著的增长，这可直接归功于私有化。这些结果说明，若要充分达成私有化的目的，必须恰当地辨明产权的各种特性，并设计良好的产权结构。1998 年实施的美国渔业法案（The American Fishery Act，AFA）允许白令海和阿留申群岛鳕鱼生产者建立渔业捕捞者与加工者的合作企业，并界定了排他性的私人权利。Felthoven（2002）利用 DEA 方法与 SFA 方法讨论了该法案对捕捞能力、技术效率以及能力利用率的影响，发现法案实施后，捕捞能力下降30%，而技术效率和能力利用率均相对往年上升，这表明渔业法案的实施起到了预期效果。Kompas 等（2004）首次估计了渔场投入限制对技术效率的影响。作者利用 1990～1996 年、1994～2000 年澳大利亚北方对虾渔场的单船数据以及随机前沿生产函数分析方法，研究了渔船功率和船体大小控制对于技术效率的影响。结果显示，捕鱼者在 1990～2000 年将受管制的投入替换为不受管制的投入；技术效率也随着对于船体大小和引擎功率的限制而下降，这种下降表明管制者希望增加经济效率的目标没有实现。Susilowati 等（2005）通过分析认为，由于私人成本、社会成本与技术效率水平相关，对共有资源不恰当的产权结构设定会导致私人技术效率与社会技术效率之间的冲突；对共有资源产权结构的不良设定，会使致力于增加私人效率提高的政策增加社会成本，因而增加社会无效率。作者进一步通过爪哇海小型围网渔业数据验证了这种关系。Greenville（2006）利用 SFA 方法及澳大利亚新南威尔士拖网捕虾渔业数据，分析了政府的捕捞投入限制对于技术效率的影响；发现投入控制会导致效率下降，尤其是相对于渔船规格，渔民会利用过大的渔网；对于渔船更新的限制会导致渔船太旧而使技术效率下降；虽然投入控制对于经营者效率有明显影响，但这些效果对于生产率没有持久效果，资本投入的生产率增长在整个样本期间仍然稳定。Chowdhury 等（2010）研究了不同的政策管理工具，尤其是生产投入与产品质量控制对于孟加拉产业化拖网渔业的实施效果；发现公共部门的法律和政策措施及私人对于卫生及质量控制的投入提高了生产成本，因而在短期显著地减少了产量；但在长期，由于高质量产品价格提高而对渔船所有者产生的激励，使长期产量没有减少。Stephanie（2007）利用 Fox（2003）提出的指数分解法，研究了个体渔船配额（IVQ）对挪威近岸鳕鱼捕捞渔船全要素生产率变动的影响进行了研究，发现 IVQ 的实施提升了渔船的生产率。Felthoven（2009）利用增长核算法研究了实施包含排他性捕捞权及配额转让的合作管理体制对于白令海与阿留申群岛鳕鱼业生产率的影响，发现这一管理体制提升了生产率，并从直接和间接两个途径对生产率产生影响。Solís 等（2015）利用基于随机前沿的 Malmquist 指数法，研究了个体渔业配额（IFQ）对美国墨西哥湾红鲷鱼商业捕捞业全要素生产率变动的影响；研究显示个体渔业配额的实施，主要通过提升技术效率提升了船队的全要素生产率，而低效渔船的退出是技术效率改善的主要原因；渔业资源存量与技术变化对生产率增长没有太大影响。

四、研究展望

本书对海洋捕捞业生产率研究的未来发展方向进行展望。由于国际上的相关研究相对成熟完善，而国内的相关研究非常欠缺，因而在尽可能对本领域学术研究方向进行展望的基础上，主要针对国内研究进行讨论。

（一）本领域研究展望

未来开展生产力增长核算方法研究及实证研究的空间广阔，包括生产率增长分解、纳入非期望产出、更细致地考虑环境与资源存量状况影响、利用不同类型的指数以及函数形式等。关于世界不同渔场的实际生产力增长率的实证研究还只是刚刚开始积累。在技术效率研究方面，潜在的研究题目包括关于经济效率更复杂的研究，包括基于利润、收入或成本的效率分析，进一步估计渔船和船长效率差异的影响因素，拓展计量方法的复杂性，如对时变技术效率进行非参数估计，以刻画非线性趋势。在整体上积累关于效率差异和船长技能的经验知识。当前有待研究的领域包括应用方向性距离函数以考虑非期望产出，如附带捕捞物对于公司和单船的效率及船长技能的影响。关于技术变化，关于产权变化与管制体制对于投入与产出的偏差，以及对技术更替、生产转换、技术采纳与扩散速率的影响还有待研究。减少非希望产出对于技术变化的影响也有待研究。此外，内生技术变化在渔业经济文献中几乎没有得到关注。学界仍然不知道在多大程度上不同的产权体制、管制、市场条件与其他政策影响了新技术的开发、采纳与扩散率以及技术采纳选择。

（二）国内研究展望

由于过度捕捞和环境恶化，我国渔业资源严重衰退，严重威胁我国海洋渔业可持续发展。我国对渔业生产率的量化研究非常缺乏，这一现状与渔业行政管理的现实需要极不相称，与我国身为世界渔业第一大国的地位极不相称，也与时代发展对于渔业科学化管理的要求和国际渔业生产力研究的趋势极不相称。因而必须从现实出发，以翔实的数据和严密的量化分析，为有针对性地制定渔业生产控制和渔业资源保护的各项政策提供依据。在生产率核算方法方面，整理相关研究中生产率及相关指标的具体核算方法，根据国内渔业统计数据以及捕捞业生产的实际情况，比较各类方法优劣之处和适用范围，对已有方法进行选择、改进、融合和创新，最终形成适合我国实际的捕捞业生产率研究方法。在海洋捕捞业生产率实证研究方面，应当分近海捕捞渔业与远洋捕捞渔业两种产业，对渔业全要素生产率、技术进步率、技术效率、过剩生产能力、投入要素弹性等指标进行核算，抽象其发展规律，并对未来趋势进行预测。并对主要指标如技术进步率、技术效率的影响因素进行分析，确定其影响程度，探求影响机理。在核算中尽可能将渔业资源存量变化、环境状况变化等因素纳入分析中，以更准确地对生产率及其相关指标进行估计。在基于生产率分析的渔业政策效果评估方面，以生产率实证研究为基础，对我国渔业管理的主要政策，尤其是渔业生产力控制政策的效果进行分析和评价。我国自 1987 年开始对海洋捕捞渔船实行渔船数量和主机功率“双控”政策，但迄今 20 余年并未取得预期的成效。除政策执行方面问题外，主要原因在于技术进步所带来的生产率提升，使捕捞能力在要素投入规模大致不变的情况下仍然得以提升。应当在分析全要素生产率及其各项分解指标的基础上，从生产率分析角度对“双控”政策的直接效果和附带影响进行分析和评价。此外，如伏季休渔、增殖放流、海洋生态资源恢复等现行政策对于渔业生产的影响也应当加以实证研究。

第三章　概念、方法与数据

一、基本概念与捕捞业特性

（一）渔业的定义

对于渔业，不同的国家和组织有不同的定义。在包括我国在内的亚洲国家，渔业也被称为水产业。按《中国农业百科全书》定义，“水产业是人们利用水域中生物机制的物质转化功能，通过捕捞、增养殖和加工，以取得水产品的社会产业部门。广义的水产业还包括渔船修造、渔具和渔用仪器装备的设计制造、渔港建筑和规划、渔需物资供应以及水产品的保鲜、储藏、运销、培育、收获及加工水生生物资源的产业”。农业部水产司制定的《水产经济工作手册》将水产业定义为“是人们以水域为依托，利用水产动植物机体本身的生命力繁衍生成的生物资源，通过劳动（采集、捕捞与人工养殖、增殖）获得水产品的物质生产活动。这便是通常所说的‘渔业’，即狭义水产业。就广义而言，还包括为渔业生产的产前、产中、产后服务的多种基础设施建设，渔港、码头、船舶、网具、渔用仪器设备和其他生产资料制造、供应、水产品保鲜、储藏、加工、运销和综合利用，以及水产科研、教育、推广、管理等服务体系的建设”。这一定义事实上对广义渔业做了涵盖范围更宽的界定。《中华人民共和国渔业法》在总则第二条关于法律适用范围的规定为“从事养殖和捕捞水生动物、水生植物等渔业生产活动，都必须遵守本法”，符合上述关于狭义水产业的定义。《中国渔业统计年鉴》所统计的水产品，是指“渔业（捕捞和养殖）生产活动的最终有效成果”，对渔业的界定基本与《中华人民共和国渔业法》一致。综合上述概念可见，对水生生物的捕捞和养殖，是我国渔业概念的核心。

但在欧美等西方国家，渔业是指捕捞业和相关的水产品加工业，将捕捞、加工、储藏和运销等产业链作为一个完整的产业对待，并用 Fishing Industry 表述（周应祺，2010）。联合国粮农组织（FAO）设置的渔业委员会（Committee on Fisheries，COFI），主要关注和协调各国与捕捞有关的活动。可见捕捞是国际社会渔业概念的核心。而我国所指的渔业，国际社会对应的概念是渔业与水产养殖（Fishery and Aquaculture）。包特力根白乙（2009）总结归纳了国内外关于渔业、水产业的各种概念，对两者关系进行了界定和梳理，并从外延角度对两者进行了重新定义：狭义的渔业是指水生动植物的采捕产业；广义的渔业是指水生动植物的采捕、养殖产业。狭义的水产业是指水生动植物的采捕、养殖、加工产业；广义的水产业是指水生动植物的采捕、养殖、加工、流通产业。四个概念所界定的范围依次扩大。笔者所定义的狭义渔业以捕捞为核心，与国际社会通行的概念比较一致。

本书的研究对象是我国的海洋捕捞业。海洋捕捞业是指使用捕捞工具（如网具、钓具、标枪等），在海洋中捕获经济水生动物的生产活动。就我国概念而言，是海洋渔业的一部分，与海水养殖业并列；就国际通行概念而言，就是指海洋渔业①。

（二）海洋捕捞业分类

按不同的角度可对海洋捕捞业做多种分类。按作业水域，海洋捕捞业可分为沿岸捕捞业、近海捕捞业、外海捕捞业及远洋捕捞业。其中所谓沿岸、近海、外海是经验上的说法，我国并无严格定义。海洋学上的中国近海，包括渤海、黄海、东海、南海，事实上基本涵盖了上述沿岸、近海、外海等海域。远洋捕捞业可进一步分为过洋性捕捞业和大洋性捕捞业。过洋性捕捞业是指通过获得捕捞许可，在别的国家海洋专属经济区内从事捕捞业。大洋性捕捞业又称公海捕捞业，是在全球公海海域进行捕捞。沿岸、近海水域水生动物资源丰富，单位渔获量较高，远洋捕捞资源密度较小，生产成本较高。因此世界各国的捕捞产量主要来自沿岸和近海。

根据捕捞业从业主体，海洋捕捞业还可分为商业性渔业和个体捕捞业或传统捕捞业。商业性渔业是以企业为生产主体，以盈利为目的，生产规模较大。

① 严格地讲，不包括捕捞产品加工业在内。

个体捕捞业以传统渔民或鱼户为捕捞主体，从事捕捞业的目的主要是维持家庭生计。我国近海捕捞业多为个体捕捞业，而远洋渔业基本是商业性渔业。此外，还可按捕捞鱼种、捕捞方法等将捕捞业分类，如鱿鱼钓业、金枪鱼钓业、拖网捕捞业、围网捕捞业等。

基于实证研究的可行性，本书所指的近海捕捞，与《中国渔业统计年鉴》中海洋捕捞科目所统计的捕捞业作业范围一致，事实上包括了渔业学中所说的沿岸渔业、近海渔业与外海渔业。本书所指的远洋捕捞，与《中国渔业统计年鉴》中远洋捕捞科目所统计的捕捞业作业范围一致，包括了过洋性捕捞业与大洋性捕捞业。

（三）海洋渔业资源的特点

海洋渔业资源是海洋中蕴藏并具有开发利用价值的各种经济动植物的种类和数量的总称，主要有鱼类、甲壳类、软体动物、海兽类①和藻类。鱼类是海洋渔业资源中数量最大的类群，海洋大约栖息着 30 万种生物（Malakoff, 1997），其中多于 20 万种是鱼类（O' Dor,2003），因而鱼类也是海洋捕捞业的主要捕获品种。海洋渔业资源具有以下特点（陈新军，2004）：

1. 可再生性

渔业资源是能自行增殖的生物资源。通过生物个体或种群的繁殖、发育、生长和新老替代，使资源不断更新，种群不断获得补充，并通过一定的自我调节能力而达到数量上的相对稳定。通过人工养殖和增殖放流等，亦可保持或恢复资源的数量。但如果酷渔滥捕使生态平衡被破坏，则会导致资源的衰竭甚至灭绝。

2. 流动性

大多数海洋动物为了索饵、生殖、越冬等，具有洄游的习性。例如，大洋性洄游的金枪鱼，季节性洄游的大、小黄鱼和带鱼等。有许多种群会洄游和栖息在多个地区或国家管辖的水域内。因此，渔业资源的流动性造成对该资源难以明确其归属和所有权，事实上形成“谁捕获，谁拥有”，这就是渔业资源的共享性。这一特性造成渔业管理上的特殊困难，并易导致对渔业资源的掠夺性开发和过度投资。

3. 波动性

渔业资源是生活在水环境中的生物资源，直接受到水环境的影响。因此，

---

① 海兽类又称海洋哺乳动物，包括鲸类、海豹、海豚等，实际上大多数品种为保护对象。

地球气候和海洋环境的周期性和随机性变动造成渔业资源的波动。生物自身繁殖和进化过程中，生态系统中各种因素的相互影响和不稳定性，也造成数量上的波动。人类的活动和捕捞生产，也对渔业资源的数量变动和结构改变造成重大影响。

4. 隐蔽性

鱼虾贝藻等渔业资源栖息在风浪多变、幅员辽阔的海洋，而且不时地到处游动，因此难以发现和统计。海洋渔业资源的隐蔽性造成评估渔业资源和探寻渔场的困难，在确定种群的数量和栖息地等方面也具有很大的不确定性。

（四）海洋捕捞业的特点

海洋捕捞业是对渔业资源的采集，捕捞产量是对既定渔业资源存量施加一定的捕捞努力量而得到的，因而海洋渔业资源的特性在很大程度上决定了海洋捕捞业的特性。概括而言，海洋捕捞业的特性有如下几点（周应祺，2010）：

1. 季节性

海洋鱼类的生物特点与习性决定了捕捞业具有明显的季节性。对捕捞业最具影响的因素是较长的生产周期和集中而短暂的收获期。这种显著的季节性，加上水产品的易腐性，就要求具有较大的水产品集中加工能力和贮藏能力，以便及时处理和均衡上市。但是，市场均衡供应的需求和集中收获之间存在矛盾，会造成庞大生产能力的低效使用。

2. 地域性

这是生物物种共有的特点。不同的海域，不同的水层，栖息了不同的物种。即使是同一物种，也因海域环境的不同而具有不同品质和风味，形成以地域为标记的特产。与其他农产品相比，消费者对水产品品种需求多样化并对产地品种尤为关注。从资源保护和养护管理的角度，为了对某水域的渔业资源保护和加强监督管理，国际渔业管理组织提出水产品需携带产地证书以及有关生物标签的要求。

3. 共享性

由于鱼类等水生生物在水域中活动和洄游甚至跨越大洋和国界，这种流动性造成了渔业资源具有公共资源的特点。由于鱼类的流动或跨界，对该资源所有权难以明晰。共享性和所有权的不明晰造成开发者对资源谋求优先占有而争夺，该产业因而具有强烈的排他性，对于渔业资源信息的掌握和对资源的控制成为核心竞争力。共享性会带来掠夺性捕捞，为了实现渔业资源的可持续利用，利用该资源的各方应进行合作。

4. 产品易腐性

由于水生动物脱离其生存环境后会迅速死亡、变质，具有易腐性。因而与其他产品相比，捕捞业产品对生产技术、贮存和物流管理有特殊的要求，产品的质量与所采取的保存手段和技术有密切关系。捕捞业从捕获、储藏、运输，直到消费者终端的整个产业链，每个环节都需要采取必要的保鲜、保活或冷冻、冷藏等技术措施。鱼、虾等水生生物的多样性造成水产品的加工保存因品种而异，对技术措施的需求差异也很大。

5. 产出的不稳定性

由于捕捞业的生产对象是鱼类等水生生物，它们自身的变化和数量上的波动会造成捕捞产出的不稳定性。环境气候的变化也会造成栖息地变迁和资源的波动，使生产状况有很大差异。捕捞业对自然界的依赖很大，使该产业在生产规模、计划和经济效益等方面具有较大的不稳定性和风险性。这会带来捕捞业投资具有较高的风险，规避风险和降低产出不稳定性成为捕捞业需要特别关注的事项。

（五）海洋捕捞业管理的系统性

广阔海洋中的渔业资源需要科学调查，隐秘的鱼群需要跟踪探测，多变的天气海况需要气象情报，快速游动的鱼群需要网具捕捞，渔船的航行需要动力和自动控制，也需要导航定位的服务，鲜活的捕获物需要冷藏冷冻、运输分销，人员和设备需要一定的物资保障。海洋渔业资源与捕捞产业的特性决定了海洋捕捞业是一个涉及相关产业与技术类型非常广泛，综合性与集成性很高的产业。捕捞生产对生物、环境、气象、工程、造船、电子仪器、通信信息、机械装备、合成纤维材料、加工利用、冷冻冷藏领域的技术发展有很大的依赖性。若没有发达的造船工业、机械工程和电子工业的支持，就不可能发展远洋渔业。捕捞业紧密依靠其他行业的发展而发展，因而需要注意将新的科技成果及时引进捕捞业中，这是捕捞业持续发展的重要推动力。

海洋捕捞业具有集成性与系统性，需要进行综合管理。海洋捕捞业的产业链长，生产活动涉及的部门多。在行政管理上除渔业主管部门外，还有资源、环境、食品、船舶、海港、市场、贸易、外交等管理部门。近海捕捞业还涉及水利、港湾、海洋、军事等部门，所以政府部门间的协调非常重要。捕捞业具有生产装备、技能和经验的专用性，因而是一个具有较高退出门槛的行业。尤其是近海捕捞业往往聚集了弱势群体，加上历史和社会原因，渔业劳动力受教育程度不高，有文化和生活习惯的特殊性。因此在进行近海捕捞能力消减时，劳动力的转移空间较小，调整难度较大。对捕捞业劳动力的调整不能仅依靠渔业自身的力量，还需要全社会支持。所以渔业不能单纯地作为一个产业经济部门进行管理，而必须由政府相关部门协调，进行综合管理，才能实现可持续发展（周应祺，2010）。

二、渔业经济基本模型

（一）Logistic 模型

生态学中通常以 Logistic 模型来描述各类生物种群增长，该模型最早由 Verhulst 于 1838 年提出①，Graham（1935）首次将其引入渔业研究中。Schaefer（1954）利用该模型分析了商业性海洋捕捞的鱼类种群动态性，奠定了其在渔业经济学中的基础性地位。Logistic 模型通常用以描述鱼类存量增长与鱼类存量规模之间的关系。需要注意的是，这一关系反映的是由经验数据概括出的平均关系，并非鱼类存量变动的日常描述。模型的微分方程式如下：

$$G(X) = rX(t)\left(1 - \frac{X(t)}{V}\right) \tag{3-1}$$

式中，$X(t)$为 t 时刻鱼类生物存量；$G(X)$为其增长速率，即单位时间内的增长量，它是生物存量 $X(t)$的函数；参数 r 是该鱼类种群的内在增长率；V 是环境容纳量，表示自然状态下该鱼类种群所处生态环境所能容纳的最大生物存量。

分析上式可以发现，当生物存量 $X(t)$趋于最小值 0 与最大值 V 时，均有增长速率 $G(X)$趋于 0。$X(t)=0$ 时表示该鱼类种群灭绝。$X(t)=V$ 时是自然均衡点，偏离该存量水平会自动恢复。这是由于鱼类存量大于环境容量时，死亡率或迁出率会增加，使存量恢复为环境容量。而当鱼类存量小于环境容量时，其增长速度为正，直到等于环境容量。

对式（3-1）求鱼类存量增长速率 $G(X)$的最大化问题可得，当 $X(t)=\frac{V}{2}$，即鱼类生物存量为环境容量一半时，存量的增长速率 $G(X)$最大。在 0 <

① 根据维基百科“Logistic Function”条目。

$X(t) < \frac{V}{2}$的区间，增长速率持续增加；在$\frac{V}{2} < X(t) < V$的区间，增长速率持续减小。其函数性质如图 3－1 所示。

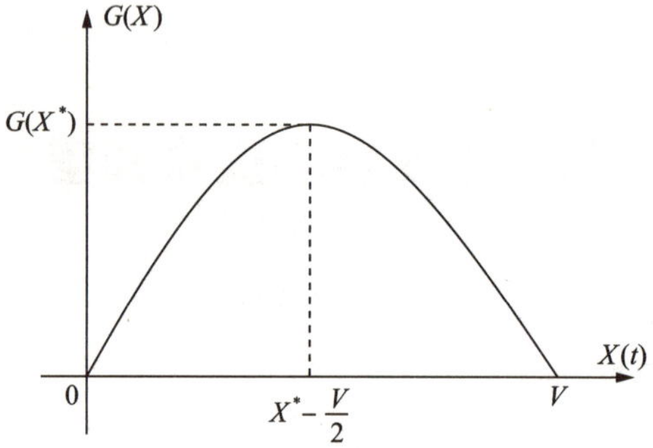

图 3－1　鱼类存量与增长之间的关系

Logistic 模型的图像形状为开口朝下的抛物线，以 $X(t) = \frac{V}{2}$为对称轴，与横轴交与 0 和 V 点。当 $X(t) = \frac{V}{2}$时函数有极大值 $G(X^*)$，此时生物存量单位时间增加量最大。

（二）渔业生产函数

Schaefer（1954）还给出了鱼类捕捞率函数，如下：

$$H(t) = qE(t)X(t) \tag{3-2}$$

式中，$H(t)$ 是捕捞率，即单位时间内的捕捞量。式（3－2）是 t 时刻渔业资源存量 $X(t)$ 及单位时间捕捞努力量 $E(t)$ 的函数。单位时间捕捞努力量 $E(t)$ 是一个抽象描述，通常被以时刻 t 投入捕捞的标准渔船数量（Standard Vessel Units，SVU）来衡量（Clark，2010）。参数 q 是可捕系数，是单位捕捞努力量所能捕获渔业资源的数量，占渔业资源总数量的比值（Gulland，1983），取值区间为（0，1）。海洋捕捞业是对渔业资源的采集，捕捞产量是对既定渔业资源存量施加一定捕捞努力量得到的，捕捞要素投入与资源存量共同决定了产出，上述生产函数反映了捕捞业区别于其他生产活动的这一根本特点。

为了保证产业的可持续性，捕捞业追求获得可永久持续的捕捞量。而充分利用渔业资源获得最大产出的目的又会使这一可持续捕捞量充分扩大。当式（3－3）成立时，捕捞业可在充分利用渔业资源的情况下获得可永久持续的捕捞量：

$$H_{MSY} = G(X^*) \tag{3-3}$$

即在鱼类种群存量为其环境容量一半时，将每期新增鱼类生物存量都捕获。根据前面的分析，此时每期增长量最大，因而捕获量最大，且并不影响鱼类种群的长期存量。称这一捕捞量为最大可持续（生物）产出量（Maximum Sustainable Yield，MSY）。最大可持续产出量是很多国家在制定渔业资源总允许捕捞量（Total Allowable Catch，TAC）时的主要依据。

（三）Gordon－Schaefer 模型

渔业资源“谁捕到归谁所有”的共享性，带来了无管制情况下捕捞者的自由入渔[①]。自由入渔者并不追求最大可持续产出量，而是根据自身的经济核算来决定投入的捕捞努力量及产出量。Gordon（1954）分析了自由进入渔业的经济均衡。令 P 表示每单位渔获物的价格，C 表示每单位捕捞努力量的价格，则开放式渔业一定时期内的整体经济利润 TR 可表示如下[②]：

$$TR = PH - CE \tag{3-4}$$

等式右边第一项为捕捞总收入，第二项为捕捞总成本。将捕捞生产函数代入可得：

$$TR = (PqX - C)E \tag{3-5}$$

由式（3－5）可知，自由进入渔业整体具有盈利性的条件是等式右边大于 0，即有：

$$X > \frac{C}{Pq} \tag{3-6}$$

当式（3－6）成立时，捕捞带来盈利，在自由进入下会导致竞争性捕捞，而这会导致鱼类生物存量 X 下降。当 X 下降至小于 $\frac{C}{Pq}$ 时，捕捞无法带来盈利，因而捕捞努力量会下降，这又会导致鱼类生物存量上升。上述两种机制使鱼类生物存量水平维持在 $X_{BE} = \frac{C}{Pq}$，此时捕捞业总利润为 0，Gordon（1954）称之为生物经济均衡（Bionomic Equilibrium）。“未受管制捕捞（由竞争性的捕捞

① 对应英文术语为“Open－access”，也翻译为开放式进入。
② 一定时期内可理解为一个月、一年等。本小节考虑静态问题，因而去除时间变量。

者）会导致资源存量趋于生物经济均衡，此时经济租被消减为0”，这就是 Gordon（1954）文章的主要结论。

结合鱼类生物量增长方程（3－1）还可得到更全面的均衡分析结果。为保证捕捞产量长期可持续，需要有：

$$H = rX\left(1 - \frac{X}{V}\right) \tag{3-7}$$

即可持续的捕捞水平需等于鱼类存量的增长量，否则捕捞会使鱼类存量发生变动，进而使捕捞量不可持续。将捕捞生产函数式（3－2）代入，可得鱼类存量与捕捞努力量之间的长期均衡关系如下：

$$E = \frac{r}{q}\left(1 - \frac{X}{V}\right) \tag{3-8}$$

将生物经济均衡 $X_{BE} = \frac{C}{Pq}$ 代入式（3－8），可得均衡的捕捞努力量为：

$$E_{BE} = \frac{r}{q}\left(1 - \frac{C}{qPV}\right) \tag{3-9}$$

进而可得均衡的捕捞量为：

$$H_{BE} = \frac{rC}{qP}\left(1 - \frac{C}{qPV}\right) \tag{3-10}$$

这些均衡结果可用以分析捕捞成本、捕获物价格等对于捕捞产量、捕捞努力量及渔业资源存量等的影响。利用上述模型框架和分析思路，还可讨论最大可持续经济产量均衡（Maximum Economic Yield，MEY），此处不再详述。

（四）常用生产函数

Schaefer（1954）提出的捕捞生产函数式（3－2），虽然刻画了捕捞业的核心特点，但在描述捕捞努力量方面仍然显得过于简单，难以直接用于更细致的理论与实证分析。渔业经济学家经常以微观经济学中常用的生产函数来刻画捕捞努力量的生产过程，以将更具体的要素投入及要素价格等纳入经济分析。所谓生产函数，是描述生产过程中投入的生产要素的某种组合，同它可能的最大产出量之间依存关系的数学表达式（李子奈和潘文卿，2005），即：

$$Y = f(A, K, L) \tag{3-11}$$

式中：Y 为产出量，A，K，L 分别为技术、资本、劳动等投入要素。投入要素是指生产过程中发挥作用，对产出量产生贡献的生产要素。可能的最大产出量是指这种要素组合应该能形成的产出量，不一定是实际产出量。生产函数反映了生产过程中投入要素与产出量之间的技术关系。Hannesson（1983）最早利用 Cobb - Douglas 生产函数对捕捞业生产问题进行了理论与实证分析。此后 Cobb - Douglas 生产函数、CES 生产函数、超越对数生产函数等在渔业经济学文献中被经常使用，以下对它们进行概述。

1. Cobb - Douglas 生产函数

由美国数学家 Charles Cobb 和经济学家 Paul Douglas 于 1928 年提出，也是最早被提出的生产函数。其基本形式如下：

$$Y = AK^{\alpha}L^{\beta} \tag{3-12}$$

式中：待估参数 A 为效率系数，是广义技术进步水平的反映。α、β 分别是资本与劳动的产出弹性，取值区间为［0，1］。$\alpha+\beta$ 之和大于 1、小于 1、等于 1，分别表示生产的规模报酬递增、递减与不变。分析可知，Cobb - Douglas 生产函数的替代弹性恒为 1，这使其应用受到一定限制。

2. CES 生产函数

Arrow、Chenery、Mihas 和 Solow 等多位学者于 1961 年提出了两要素不变替代弹性（Constant Elasticity of Substitution）生产函数模型，简称 CES 生产函数，其形式如下：

$$Y = A(\delta_1 K^{-\rho} + \delta_2 L^{-\rho})^{-\frac{m}{\rho}} \tag{3-13}$$

式中：待估参数 A 为效率系数，是广义技术进步水平的反映。δ_1、δ_2 为分配系数，取值区间为（0，1），且有 $\delta_1+\delta_2=1$。ρ 为替代参数，取值范围为（-1，∞）。m 为规模报酬参数，m 大于 1、小于 1、等于 1，分别表示规模报酬递增、递减与不变。CES 生产函数的替代弹性为 $1/(1+\rho)$。CES 生产函数比 Cobb - Douglas 生产函数多了两个参数，对生产技术的刻画更细腻，但也因此更复杂。

3. 超越对数生产函数

Christensen、Jorgenson 和 Lau 于 1973 年提出了超越对数生产函数，其对数形式如下：

$$\ln Y = \beta_0 + \beta_K \ln K + \beta_L \ln L + \beta_{KK} \ln^2 K + \beta_{LL} \ln^2 L + \beta_{KL} \ln K \cdot \ln L \tag{3-14}$$

超越对数生产函数的显著特点是其易估计和包容性，因而在渔业生产与生产率实证研究中被广泛采用。所谓包容性，是指该生产函数可以被认为是任何生产函数的近似（李子奈和潘文卿，2005）。如果 $\beta_{KK}=\beta_{LL}=\beta_{KL}=0$，则表现为 Cobb - Douglas生产函数；如果 $\beta_{KK}=\beta_{LL}=-0.5\beta_{KL}$，则表现为 CES 生产函数。因而可以根据该生产函数的估计结果判断要素的替代弹性。

4. 技术进步的表达

Solow 在 1957 年提出，为体现技术进步的作用，可将 Cobb - Douglas 生产

函数中的 A 表达为以下形式：

$$A(t) = A_0 e^{\lambda t} \tag{3-15}$$

式中：λ 即为技术进步速度①。作上述替换后，Cobb - Douglas 生产函数反映的技术进步是中性的，即技术进步使要素投入不变的情况下，产出增加 $A(t)$ 倍②。同样可以对 CES 生产函数中的 A 做上述替换，此时技术进步为希克斯中性。

在超越对数生产函数中，可将时间变量及其平方项（$\theta_1 t + \theta_2 t^2$）作为解释变量放入方程右边，以反映随时间变动的技术进步（$\theta_1 + 2\theta_2 t$）（Coelli 等，2009）。

三、效率研究基本方法

（一）效率测算的原理

1. 生产前沿与技术效率

生产函数描述一定的投入要素组合与最大产出量之间的关系。但实际生产中，受各种因素影响，产出并非总能达到最大。以实际投入产出量估计出的生产函数，实际上反映的是一定的投入要素组合与平均产出量之间的关系。为区分两者，生产函数应当被称为前沿生产函数，而后者应当称为平均生产函数。图 3-2 描述了单投入单产出时的两者关系：

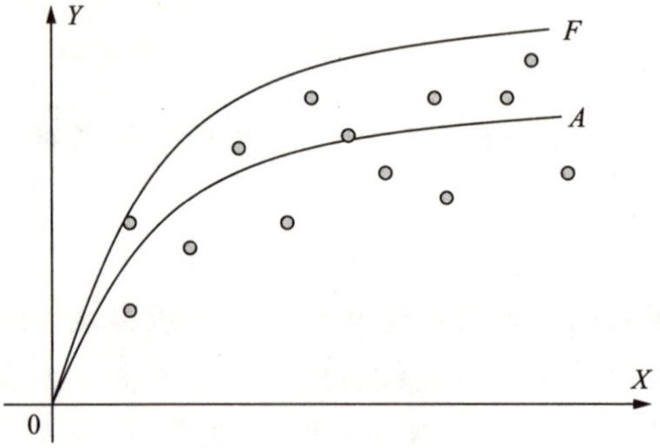

图 3-2　平均生产函数与边界生产函数

① 技术进步速度较低时的近似。

② 事实上对于 Cobb - Douglas 生产函数，同时符合希克斯中性、索罗中性与哈罗德中性。

在图 3 – 2 中，横轴为要素投入，纵轴为产出量。每个实心点表示一个生产单位的投入产出组合，A 表示由样本点估计出的平均生产函数，F 表示前沿生产函数。当生产单位因各种原因未能达到生产前沿，则表明生产无效率。生产无效率的程度以技术效率的大小来衡量。技术效率是指一个生产单位在等量要素投入条件下，其产出离最大产出的相对距离①。距离越大，技术效率越低。仍以单投入单产出的情况为例，如图 3 – 3 所示。

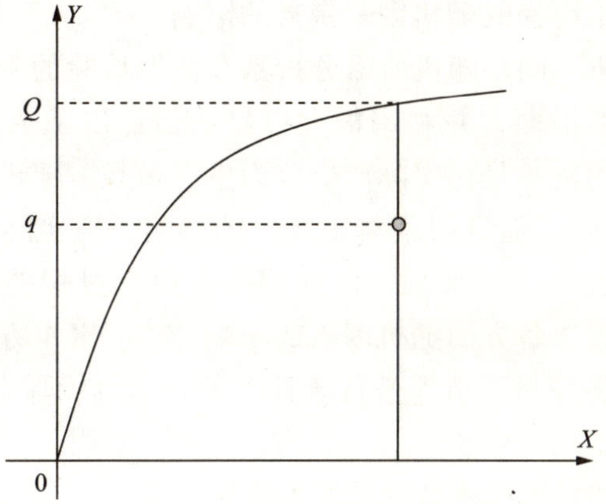

图 3 – 3　技术效率测算原理

在图 3 – 3 中，实心点所示生产单位的实际产量为 q，而同等投入下，最大产量为 Q，因而该生产单位的技术效率为：

$$TE = \frac{q}{Q} \tag{3-16}$$

技术效率的取值范围为 [0, 1]，其值越大，表明生产效率越高，即对投入要素优化运用的水平越高。技术效率还可从投入的视角测算。同样的产出下，要素投入量越少，则技术效率越高。对捕捞业技术效率的实证研究基本以产出为导向进行，因而对投入导向的技术效率分析不再赘述。

2. 生产前沿面确定

对生产单位的技术效率进行测算，最关键的一步是前沿生产函数的确定。最常用的前沿面确定方法是数据包络分析法（Data Envelopment Analysis，DEA）与随机前沿分析法（Stochastic Frontier Analysis，SFA）。

① 指产出导向的技术效率。

数据包络分析（DEA）是一对多个同类型的具有多投入、多产出的生产单位进行相对效率比较的有效方法，是由著名的运筹学家 Charnes 和 Cooper 等于 1978 年提出的。DEA 通过线性规划技术确定生产系统的前沿面，得到各生产单位的相对效率以及规模效益等方面的信息。由于不需要事先假定前沿生产函数的形式，因而得到广泛应用。随机前沿分析（SFA）由美国的 Aigner、Lovell 和 Schmidt 以及比利时的 Meeusen 和 Broeck 在 1977 年几乎同时提出。随机前沿分析中产出与前沿面的差异被分为两种：管理误差项，用来反映技术非效率；随机误差项，表示不可控的随机因素带来的影响。

与数据包络分析不同，随机前沿分析是在数据检验的基础上，利用已知形式的函数代表生产前沿面，并利用极大似然法估计出函数参数。相对于 DEA 方法，该方法最大的优势是将实际产出分为生产函数、随机因素和技术无效率三部分，而 DEA 忽略了随机因素对于产出的影响，把实际产出小于前沿产出的原因全部归结于技术效率原因。海洋捕捞业生产过程的一大特点，是受天气、环境、资源状况等各方面随机因素的影响较大。SFA 方法能够排除随机因素的干扰，并能对各种测算结果进行统计上的显著性检验，具有独特的优势，因而目前国际上对于捕捞业技术效率的实证研究多采用了 SFA 方法。本书也将 SFA 方法作为研究捕捞业技术效率的基本方法。

（二）随机前沿分析法

本节对渔业经济研究中最常用的 Battese 和 Coelli（1992）模型、Battese 和 Coelli（1995）模型进行概述。Wang 和 Ho（2010）模型在前人基础上考虑了面板数据固定效应的影响，是对前人方法的显著改进，值得今后研究加以应用。

1. Battese 和 Coelli（1992）模型

Battese 和 Coelli（1992）在前人研究基础上，建立了基于面板数据的 SFA 模型，以对技术进步率与时变技术效率进行分析。其基本形式如下：

$$Y_{it} = X_{it}\beta + (v_{it} - u_{it}) \quad i = 1, \cdots, N, \ t = 1, \cdots, T \tag{3-17}$$

式中：Y_{it}为第 i 个生产单元在 t 时期的对数产出量；X_{it}为第 i 个生产单元在 t 时期的 k 维对数投入量向量；β 为待估计的参数向量；$(v_{it} - u_{it})$ 为复合扰动项，其中 v_{it}为随机干扰项，代表各种随机因素对于随机前沿面的影响，v_{it}独立同分布于 $N(0, \sigma_v^2)$ 且与 u_{it}独立。u_{it}为技术非效率项，且有：

$$u_{it} = u_i \exp(-\eta(t-T)) \tag{3-18}$$

式中：u_i 是非负随机变量，并假设其独立同分布于截断正态分布 N^+（μ，

σ_u^2)。在投入产出均为对数变量的情况下，生产单元 i 在 t 时期的技术效率可表示如下：

$$TE_{it} = \exp(-u_{it}) \tag{3-19}$$

式中：u_{it}由式（3－18）给出。若 $u_{it}=0$，则 $TE_{it}=1$，表明此时该生产单元的投入产出位于生产前沿面上，即处于技术效率状态，投入产出处于最优化状态；若 $u_{it}>0$，则 $0<TE_{it}<1$，表明此时该生产单元的投入产出位于生产前沿面之内，即处于技术无效率状态，存在维持产出不变消减投入或维持投入不变增加产出的可能性。式（3－18）表明允许技术效率随时间改变，η 是待估计的参数，反映单位时间技术效率改变的比率。η 大于0表示技术效率随时间演进提升，η 小于0则表示技术效率随时间演进降低。

2. Battese 和 Coelli（1995）模型

Battese 和 Coelli（1995）提出了考虑影响技术效率因素的模型，通过将技术非效率的分布均值假设为各种影响因素的函数，可将技术效率值和技术效率影响因素的影响效果在一个模型中估计出来。模型的基本框架与 Battese 和 Coelli（1992）相同，差别在于对技术非效率项 u_{it}的假设不同，Battese 和 Coelli（1995）假设 u_{it}独立同分布于截断正态分布 $N^+(m_{it}, \sigma_u^2)$，其中 m_{it}为技术无效函数：

$$m_{it} = \delta z_{it} \tag{3-20}$$

式中：z_{it}为 $p\times1$ 阶解释变量向量，代表影响技术效率的各种因素，如环境因素等。δ 为 $1\times p$ 阶参数向量，为待估的解释变量系数。估计得到的 $\delta>0$ 表示解释变量对技术效率具有负向影响，$\delta<0$ 表示解释变量对技术效率具有正向影响。

利用如 Battese 和 Coelli（1995）模型，在一次回归分析中同时得到技术效率值及各因素对其影响的方法，称为一阶段法。首先得到技术效率值，再分析环境变量对其影响的方法称为两阶段法。Wang 和 Schmidt（2002）指出，第一阶段不包含环境变量，会导致生产前沿面确定部分的参数估计有偏，进而导致技术效率的估计值有偏。因而一阶段法优于二阶段法。

3. Wang 和 Ho（2010）模型

Battese 和 Coelli（1992，1995）两个模型针对面板数据进行测算，但并没有充分利用面板数据的特性。Wang 和 Ho（2010）进一步提出了考虑面板数据固定效应的 SFA 模型，与 Battese 和 Coelli（1992，1995）等常用模型相比，Wang 和 Ho（2010）模型将个体异质性与个体无效率区分开，使对技术效率的估计更准确，能够充分发挥面板数据优势。其基本形式如下：

$$Y_{it}=\alpha_i+X_{it}\beta+(v_{it}-u_{it})\quad i=1,\cdots,N,\ t=1,\cdots,T \tag{3-21}$$

式中：Y_{it}为第i个生产单元在t时期的对数产出量；X_{it}为第i个生产单元在t时期的k维对数投入量向量；β为待估计的参数向量；α_i为个体i的个体不可观测效应；v_{it}为随机干扰项，代表各种随机因素对于随机前沿面的影响，v_{it}独立同分布于$N(0,\sigma_v^2)$且与u_{it}独立；u_{it}是非负随机变量，反映i省第t年的技术无效水平，且有$u_{it}=h_{it}\cdot u_i^*$，其中u_i^*独立同分布于截断正态分布$N^+(\mu,\sigma_u^2)$，h_{it}为技术效率影响因素函数，有：

$$h_{it}=f(z_{it}\delta) \tag{3-22}$$

式中：z_{it}为$1\times p$阶解释变量，代表影响技术效率的各种因素；δ为$p\times 1$阶参数向量，为待估的解释变量系数。可以看到，与前两个模型相比，Wang和Ho（2010）模型的基本形式中多了个体不可观测效应项。与第二个模型相比，对技术效率影响因素对技术效率影响的函数刻画不同，采用这种函数形式主要是为了得到无偏有效的估计。

四、生产率研究基本方法

（一）生产率研究方法概述

生产率分析是探求经济增长源泉的主要工具，同时也是确定经济增长质量的主要方法。自“二战”以后，生产率研究的重点从单要素生产率转向全要素生产率（Total Factor Productivity，TFP），标志着现代生产率问题研究的发端。时至今日，经过索洛（Solow）、丹尼森（Denison）、乔根森（Jogenson），洛维尔（Lovell）、昆博卡（Kumbhakar）、库柏（Cooper）等不断地研究发展，生产率分析已经成为理论基础坚实、体系完整、方法成熟、指标细腻的一整套方法体系，在国民经济各行业的生产力测算中有广泛应用。根据测算原理和角度的不同，全要素生产率变动的计算方法可以分为增长核算法、生产前沿面法和TFP指数，以下对这些方法进行简要介绍。

1. 增长核算法

增长核算法是指通过适当的函数形式表示出经济体的投入产出关系，并根据要素投入增长与产出增长之间的数量关系来推算出全要素增长率。其计算的基本思路是：寻找一个合适的生产函数形式，利用样本数据回归估算出总量生产函数，将产出增长率扣除各种投入要素增长率后的残差作为 TFP（全要素生产率）的增长。增长核算法假定生产在技术上是充分有效的，即不存在技术无效率情况。

2. 生产前沿面法

生产前沿面法是指以具有投入或产出最优性质的生产函数来构造生产前沿面，通过生产过程的实际（投入或产出）值与最优（成本或产出）值的比较来测度技术效率，进而测度全要素增长率。根据构造生产前沿面方法的不同，生产前沿面法又可分为参数型模型法和非参数型模型法。参数法的代表性方法是随机前沿分析（Stochastic Frontier Analysis，SFA），它是在数据检验的基础上利用已知形式的函数代表生产前沿面，并利用极大似然法估计函数参数，该方法的优势是能够将实际产出分为生产函数、随机因素和技术无效率三部分。非参数法的代表性方法是数据包络分析（Data Envelopment Analysis，DEA）。DEA 是一种非参数方法，根据已有投入产出的数据利用线性规划的方法构造生产前沿面，并可在此基础上核算技术效率和生产率等指标，其优势是应用灵活容易拓展。非参数方法不需要设定某一具体的生产函数，能够避免由于生产函数主观设定的不同对分析结果产生的影响。

3. TFP 指数

TFP 指数是指一个生产单元（企业、行业、地区或国家）在一定时期内的总产出和总投入之比。它是衡量一个行业或地区经济运行状况的综合性指标，能够反映科技进步、效率（技术效率、规模效率等）提高的综合影响。假设生产单元基期为 s 和报告期为 t，X 表示加总投入，Y 表示加总产出，则 TFP 指数则可表示为 $TFP_{st}=\left(\frac{Y_t}{Y_s}\right)\Big/\left(\frac{X_t}{X_s}\right)$。常用的生产率指数包括 Fisher 指数、Törnqvist 指数等。

上述几类方法都在海洋捕捞业生产率研究中得到运用。其中基于生产前沿面计算的马姆奎斯特指数法①（Malmquist Index），能够测度生产中的技术无效率变动，并将生产率变动进行多指标分解，相比较而言更符合经济现实，因而应用最广泛。

（二）马姆奎斯特指数法简介②

Malmquist TFP 指数是由 Caves、Christensen 和 Diewert（1982a，1982b）在

① 也被译作曼奎斯特指数。

② 主要参考了 Coelli 等（2009）相关内容。

两篇论文提出的，文中用 Malmquist 投入距离函数和产出距离函数来定义 TFP 指数，其实质是利用两个不同时期距离函数的比值来刻画生产率的变化。

1. 马姆奎斯特指数定义及分解

设有两个时期 s，t，$s<t$。基于时期 s 技术的面向产出的 Malmquist 指数定义如下：

$$m_O^s=\frac{d_O^s(\boldsymbol{q}_t,\ \boldsymbol{x}_t)}{d_O^s(\boldsymbol{q}_s,\ \boldsymbol{x}_s)} \tag{3-23}$$

式中：$\boldsymbol{q}_s$、$\boldsymbol{q}_t$ 分别为 s 时期和 t 时期的产出向量，$\boldsymbol{x}_s$、$\boldsymbol{x}_t$ 分别为 s 时期和 t 时期的投入向量。$d_O^s(\boldsymbol{q}_t,\ \boldsymbol{x}_t)$ 为基于时期 s 不变规模报酬（Constant Return to Scale，CRS）技术的距离函数。该指数度量了在 s 时期的技术条件下，从 s 时期到 t 时期的生产率的变化。与之类似，可定义基于 t 时期技术的面向产出的 Malmquist 指数如下：

$$m_O^t=\frac{d_O^t(\boldsymbol{q}_t,\ \boldsymbol{x}_t)}{d_O^t(\boldsymbol{q}_s,\ \boldsymbol{x}_s)} \tag{3-24}$$

式中：d_O^t（·）为基于 t 时期 CRS 技术的距离函数。该指数度量了在时期 t 的技术条件下，从 s 时期到 t 时期的生产率的变化。Fare、Grosskopf 和 Roos（1998）指出，如果技术是希克斯产出中性，那么两个时期的指数是相等的。为了避免强加的约束或者前沿技术选择时的随意性，Malmquist TFP 指数通常被定义为两个时期指数的几何平均值：

$$m_O=\left[\frac{d_O^s(\boldsymbol{q}_t,\ \boldsymbol{x}_t)}{d_O^s(\boldsymbol{q}_s,\ \boldsymbol{x}_s)}\times\frac{d_O^t(\boldsymbol{q}_t,\ \boldsymbol{x}_t)}{d_O^t(\boldsymbol{q}_s,\ \boldsymbol{x}_s)}\right]^{\frac{1}{2}} \tag{3-25}$$

对式（3-25）右边重新整理，可以将 Malmquist TFP 指数分解为技术效率变化指数和技术进步指数的乘积：

$$m_O=\frac{d_O^t(\boldsymbol{q}_t,\ \boldsymbol{x}_t)}{d_O^s(\boldsymbol{q}_s,\ \boldsymbol{x}_s)}\left[\frac{d_O^s(\boldsymbol{q}_t,\ \boldsymbol{x}_t)}{d_O^t(\boldsymbol{q}_t,\ \boldsymbol{x}_t)}\times\frac{d_O^s(\boldsymbol{q}_s,\ \boldsymbol{x}_s)}{d_O^t(\boldsymbol{q}_s,\ \boldsymbol{x}_s)}\right]^{\frac{1}{2}} \tag{3-26}$$

在式（3-26）中，右边第一项为技术效率变化指数，反映了 s 时期到 t 时期的技术效率的变化；右边第二项为技术进步指数，反映了 s 时期到 t 时期的生产技术的变化。根据 Fare 等（1994），技术效率变化指数还可以更进一步分解为纯效率变化部分（相对于可变规模报酬前沿面）与规模效率变化部分：

$$纯效率变化=\frac{d_{OV}^t(\boldsymbol{q}_t,\ \boldsymbol{x}_t)}{d_{OV}^s(\boldsymbol{q}_s,\ \boldsymbol{x}_s)} \tag{3-27}$$

$$\text{规模效率改变}=\left[\frac{\dfrac{d_{OV}^{t}(\boldsymbol{q}_t,\ \boldsymbol{x}_t)}{d_{O}^{t}(\boldsymbol{q}_t,\ \boldsymbol{x}_t)}}{\dfrac{d_{OV}^{t}(\boldsymbol{q}_s,\ \boldsymbol{x}_s)}{d_{O}^{t}(\boldsymbol{q}_s,\ \boldsymbol{x}_s)}}\times\frac{\dfrac{d_{OV}^{s}(\boldsymbol{q}_t,\ \boldsymbol{x}_t)}{d_{O}^{s}(\boldsymbol{q}_t,\ \boldsymbol{x}_t)}}{\dfrac{d_{OV}^{s}(\boldsymbol{q}_s,\ \boldsymbol{x}_s)}{d_{O}^{s}(\boldsymbol{q}_s,\ \boldsymbol{x}_s)}}\right] \tag{3-28}$$

式中：$d_{OV}^{t}(\cdot)$ 为基于 t 时期可变规模报酬（Variable Return to Scale, VRS）技术的距离函数；$d_{OV}^{s}(\cdot)$ 为基于 s 时期可变规模报酬 VRS 技术的距离函数。

为计算 Malmquist 全要素生产率指数，需求解式（3-25）~式（3-28）中的四个距离函数，有两种常用的计算方法。一是非参数方法，这种方法利用数据包络分析（DEA）方法构建生产前沿面，并按照不同 DMU 与生产前沿面之间的距离测算构造 TFP 指数的每个距离函数（Fare 等，1994）。二是以随机前沿函数模型为代表的参数随机前沿分析（SFA）方法，利用计量分析估计出生产前沿面。以下分别介绍。

2. 基于 DEA 方法的马姆奎斯特指数计算

进一步假设有 I 个生产单位，每个生产单位有 N 种投入、M 种产出。用列向量 $\boldsymbol{x}_i$ 和列向量 $\boldsymbol{q}_i$ 分别代表生产单位 i 的投入和产出。$N\times I$ 的投入矩阵 $\boldsymbol{X}$ 和 $M\times I$ 的产出矩阵 $\boldsymbol{Q}$ 代表了 I 企业在某一时期的全部投入产出数据。对于第 i 个生产单位，须用四个线性规划来分别求解式（3-29）~式（3-32）中的四个距离函数值：

$$\begin{cases}[d_O^t(\boldsymbol{q}_t,\ \boldsymbol{x}_t)]^{-1}=\max_{\phi,\lambda}\phi \\ st \qquad -\phi\boldsymbol{q}_{it}+\boldsymbol{Q}_t\boldsymbol{\lambda}\geqslant 0 \\ \qquad\quad \boldsymbol{x}_{it}-\boldsymbol{X}_t\boldsymbol{\lambda}\geqslant 0 \\ \qquad\quad \boldsymbol{\lambda}\geqslant 0\end{cases} \tag{3-29}$$

$$\begin{cases}[d_O^s(\boldsymbol{q}_s,\ \boldsymbol{x}_s)]^{-1}=\max_{\phi,\lambda}\phi \\ st \qquad -\phi\boldsymbol{q}_{is}+\boldsymbol{Q}_s\boldsymbol{\lambda}\geqslant 0 \\ \qquad\quad \boldsymbol{x}_{is}-\boldsymbol{X}_s\boldsymbol{\lambda}\geqslant 0 \\ \qquad\quad \boldsymbol{\lambda}\geqslant 0\end{cases} \tag{3-30}$$

$$\begin{cases}[d_O^s(\boldsymbol{q}_s,\ \boldsymbol{x}_t)]^{-1}=\max_{\phi,\lambda}\phi \\ st \qquad -\phi\boldsymbol{q}_{is}+\boldsymbol{Q}_t\boldsymbol{\lambda}\geqslant 0 \\ \qquad\quad \boldsymbol{x}_{is}-\boldsymbol{X}_t\boldsymbol{\lambda}\geqslant 0 \\ \qquad\quad \boldsymbol{\lambda}\geqslant 0\end{cases} \tag{3-31}$$

$$\begin{cases} [d_O^s(\boldsymbol{q}_t,\ \boldsymbol{x}_t)]^{-1} = \max_{\phi,\lambda}\phi \\ st \qquad -\phi\boldsymbol{q}_{it} + Q_s\boldsymbol{\lambda} \geqslant 0 \\ \qquad \boldsymbol{x}_{it} - \boldsymbol{X}_s\boldsymbol{\lambda} \geqslant 0 \\ \qquad \boldsymbol{\lambda} \geqslant 0 \end{cases} \tag{3-32}$$

在式（3－28）～式（3－31）中，$\boldsymbol{Q}_s$、$\boldsymbol{Q}_t$ 分别为 s 时期和 t 时期的产出矩阵，$\boldsymbol{X}_s$、$\boldsymbol{X}_t$ 分别为 s 时期和 t 时期的投入矩阵。ϕ 是一个标量，其倒数表示技术效率。λ 是一个 $N\times1$ 的向量，可视为权重向量。在四个不同规划中 ϕ、λ 会取不同的值。

3. 基于 SFA 方法的马姆奎斯特指数计算

海洋捕捞业生产过程的一大特点，是受天气、环境、资源状况等各方面随机因素的影响较大。相对于 DEA 方法，SFA 方法能够排除随机因素的干扰，并能对各种测算结果进行统计上的显著性检验，因而具有独特的优势。Fuentes、Griffel－Tatj 和 Perelman（2001）提出了以随机生产前沿为基础的 Malmquist 指数计算法。设超越对数随机生产前沿面如下：

$$\ln q_{it} = \beta_0 + \sum_{n=1}^{N}\beta_n \ln x_{nit} + \frac{1}{2}\sum_{n=1}^{N}\sum_{j=1}^{N}\beta_{nj}\ln x_{nit}\ln x_{njt} + \sum_{n=1}^{N}\beta_{tn}t\ln x_{nit} + \beta_t t + \frac{1}{2}\beta_{tt}t^2 + v_{it} - u_{it}, i = 1,2,\cdots,I, t = 1,2,\cdots,T \tag{3-33}$$

式中：q_{it}是第 i 个省份在第 t 年的产出；x_{nit}表示第 i 个省份在第 t 年的第 n 个投入变量；t 是代表技术变化的时间趋势；β 是待估计的未知参数。$v_{it}-u_{it}$为复合扰动项，其中 v_{it}为随机干扰项，独立同分布于 $N(0,\ \sigma_v^2)$ 且与 u_{it}独立。u_{it}为第 i 省在第 t 年的技术无效率效应项，为非负随机变量，并假设其独立同分布于 0 处截尾正态分布 $N(\mu,\ \sigma_u^2)$。

技术效率的测度如下：

$$TE_{it} = E(\exp(-u_{it}) \mid e_{it}) \tag{3-34}$$

式中：$e_{it}=v_{it}-u_{it}$。即在给定 e_{it}值时，可获得 exp（$-u_{it}$）的期望值。u_{it}为非负的随机变量，因而效率值的取值范围为［0，1］，若值为 1 则说明完全有效率。效率改变的测度为生产单位 i 在相邻 s 时期、t 时期的技术效率比值：

$$EC = \frac{TE_{it}}{TE_{is}} \tag{3-35}$$

生产单位 i 在相邻 s 时期、t 时期之间的技术进步指数可以通过估计出的生产函数直接计算。利用生产单位 i 在 s 时期、t 时期的数据计算生产函数对时间的偏导数值，两个偏导数值的几何平均数即为技术改变的测度：

$$TC = \exp\left[\frac{1}{2}\left(\frac{\partial \ln y_{is}}{\partial s} + \frac{\partial \ln y_{it}}{\partial t}\right)\right] \tag{3-36}$$

将 EC、TC 两式相乘，可得到式（3－26）定义的 Malmquist 指数。

五、海洋捕捞业劳动力数量估算

自 2008 年后，《中国渔业统计年鉴》分省数据中，不收录近海及远洋捕捞业劳动力数量，只包括了海洋捕捞业专业从业人员数量，即近海及远洋捕捞专业劳动力数量之和。劳动力投入是任何生产过程的基本投入要素，如需实证研究近海及远洋捕捞业生产及生产率相关问题，就必须对分省的近海及远洋捕捞业的劳动力数量进行估算。估算不可避免具有一定误差，但仍能在相当程度上弥补计量分析过程中遗漏重要变量所带来的危害。在计量分析中，关键变量的遗漏会导致其他变量系数估计有偏，进而严重影响方程整体解释能力。此时一般采用与遗漏变量有密切联系的代理变量（Proxy Variable）作为其替代加以弥补，以保证方程整体解释能力不变，其他变量系数也能被无偏估计。而若能对遗漏变量加以较准确估算，则自然比用代理变量更可取。准确的数据是实证研究得到有效结论的前提，本节对分省的海洋捕捞业劳动力数量进行了细致的估算。

（一）估算的基本思路

渔船一般有人员定额，一艘渔船所需人员数量，随捕捞渔船的类型和规模而定。所以从总体上看，渔船数量与总功率在很大程度上已包括了人员数量的信息。据此，利用渔船总功率和总数量数据可对捕捞业劳动力数量做出较可靠的估算。如再结合已知的劳动力总量数据，则估计准确性可进一步提升。根据数据间的比例关系，对两者进行估算的基本思路如下：《中国渔业统计年鉴》包括了分省的近海及远洋渔船数量，利用船数的相对比值与每艘近海与远洋渔船平均所需劳动力人数，可得到近海捕捞与远洋捕捞所需劳动力数量之比，再结合海洋捕捞劳动力总量数据，即可分别估算出近海与远洋捕捞劳动力具体数据。其中每艘渔船平均所需劳动力人数可由多年历史数据求得，而近海捕捞与远洋捕捞的渔船数量与捕捞劳动力总量数据，则截至目前的年鉴都已包括。

举例来说，如已知某省当年海洋捕捞劳动力总数为120人，近海捕捞渔船数与远洋捕捞渔船数之比为4∶1，另由历史数据估算，知每艘近海捕捞渔船平均需劳动力5人，每艘远洋捕捞渔船平均需劳动力10人，则可得出近海与远洋捕捞劳动力数量之比为（4×5）∶（1×10）=2∶1，再利用总量数据，可得近海捕捞业劳动力数量为2×120/（2+1）=80（人），远洋捕捞业劳动力数量为1×120/（2+1）=40（人）。

这一思路直接有效，但估算中只利用了渔船数量与劳动力数量之间的联系，未能充分利用年鉴中所包括的渔船总功率与劳动力数量之间的联系①，仍失于简单甚至可能出现违反逻辑的情况②。因此在后文实际估算时，以各省份船均所需劳动力与单位功率所需劳动力分别乘以各省份远洋渔船数量与总功率得到劳动力数量的两个估算值，并以二者平均值作为初步估算值③。进而分别以近海和远洋捕捞从业人员估算值占近海和远洋捕捞从业人员估算值总和的比例，乘以当年的海洋捕捞劳动力总量，得到近海和远洋捕捞从业人员的最终估算值。这一估算过程可充分利用已有数据，并对数据间量化关系进行合理的运用。

（二）浙江省海洋捕捞业劳动力数量估算

本节以浙江省近海和远洋捕捞业劳动力估算为例，对上述估算过程进行具体说明。从《中国渔业统计年鉴》收集浙江省海洋捕捞业2003~2013年有关数据，远洋捕捞业劳动力取远洋渔业船员数指标值④，其他指标的年鉴取值无须特别说明。

1. 远洋捕捞业劳动力数量初步估算

利用2003~2007年远洋捕捞业劳动力数量和远洋捕捞渔船数量、总功率计算，每艘远洋捕捞渔船平均需要28.24人，而每万千瓦远洋捕捞渔船平均需要458.81人。利用这一量化关系以及2008~2013年远洋捕捞渔船数量与总功率的数据，可估算出此期间远洋捕捞业劳动力数量，估算结果如表3-1所示。

---

① 事实上捕捞产量与捕捞渔船总吨位也包含了捕捞劳动力数量的信息。但由于我国2006年进行了第二次全国农业普查，并对2006年渔业产量数据进行了调整，导致2006年前后数据不具可比性。并且2006年后，远洋渔业产量按照远洋渔业管理办法进行统计，与往年数据不具可比性。此外，2008年后无远洋渔船总吨位数据。因而无法利用这两个指标。

② 如可能出现渔船数量相同时，总功率大的省份/年份劳动力数量并不多。

③ 以各省历史数据计算的船均所需劳动力与单位功率所需劳动力的变异系数基本相同，表明两者预测劳动力数量的准确性基本一致，因而权重各为0.5。

④ 反复考虑，放弃从业人员数，而用船员数。年鉴有海洋捕捞专业劳动力人数，船员数而非从业人员数与这个数据内涵更吻合，且从业人员数波动更异常，如山东2007年的。另外，郑奕也这么用。

表 3－1 2008～2013 年浙江远洋捕捞业劳动力初步估算

年份	远洋渔船数量（艘）	远洋渔船总功率（千瓦）	按每艘渔船数量估算（人）	按万千瓦所需数量估算（人）	估算均值（人）
2008	217	127029	6128	5828	5978
2009	249	148312	7031	6805	6918
2010	285	171168	8048	7853	7951
2011	354	233611	9997	10718	10357
2012	418	286331	11804	13137	12471
2013	472	363369	13329	16672	15000

2. 近海捕捞业劳动力初步估算

对近海捕捞业劳动力数量的估算需要更多步骤。2003 年后的《中国渔业统计年鉴》中只收录了海洋捕捞渔船的数据，并没有直接给出近海捕捞渔船的数据①。因此，首先需要从海洋捕捞渔船的数量与总功率中，减去远洋捕捞渔船数量与总功率，以得到的近海捕捞渔船的数量与总功率。同样，《中国渔业统计年鉴》中只包括了海洋捕捞专业从业人员数量，并没有直接给出近海捕捞专业劳动力数量，因此还需要从海洋捕捞专业从业人员数量中，减去远洋捕捞劳动力数量，以得到的近海捕捞劳动力数量。之后，再继续利用上述办法进行估算。根据 2003～2007 年近海捕捞业劳动力数量和近海捕捞渔船数量、总功率计算，每艘近海捕捞渔船平均需要 5.56 人，而每万千瓦近海捕捞渔船需 467.41 人。利用这一量化关系以及 2008～2013 年近海捕捞渔船数量与总功率数据，可估算出此期间近海捕捞业劳动力数量，估算结果如表 3－2 所示。

表 3－2 2008～2013 年浙江近海捕捞业劳动力初步估算

年份	近海渔船数量（艘）	近海渔船功率（万千瓦）	按每艘渔船数量估算（人）	按万千瓦所需数量估算（人）	估算均值（人）
2008	25612	346.41	142511	161917	152214
2009	25548	344.73	142155	161133	151644
2010	24177	329.52	134527	154020	144273
2011	23352	328.22	129936	153415	141675
2012	22792	327.42	126820	87455	107137
2013	21785	326.62	121217	152667	136942

① 2014 年的年鉴开始对沿海各省份的近海和远洋捕捞渔船数据分别列示。

3. 汇总估算

利用近海捕捞业和远洋捕捞业劳动力数量上述初步估算结果，求出其值占当年估算值总和的比例，再将比例值分别乘以当年海洋捕捞业劳动力总数，可得最终估计值如表3－3所示。

表3－3　2008～2013年浙江近海及远洋捕捞业劳动力数量估算

年份	2008	2009	2010	2011	2012	2013
近海劳动力初步估算（人）	152214	151644	144273	141675	139931	136942
远洋劳动力初步估算（人）	5978	6918	7951	10357	12471	15000
劳动力估算量总和（人）	158192	158562	152224	152032	152402	151942
近海劳动力比例（%）	96.22	95.64	94.78	93.19	91.82	90.13
远洋劳动力比例（%）	3.78	4.36	5.22	6.81	8.18	9.87
海洋捕捞业劳动力总数（人）	150947	144898	141039	140866	148796	148525
近海劳动力最终估计值（人）	145243	138576	133672	131270	136620	133862
远洋劳动力最终估计值（人）	5704	6322	7367	9596	12176	14663

4. 讨论

渔船自动化水平的改变可能会导致赖以估算的量化关系发生改变，并导致其对未来的预测能力下降。如果近海和远洋渔船自动化水平的提升保持同步，则这种变化对上述估算过程的准确性不会产生影响①。不过，在当前鼓励远洋渔业而限制近海渔业发展的情况下，远洋渔业的技术水平提升速度可能会快于近海渔业。但由于近海资源衰竭，捕捞能力严重过剩，迫使许多近海捕捞人员转为从事远洋捕捞业，导致远洋捕捞业人员数量非效率增加，又会抵消远洋渔业自动化水平较快提升带来的影响。综合考虑，这种变动导致的影响应该不大②。

① 两者变化导致的影响被相互抵消掉了。

② 笔者考虑过将时间变量放入远洋捕捞业劳动力数量对远洋捕捞业渔船数量与总功率的回归方程，以捕捉技术进步对劳动力的节约效应。但对各省1996～2007年数据的回归发现，时间变量的系数均为正，P值约在0.2左右，显示随时间演进同样条件下所需人力可能在增加，这不支持存在自动化水平提升对劳动力的节约效应。其原因应当如正文所说，许多近海捕捞人员转为远洋捕捞，导致远洋捕捞人力非效率增加。

通过估算过程可以发现，为了全面利用已有信息，对远洋捕捞业劳动力数量的估计使用了近海捕捞业的有关数据，这会使近海捕捞业数据中存在的偏误影响远洋捕捞劳动力数量估计的精度。因而不能完全保证这种做法得到的估计值，一定比只用远洋捕捞业自身数据进行的估算（即远洋捕捞业初步估算值）更精确。此外，由于数据产生的机制不同，在使用中估算数据与原数据可比性也存在一定偏差。

在选择估算方法时，笔者还考虑了利用回归方法得到捕捞业劳动力与船只数量、总功率之间关系。即将分省的 1996 ~ 2007 年远洋劳动力人数对时间趋势、远洋渔船总功率、总数量以及其交叉项和二次项等做回归，并利用得到的数量关系预测 2008 年后的远洋捕捞业劳动力数量。总体来讲，虽然利用上述回归方程对已有样本数据的拟合往往很好（拟合优度 R^2 普遍在 0.9 以上），但拟合得到的量化关系做外推预测的能力较差，得到的估计结果会出现不合逻辑的情况，如更大的船数和功率却估算出更少的劳动力。综合考虑下，本书采用了前述估计方法。

（三）各省（市、区）海洋捕捞业劳动力数量估算结果

1. 7 省份近海及远洋捕捞业劳动力数量估算

在沿海各省（市、区）中，河北、海南两省没有远洋渔业近期数据（2008 ~ 2013 年），因而无须估算。广西缺乏历史数据（1999 ~ 2007 年）。因此以下只对天津、辽宁、上海、江苏、福建、山东、广东 7 省份的近海及远洋捕捞业劳动力数量，利用上述方法进行估算，结果如表 3 - 4 至表 3 - 10 所示。

表 3 - 4　2008 ~ 2013 年天津近海及远洋捕捞业劳动力数量估算

年份	2008	2009	2010	2011	2012	2013
近海劳动力初步估算（人）	1596	1751	1552	1477	1713	1622
远洋劳动力初步估算（人）	329	299	312	312	396	338
劳动力估算量总和（人）	1925	2050	1864	1789	2109	1960
近海劳动力比例（%）	82.91	85.41	83.26	82.56	81.22	82.76
远洋劳动力比例（%）	17.09	14.59	16.74	17.44	18.78	17.24
海洋捕捞业劳动力总数（人）	1773	1773	1586	1399	1602	1700
近海劳动力最终估计值（人）	1470	1514	1321	1155	1301	1407
远洋劳动力最终估计值（人）	303	259	265	244	301	293

表 3－5　2008～2013 年辽宁近海及远洋捕捞业劳动力数量估算

年份	2008	2009	2010	2011	2012	2013
近海劳动力初步估算（人）	131991	135793	135998	134790	132211	125503
远洋劳动力初步估算（人）	4238	4506	4471	4720	5936	7425
劳动力估算量总和（人）	136229	140299	140469	139510	138147	132928
近海劳动力比例（%）	96.89	96.79	96.82	96.62	95.70	94.41
远洋劳动力比例（%）	3.11	3.21	3.18	3.38	4.30	5.59
海洋捕捞业劳动力总数（人）	119583	123574	121415	119807	119645	119026
近海劳动力最终估计值（人）	115863	119605	117550	115754	114504	112378
远洋劳动力最终估计值（人）	3720	3969	3865	4053	5141	6648

表 3－6　2008～2013 年上海近海及远洋捕捞业劳动力数量估算

年份	2008	2009	2010	2011	2012	2013
近海劳动力初步估算（人）	1755	1768	1637	1633	1529	1431
远洋劳动力初步估算（人）	1722	1825	1976	1976	1890	1888
劳动力估算量总和（人）	3477	3593	3613	3609	3419	3319
近海劳动力比例（%）	50.47	49.20	45.31	45.24	44.72	43.12
远洋劳动力比例（%）	49.53	50.80	54.69	54.76	55.28	56.88
海洋捕捞业劳动力总数（人）	3833	5192	6905	5233	4876	4885
近海劳动力最终估计值（人）	1935	2555	3129	2368	2181	2106
远洋劳动力最终估计值（人）	1898	2637	3776	2865	2695	2779

表 3－7　2008～2013 年江苏近海及远洋捕捞业劳动力数量估算

年份	2008	2009	2010	2011	2012	2013
近海劳动力初步估算（人）	63520	60464	58942	63869	61804	57401
远洋劳动力初步估算（人）	189	190	194	194	222	286
劳动力估算量总和（人）	63709	60654	59136	64063	62026	57687
近海劳动力比例（%）	99.70	99.69	99.67	99.70	99.64	99.50
远洋劳动力比例（%）	0.30	0.31	0.33	0.30	0.36	0.50
海洋捕捞业劳动力总数（人）	64227	63202	61052	66527	58603	57317
近海劳动力最终估计值（人）	64036	63004	60852	66326	58393	57033
远洋劳动力最终估计值（人）	191	198	200	201	210	284

表 3-8 2008~2013 年福建近海及远洋捕捞业劳动力数量估算

年份	2008	2009	2010	2011	2012	2013
近海劳动力初步估算（人）	198145	197548	195866	196758	185688	195197
远洋劳动力初步估算（人）	2807	3121	3417	3569	5366	8131
劳动力估算量总和（人）	200952	200669	199283	200327	191054	203328
近海劳动力比例（%）	98.60	98.44	98.29	98.22	97.19	96.00
远洋劳动力比例（%）	1.40	1.56	1.71	1.78	2.81	4.00
海洋捕捞业劳动力总数（人）	190728	189385	182528	191954	196351	197323
近海劳动力最终估计值（人）	188064	186440	179398	188534	190836	189432
远洋劳动力最终估计值（人）	2664	2945	3130	3420	5515	7891

表 3-9 2008~2013 年山东近海及远洋捕捞业劳动力数量估算

年份	2008	2009	2010	2011	2012	2013
近海劳动力初步估算（人）	143516	148478	151802	155195	141698	150763
远洋劳动力初步估算（人）	4480	3727	3724	3426	4536	8638
劳动力估算量总和（人）	147996	152205	155526	158621	146234	159401
近海劳动力比例（%）	96.97	97.55	97.61	97.84	96.90	94.58
远洋劳动力比例（%）	3.03	2.45	2.39	2.16	3.10	5.42
海洋捕捞业劳动力总数（人）	165427	168426	169192	128415	143117	137859
近海劳动力最终估计值（人）	160419	164302	165141	125641	138678	130388
远洋劳动力最终估计值（人）	5008	4124	4051	2774	4439	7471

表 3-10 2008~2013 年广东近海及远洋捕捞业劳动力数量估算

年份	2008	2009	2010	2011	2012	2013
近海劳动力初步估算（人）	195785	215765	212219	210391	210333	209346
远洋劳动力初步估算（人）	1819	1615	1859	1749	1581	2159
劳动力估算量总和（人）	197604	217380	214078	212140	211914	211505
近海劳动力比例（%）	99.08	99.26	99.13	99.18	99.25	98.98
远洋劳动力比例（%）	0.92	0.74	0.87	0.82	0.75	1.02
海洋捕捞业劳动力总数（人）	203700	203974	215627	209746	212203	243726
近海劳动力最终估计值（人）	201825	202459	213755	208017	210620	241238
远洋劳动力最终估计值（人）	1875	1515	1872	1729	1583	2488

由上述分省市数据中，可以明显看出各地远洋捕捞业的人力投入在不断上升，在整体海洋捕捞业劳动力投入中所占比例也不断提高。其中浙江、山东、上海、福建、辽宁增加较快。

2. 广西近海及远洋捕捞业劳动力数量估算

由于广西缺乏2007年及之前远洋渔业的历史数据，无法采用上述方法进行估算。广西的远洋渔业无论船只数量、人员数量还是产生数量，占海洋捕捞业的比重都非常小，因而采用首先估计远洋捕捞业劳动力数量，其次将其从海洋捕捞劳动力总量中减去的方法，以得到近海捕捞业劳动力数量。估算远洋捕捞业劳动力数量时，采用了远洋渔船平均功率与广西非常接近的广东有关历史数据①，即每艘远洋渔船平均需要11.76人，而每万千瓦远洋捕捞渔船平均需399.44人。以这两个均值分别乘以2008～2013年广西远洋渔船数量与总功率得到各年份劳动力数量的两个估算值，并以二者平均值直接作为各年份远洋捕捞劳动力最终估算值，具体估算值如表3－11和表3－12所示。

表3－11　2008～2013年广西远洋捕捞业劳动力估算

年份	远洋渔船数量（艘）	远洋渔船总功率（千瓦）	按每艘渔船数量估算（人）	按万千瓦所需数量估算（人）	估算均值（人）
2008	18	7482	212	299	255
2009	19	7929	223	317	270
2010	19	7929	223	317	270
2011	23	9429	270	377	324
2012	23	9429	270	377	324
2013	11	4547	129	182	155

表3－12　2008～2013年广西近海及远洋捕捞业劳动力数量估算

年份	2008	2009	2010	2011	2012	2013
海洋捕捞业劳动力总数（人）	38322	38405	38494	38438	38482	38393
远洋劳动力估计值（人）	255	270	270	324	324	155
远洋劳动力比例（%）	0.67	0.70	0.70	0.84	0.84	0.41
近海劳动力估计值（人）	38067	38135	38224	38114	38158	38238
近海劳动力比例（%）	99.33	99.30	99.30	99.16	99.16	99.59

① 且地域也接近。

由表3－11和表3－12可以发现，广西远洋捕捞业劳动力数量占海洋捕捞业劳动力总数比例极小，近些年来变动幅度也不大。

3. 中农发远洋捕捞业劳动力数量估算

估算方法与本章远洋捕捞业劳动力数量初步估算方法相同。利用2003～2007年中农发集团远洋捕捞业劳动力数量和远洋捕捞渔船数量、总功率计算，每艘远洋捕捞渔船平均需要16.5人，而每万千瓦远洋捕捞渔船平均需要257人。利用这一量化关系以及2008～2013年远洋捕捞渔船数量与总功率的数据，可估算出此期间远洋捕捞业劳动力数量，估算结果如表3－13所示。

表3－13 2008～2013年中农发远洋捕捞业劳动力数量估算

年份	远洋渔船数量（艘）	远洋渔船总功率（千瓦）	按每艘渔船数量估算（人）	按万千瓦所需数量估算（人）	估算均值（人）
2008	329	206241	5423	5306	5365
2009	328	253074	5407	6511	5959
2010	348	259696	5737	6681	6209
2011	351	263108	5786	6769	6278
2012	350	262100	5769	6743	6256
2013	345	277625	5687	7143	6415

（四）各省（市、区）海洋捕捞业劳动力数量描述统计

表3－14 2008～2013年各省市海洋捕捞业劳动力数量描述统计

省份	海洋捕捞业劳动力6年均值（人）	近海捕捞业劳动力		远洋捕捞业劳动力		2013年海洋捕捞业劳动力占全国比重（%）
		6年均值（人）	占总量比重（%）	6年均值（人）	占总量比重（%）	
北京	149	0	0	149	100	0.01
天津	1639	1361	83.07	278	16.93	0.16
河北	23752	23752	100	0	0	2.87
辽宁	120508	115942	96.21	4566	3.79	10.92
上海	5154	2379	46.15	2775	53.85	0.45
江苏	61821	61607	99.65	214	0.35	5.26
浙江	145845	136541	93.62	9305	6.38	13.63

续表

省份	海洋捕捞业劳动力6年均值（人）	近海捕捞业劳动力		远洋捕捞业劳动力		2013年海洋捕捞业劳动力占全国比重（%）
		6年均值（人）	占总量比重（%）	6年均值（人）	占总量比重（%）	
福建	191378	187117	97.77	4261	2.23	18.11
山东	152073	147428	96.95	4644	3.05	12.65
广东	214829	212985	99.14	1844	0.86	22.37
广西	38422	38156	99.31	266	0.69	3.52
海南	109374	109374	100	0	0	10.04

由表3－14可见，从绝对数量上看，浙江、辽宁、福建、山东是远洋捕捞业人力投入大省，而从比例上看，上海、天津远洋捕捞业人力投入占比最大。江苏远洋捕捞业人力投入数量最少，广东是近海捕捞业大省，但远洋捕捞业人力投入的比重却几乎最低。

表3－15　2008～2013年海洋捕捞业劳动力数量描述统计

年份	海洋捕捞业劳动力		近海捕捞业劳动力			远洋捕捞业劳动力		
	总数（人）	增长率（%）	总数（人）	增长率（%）	比重（%）	总数（人）	增长率（%）	比重（%）
2008	1073879	—	1089526	—	97.98	21728	—	2.02
2009	1072328	－0.14	1052151	－0.21	97.91	22389	3.04	2.09
2010	1067390	－0.46	1049939	－0.71	97.66	24948	11.43	2.34
2011	1032175	－3.30	1042442	－3.42	97.54	25366	1.67	2.46
2012*	1054351	2.15	1006809	1.49	96.91	32544	28.30	3.09
2013	1089526	3.34	1021807	2.44	96.07	42832	31.62	3.93

注：＊表示本年度总数与年鉴所载并不一致，原因在于本年度北京远洋渔业从业人员数空缺，而本书在数据处理时以前后两年均值做了插值处理。

由表3－15可见，上述省份中海洋捕捞业劳动力数量总体变动不大，但自2012年起呈现一定的上升态势。根据估算的近海及远洋捕捞业劳动力看，近海捕捞业劳动力近两年来略有上升，而远洋捕捞业劳动力上升迅速。显然，2012年《农业部关于促进远洋渔业持续健康发展的意见》的出台对我国远洋渔业发展有极大的促进作用。从整体趋势上看，远洋捕捞业劳动力所占比例过去呈缓慢上升趋势，但近两年来占比增速加快。

附注：异常值处理

在本章数据统计、整理过程中，对年鉴中一些明显有违客观实际的数据做了技术处理，以减轻数据偏误带来的影响：

2012 年浙江近海捕捞渔船总功率约为前后年一半，畸低，故采用前后两年均值。

2007 年天津远洋捕捞业船员数量为 96 人，为前几年的 1/4 左右。由于船数与总功率和上一年基本一致，因此用上一年人数 350 人替换。

2009 年、2010 年天津海洋捕捞专业从业人员数为 525 人，是前后均值的 1/3 左右，根据渔船数量和功率，2009 年直接以 2008 年值代替，2010 年值取前后两年均值。

2007 年江苏远洋渔业船员数量为 80 人，为前几年的 1/3 左右，因而利用 2002～2006 年数据以本章估算方法进行了估算，估算值为 214 人。

根据年鉴统计表格“各地区海洋渔业人口与劳动力（二）”，中农发的捕捞劳动力数量应当被包括在总的捕捞劳动力数据中。因而在估算分省数据时，会存在高估。但中农发的劳动力数量只约占全国总数的 0.5%，按本章估算方法，对各省估算出的近海及远洋捕捞劳动力数量影响平均也为 0.5%，因而可以忽略。

海洋捕捞专业劳动力总数中，包含的是远洋渔业从业人员数而非船员数。但远洋渔业从业人员数波动更大，有多个异常值存在，显示数据质量较差。并且估算时需要利用功率、船数与捕捞人员之间的关系，显然船员数量更合理。因而本章估算的是船员数，并以其作为远洋渔业劳动力指标。理想的估算，应当从每省海洋捕捞劳动力总数中，减去远洋渔业船员数与从业人员数之间的差距，但从业人员数较差的数据质量会给估算带来更大偏误。此外，这一差距均值占一省海洋捕捞劳动力总数比例约为 0.2%，完全可以将其忽略。

第四章　近海捕捞业发展历程与现状

一、发展历程

（一）早期历史[①]

海洋渔业在中国历史悠久。用网捕鱼的记载见于《易经·系辞下》：“作结绳而为网罟，以佃以渔。”据《竹书纪年》记载，商周时就“东狩于海，获大鱼”，说明当时可能已有了在海边捕捞大鱼的渔具和技术。周代的《管子》记“渔人之入海，海深万仞”，表明此时已能至深海捕捞。至汉武帝时，已能制造楼船、戈船等大船，从而推动了海洋捕捞技术的发展，使鲐、鲭、鳀、石首鱼等中上层和底层鱼类的捕捞成为可能。宋、元时期有的海船已实行带有几只小船捕鱼的母子船作业方式。据宋周密《齐东野语》载，宋代捕马鲛鱼的流刺网有数十寻长，用双船捕捞，说明捕捞已有相当规模。明代出现了专门记述海洋水产资源的专著，如林日瑞的《渔书》、屠本畯的《闽中海错疏》、胡世安的《异鱼图赞》等。这一时期的渔具种类：网具类有刺网、拖网、建网、插网、敷网；钓具类有竿钓、延绳钓以及各种杂渔具等。渔具的增多表明了对各种鱼类习性认识的深化，捕捞的针对性增强。当时已经出现了有环双船围网，作业时有人瞭望侦察鱼群。南海还用带钩的标枪系绳索捕鲸。东海黄鱼汛时，人们根据黄鱼习性和洄游路线，创造了用竹筒探测鱼群、用网截流捕捞的方

① 乐佩琦，梁秩燊．中国古代渔业史源和发展概述［J］．动物学，1995，30（4）；丛子明，李挺．中国渔业史［M］．北京：中国科学技术出版社，1993；施鼎钧．辉煌的中国渔业史［J］．北京水产，1999（6）．

法。清代海洋捕捞的对象进一步扩大，大宗捕捞的除石首鱼外，还有带鱼、比目鱼等经济鱼类数十种，捕捞技术也进一步提高。在沿海其他地区，也因地制宜地创造了种类繁多的渔具。当时的海洋渔具有拖网、围网、刺网、敷网、陷阱、掩网、抄网、钓、耙刺、笼壶等类，声驱和光诱也是常用的助渔方法。中国传统上也非常注重渔业资源的保护，周代已实行渔业管理，规定孟春（正月）、春季、十月、冬季为捕鱼季节。夏季因是鱼鳖繁殖的季节而不能捕捞。对捕捞和上市的水产品规格也有限制，小者“欲长之”，“辄舍之”。秦汉时对渔业资源也实行保护政策，如规定“鱼不长一尺不得取”（《文子·上仁》），“制四时之禁”，禁止“竭泽而渔”（《吕氏春秋·上农》）等。

（二）近代捕捞业（1840～1949年）

19世纪下半期，西方工业国家的渔业掀起了一场技术革命，将工业革命以来出现的动力机器应用于渔业生产，推动渔业向工业化迈进。同一时期，近代兴起的自然科学、力学、物理学、化学、海洋学、湖沼学、生物学等，也开始应用于渔业技术，出现了一门新的应用科学——水产科学。它包括水产资源学、捕捞学、水产养殖学以及水产品保鲜加工学等。利用机动渔船进行捕鱼生产于1865年首先出现于法国。这对海洋捕捞生产规模的扩大和作业海区的开拓都起着重大作用，并很快盛行于欧美。清光绪三十一年（1905年），翰林院修撰、江苏南通实业家张謇看到这种渔业的巨大生产力，会同江浙官商集资在上海创办江浙渔业公司。同年，公司向德国购进一艘蒸汽机拖网渔船，取名福海，每年春、秋两季在东海捕鱼生产，成为中国机船渔业的起始。1921年，山东烟台商人从日本引进另一种以柴油发动机为动力的双船拖网渔船（也叫手操网渔轮），取名富海、贵海，在烟台外海生产。单船拖网渔船一般总吨位为200吨，主要根据地在上海，1905～1936年约有15艘，经营者多是小企业主；双船拖网渔船多为木壳，一般吨位为30～40吨，主要根据地在山东烟台。由于它的投资少、获利厚，引进后发展很快，至1936年，进出烟台港的双拖渔轮在190艘左右。民国初期至抗日战争之间，渔业获得一定的发展，1936年全国渔业产量达150万吨，为新中国成立之前的最高水平。1937年抗日战争全面爆发后，沿海各省相继沦陷，机动渔船损失殆尽。抗日战争胜利后，机船渔业得到一定恢复和发展。国民政府在上海成立中华水产公司、在青岛成立黄海水产公司、在台湾成立台湾水产公司，另外，国民政府行政院善后救济总署、农林部也成立渔业善后物资管理处。这些机构共拥有机动渔船100艘左右，在大连成立的中苏合营渔业公司有双拖渔船20余对。当时民营公司也有数十家，有机动渔船一百数十艘。抗日战争胜利后到新中国成立前的期间，渔业仍未完全恢复，1949 年全国渔业产量仅为 45 万吨。

（三）新中国成立后 50 年

1949 年新中国成立后，在渔业生产方针上明确“以恢复为主”，主要包括：国家发放渔业贷款，调拨渔民粮食和捕捞生产所需的鱼盐等，支持渔民恢复生产。在渔村进行民主改革。由于沿海有关岛屿尚未解放，还有海盗的干扰，特制定有关法令，派出解放军护渔，保护渔场、维护生产秩序。经过 3 年的努力，1952 年全国渔业产量已达 166 万吨，超过了历史上的最高水平 150 万吨。1953～1957 年第一个五年计划阶段，在渔村通过互助组、初级渔业生产合作社、高级渔业生产合作社等渔业生产组织以及对私营水产业进行社会主义改造，实施公私合营，创建了国营渔业企业等，大大推动了渔业生产的发展。渔业基础设施建设取得了重大进展，捕捞渔船有所增加。1958～1965 年，在急于求成的“左”的思想指导下，掀起了“力争上游、多快好省地建设社会主义”的生产高潮。在渔业生产上违背了自然规律，所谓“变淡季为旺季”，打破了长期以来夏秋季鱼类繁殖生长盛期实施的有关禁渔、休渔制度。在捕捞方式上盲目地淘汰了选择性较强的刺网、钓渔具等作业，单一发展高产的拖网作业，造成资源衰退。虽然在这期间渔业生产由于受“左”的思想严重影响遭到破坏，但在渔业科学技术上仍有所突破：全国风帆渔船基本上完成了机帆化，可以做到有风驶帆，无风开机。对保障渔民生命和生产安全，实现作业机械化减轻劳动强度，对提高生产率和扩大生产区域等都具有深远意义。1966～1976 年“文革”期间，盲目增加渔船，追求高产量高指标，提出所谓“不歇伏、不猫冬、拼命干”；“造大船、闯大海”；“早出、晚归、勤放网”等种种错误口号，全国盲目发展机帆渔船底拖网作业，使大黄鱼、小黄鱼等经济鱼类资源严重衰退。此期间的成就有，在周恩来总理亲自领导下于 1973 年完成了 70 组灯光围网渔船造船计划并投入生产，该项计划填补了中国渔业史上的空白，促进了我国渔船设计建造水平提高，为发展远洋灯光诱集鱼群和围网技术奠定了基础。以国营海洋渔业企业为主体的海洋渔业生产基地的建设成就显著。1971～1979 年，我国投资 6.5 亿元，先后在烟台、舟山、湛江等地建设了中央直属和地方所属的海洋捕捞企业和拥有 50 艘以上渔轮的渔业基地、万吨级水产冷库以及渔轮修造厂等大中型项目 11 个，并购置了一批渔轮。初步形成了以 17 个国营海洋渔业公司为主体的国营海洋捕捞生产基地。

党的十一届三中全会之后，渔业生产和渔业科学技术的发展进入了崭新的历史时期。1985 年中共中央、国务院颁布《关于放宽政策，加速发展水产业的指示》，确定我国渔业生产发展方针为“以养殖为主，养殖、捕捞、加工并举，因地制宜，各有侧重”。1986 年制定的《中华人民共和国渔业法》，将渔业生产发展方针用法律方式加以确定。在海洋捕捞作业方面，采取保护、增殖和合理利用近海渔业资源，控制捕捞强度，实施许可制度，并于 1985 年开始走出国门，大力发展远洋渔业。在正确政策的指引下，近海捕捞快速稳步增长，至 1999 年近海捕捞量增长至 1200 万吨左右。1999 年以来为了可持续发展渔业，我国再次调整渔业生产结构。由于近海渔业资源有恶化的趋势，同时《联合国海洋法公约》于 1996 年起生效，我国与周边国家日本、韩国、越南分别按专属经济区制度签订了新的渔业协定。为此，农业部于 1999 年提出控制捕捞强度，明确了海洋捕捞产量应零增长甚至负增长的规定。进入 21 世纪以来，在贯彻科学发展观基础上，渔业生产增长方式由数量型转向质量型。传统渔业转向现代渔业，渔业发展进入新的时代。

二、近海捕捞业现状

（一）海域环境与鱼类资源①

1. *海域环境*

中国大陆东南所面临的渤海、黄海、东海和南海，都属于太平洋的边缘海。大陆岸线从鸭绿江口到北仑河口，全长 18000 千米，岛屿 5000 多个，岛屿岸线 14000 千米。全年沿海河流入海的径流量约 1.5 万亿立方米。4 个海域总面积为 482.7 万平方千米，大陆架面积约 140 万平方千米。专属经济区面积约 300 万平方千米。

渤海是中国的内海，以老铁山西角，经庙岛列岛和蓬莱角的连线为界，该界线以西为渤海，以东为黄海。渤海面积为 7.7 万平方千米，水深 20 米以内的面积占一半，仅在老铁山水道的水深就为 85 米。底质是沿岸周围沉积物，颗粒较细，细沙分布很广，向中央盆地颗粒逐步变粗。

黄海与渤海相通，南界为长江口北角与韩国济州岛西南角的连线，与东海

① 周应祺. 渔业导论［M］. 北京：中国农业出版社，2010.

相通。面积为38万平方千米。黄海分北、中、南三部分，即山东成山头与朝鲜长山串连成线，以北为黄海北部，以南至北纬34度之间为黄海中部，北纬34度以南为黄海南部。整个黄海海域处于大陆架上，仅在北黄海东南部有一黄海槽。苏北沿海沙沟纵横，深浅呈辐射状分布。底质以细沙为主。

东海北与黄海相连，东北通过对马海峡与日本海相通，南端以福建诏安和台湾鹅銮鼻的连线为界与南海相连。总面积为77万平方千米，其中大陆架面积约占74%，为57万平方千米，为四大海域中最大、最宽的，呈扇状。大部分水深处于60～140米，大陆架外缘水深为140～180米，冲绳海槽最深处为2719米。台湾海峡平均水深为60米，澎湖列岛西南的台湾浅滩水深为30～40米，最浅处为12米，构成一海槛，给东海和南海的水体交换带来一定影响。东海大陆架的底质一般以水深60～70米为界，西侧为陆源沉积，以软泥、泥质沙、粉沙为主，东侧为古海滨浅海沉积，以细沙为主。台湾海峡南端开阔区域为细沙、中粗沙和细中沙，近岸伴有砾石，澎湖列岛西南为火山喷出物、砾石、基岩等。

南海面积最大，达350万平方千米，北部大陆架面积为37.4万平方千米。地形是周围较浅，中间深陷呈深海盆，南部除南沙群岛等岛礁外，尚有著名的巽他大陆架。北部湾最深处为80米，大多处于20～50米，海底平坦。底质分布上，北部大陆架大致与东海相似，北部湾东侧以黏土、软泥为主，周围为粗沙、砾沙。

上述四个海域都属半封闭海性质，其海洋水文与大洋性海洋有明显区别，主要取决于大陆的天气、水系以及其外海海流，包括潮流等的影响。其各水层的等温线和等盐线的分布，一般外高内低，南高北低，季节变化明显。中国海洋环流主要是中国大陆沿岸流和黑潮流两个系统。前者一般都是沿岸由北向南流动，黑潮流系除南海分支外，终年向偏东北方向流动。海洋环流的相互消长和地形等的影响，直接关系到渔业资源的移动和洄游。《联合国海洋法公约》生效后，上述四个海域除渤海是中国内海外，黄海、东海和南海都存在与周边国家关于专属经济区或大陆架划界问题。

2. 鱼类资源

根据多年调查，已知中国海洋渔业资源种类繁多。海洋鱼类有2000多种，海兽类约40种，头足类约80种，虾类300多种，蟹类800多种，贝类3000种左右，海藻类约1000种。这些种类中有的缺乏经济利用价值，有的数量过少，因此在渔业统计上和市场销售名列上的种类只有200种左右。

水深40米以内的沿岸海域因受大陆河流入海的影响，盐度低，饵料生物丰厚，为多种鱼虾类的产卵场和育肥场，既有地方性种群资源，也有洄游性种群资源。渤海有小黄鱼、带鱼、真鲷、马鲛、鲈鱼、梭鱼、对虾、中国毛虾、梭子蟹等的产卵场。黄海沿岸海域有带鱼、小黄鱼、鳕鱼、高眼鲽、牙鲆、鲂鮄、太平洋鲱、马鲛、对虾、鹰爪虾、毛虾等。南黄海还有大黄鱼、银鲳等，东海沿岸海域有大黄鱼、小黄鱼、带鱼、乌贼、鲳、鳓、虾蟹类的产卵场和育肥场，南海沿岸海域有斑鲦、蛇鲻、石斑鱼、鲷类、鲲类、乌贼等。

水深40～100米的近海海域是沿岸水系和外海水系交汇处，是有关鱼虾类的索饵场和越冬场。近海海域渔业资源南北差异显著。北纬34度南到台湾海峡，温水性种类占优势，如大黄鱼、小黄鱼、带鱼、海鳗、鲳、鳓等。台湾海峡以南的南海近海海域以暖温性和暖水性的种类为优势，如蛇鲻、金线鱼、绯鲤、鲷类、马面鲀等。

水深100～200米的大陆架边缘的海域，东海外海有鲐、马鲛、马面鲀，南海外海有鲐、深水金线鱼、高体若鲹和金枪鱼类等，台湾以东的太平洋有金枪鱼、鲣鱼、鲨鱼等。

根据我国开发利用海洋渔业资源统计，我国尚无特级的捕捞对象①，实际年渔获量曾经超过100万吨的只有鲲1种。超过1万吨的40多种，主要是带鱼、绿鳍马面鲀、蓝圆鲹、大黄鱼、日本鲐、太平洋鲱、银鲳、蓝点马鲛、多齿蛇鲻、长尾大眼鲷、棘头梅童鱼、皮氏叫姑鱼、白姑鱼、马六甲绯鲤、绒纹单角鲀、金色小沙丁鱼、远东拟沙丁鱼、青鳞鱼、斑鲦、黄鲫、乌鲳、海鳗、绵鳚、竹荚鱼、鳕鱼、真鲷、日本枪乌贼、中国枪乌贼、中国对虾、鹰爪虾、中国毛虾、三疣梭子蟹、海蜇、毛蚶、菲律宾蛤仔、文蛤等。

（二）投入产出概况

1. 近海捕捞业投入

我国大陆沿海自北向南，有辽宁省、天津市、河北省、山东省、江苏省、上海市、浙江省、福建省、广东省、广西壮族自治区、海南省11个省（市、区）。各省（市、区）均有一定数量的渔民从事近海捕捞业（见表4－1）。

图4－1是各省（市、区）近海捕捞渔船总功率排序及累计比重的帕累托图。由图可以看到，浙江、广东、福建、山东、海南是我国近海捕捞业大省，其捕捞渔船总功率占全国总功率比例均超过10%，4省累计占比约78%。其中尤以浙江为最，捕捞渔船总功率占全国比例为26.34%，超过全国的1/4，领

---

① 指年捕获量超过1000万吨的鱼种。

先第二名广东 11 个百分点。

表 4-1　2015 年我国沿海省（市、区）近海捕捞投入

省（市、区）	近海捕捞渔船数量（艘）	近海捕捞渔船总功率（千瓦）	捕捞专业从业人员（人）
天津	459	46593	1494
河北	5372	326209	28230
辽宁	22353	973471	113088
上海	336	46652	4056
江苏	7062	611220	57194
浙江	18981	3229642	136614
福建	30193	1791975	184998
山东	24653	1401600	137714
广东	39852	1887795	217765
广西	9582	595379	37833
海南	25856	1350242	106442

注：近海捕捞渔船及功率在《中国渔业统计年鉴》中并未单列，以海洋捕捞渔船相应数值减远洋捕捞渔船相应数值得到。捕捞专业从业人员中也包括了远洋捕捞劳动力。

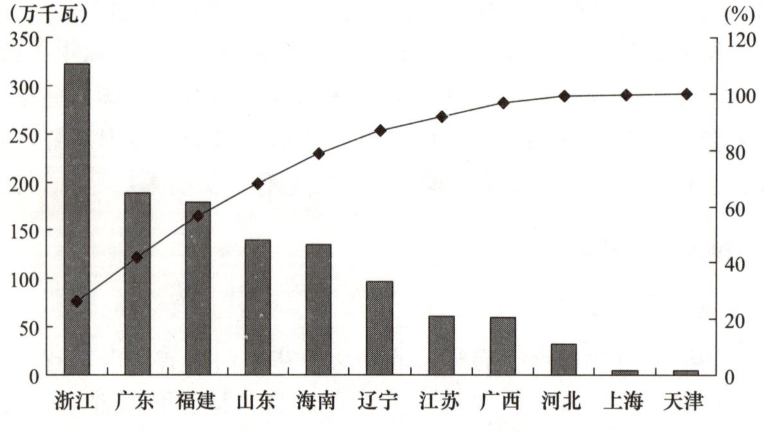

图 4-1　沿海各省（市、区）近海捕捞渔船总功率排序

2. 近海捕捞业产出

我国 2015 年近海捕捞产量 1314.78 万吨，占海洋水产品生产总量的 38.56%，占水产品生产总量的 19.62%。图 4-2 展示了我国 1986 年至今海洋捕捞业产量的变动趋势。1986 ~ 1999 年，近海捕捞量快速上升，年均递增

10%以上。为缓解渔业资源衰退与捕捞强度快速增长之间的矛盾，农业部从1999年开始对近海捕捞实行产量“零增长”政策。因而自2000年至今产量徘徊在1200万吨左右。

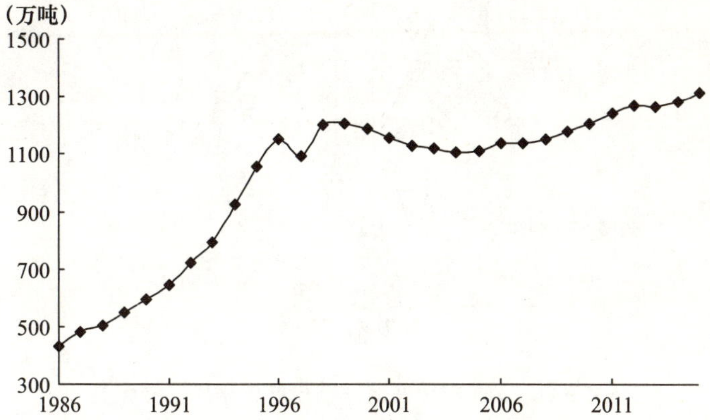

图4-2 1986以来我国海洋捕捞产量

图4-3展示了2015年我国海洋捕捞产品分类的产量结构。可见，我国近海捕捞的品种主要是鱼类，按产量计约占70%，其次是甲壳类，约占18.5%。贝类、头足类所占比例大致相同，在4%~6%。其他类占了约3%，其中主要是海蜇。

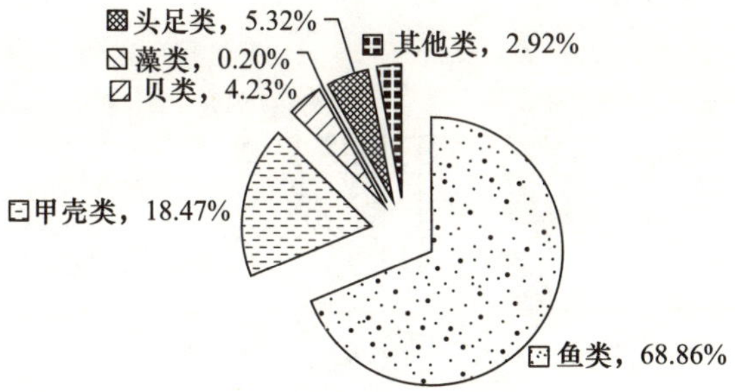

图4-3 2015年我国海洋捕捞产量结构：按类别

我国近海捕捞主要以拖网、刺网、张网和围网4种网具进行。其中拖网捕获量占47%，刺网捕获量占22%，两者合计约占总捕捞量的7成。各捕捞手段中，海底拖网捕鱼法产量大，但附带捕获比例高，对海底地貌有“犁地填沟”的作用，破坏了海底生物赖以生存的环境，对渔业可持续发展危害极大。因而对其使用应加以限制，引导渔民转用其他网具（见图4－4）。

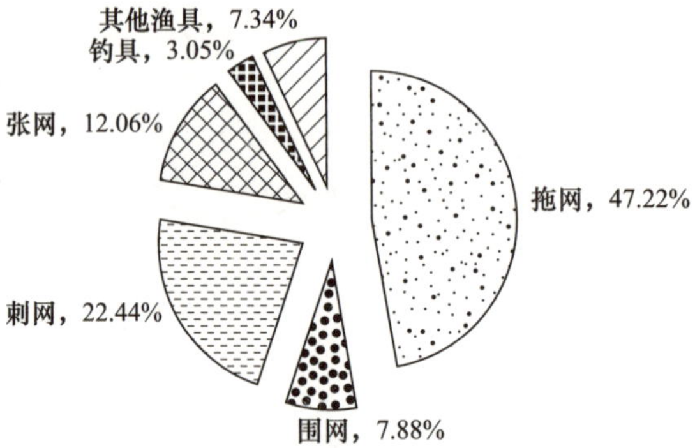

图4－4　2015年我国海洋捕捞产量结构：按网具

中国四大海域中，东海产量最高，约占40%，南海约占28%，黄海占25%左右，渤海产量只占约8%。东海面积广阔，有世界著名的舟山渔场。20世纪初到70年代末，舟山渔场春季有小黄鱼汛，夏季有大黄鱼汛和乌贼汛，秋季有海蜇汛，冬季有带鱼汛。吸引沿海各省渔民前来捕捞。但80年代以来，小黄鱼、大黄鱼、乌贼、海蜇已形不成渔汛，带鱼汛亦出现旺汛不旺的现象，保护渔业资源的任务艰巨。渤海是我国内海，沿海工业发达，受陆源污染影响极大，海洋生态环境恶化严重，因而产量低下（见图4－5）。

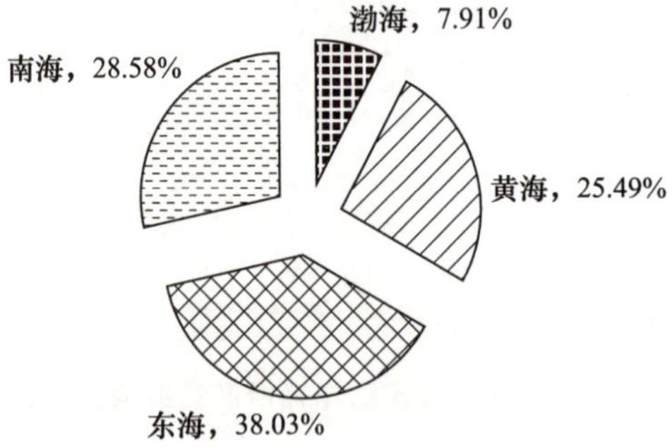

图4－5　2015年中国海洋捕捞产量结构：按海域

根据2015年数据，我国近海捕捞的鱼种年产量在3万吨以上的有25种，其中过100万吨的只有带鱼1种，占比约16%。40万～100万吨的有鳀鱼、蓝圆鲹、鲐鱼、鲅鱼、金线鱼5种。前10大鱼种的累计捕捞量约占77%，表明我国近海捕捞的鱼种较集中（见图4－6）。

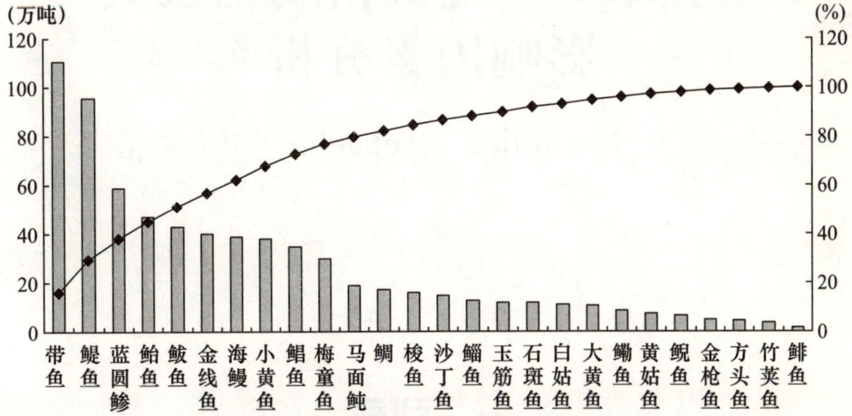

图4－6　2015年全国海洋捕捞主要鱼类产量

第五章　渔业经济均衡及其影响因素分析

——基于对 Gordon - Schaefer 模型的拓展

一、引言

生物经济学是生物学和经济学理论的结合，目的在于分析生物系统和经济系统之间的相互作用以及基于这种相互作用的经济决策。20 世纪 50 年代以来，学者们发展了多种渔业生物经济学模型，其中影响最深远的是 Gordon - Schaefer 模型。Gordon - Schaefer 模型是生物学和经济学相嫁接的一个典范，由美国生物学家 M. B. Schaefer（1954）所创立的逻辑斯谛模型（Logistic Model）和两位加拿大经济学家 H. S. Gordon（1953，1954）和 A. D. Scott（1955）所创立的渔业经济学模型结合而成，利用该模型可以阐释渔业经济的诸多特点与问题。这一模型的出现标志着整个渔业生物经济学领域的发端（慕永通和韩立民，2003），时至今日仍是现代渔业经济理论中的代表性模型，被渔业经济学家广泛采用。

渔业经济学与一般微观经济学关注的重点基本一致[①]，都注重讨论价格、竞争、管制等对生产者决策和收益的影响。但由于结合了生物学的特性，渔业经济学与普通的微观经济学之间又有显著的区别。试举一例进行说明。一般而言，微观经济学中主张除自然垄断行业外，各个行业都应充分引入竞争。但在

① 渔业经济学更多关注生产者行为，而微观经济学除了关注生产者行为，还同样注重消费者行为、社会福利等。

捕捞业中，则要通过产出限制或投入限制来避免自由竞争。为什么在其他行业鼓励竞争，而捕捞业要限制竞争呢？因为一般行业的超额利润来自对消费者剩余的攫取，企业垄断力量强则定价能力强，更有能力攫取消费者剩余，产量也会低于最优产量，这会导致社会福利受损，因而需对垄断进行限制。而对于捕捞业，充分竞争的自由进入渔业会带来捕捞能力过剩与资源衰竭，导致社会整体福利受损。给定价格水平，捕捞业的超额利润来自效率提升和成本节约。限制竞争会增加渔业资源存量，从而在提升捕捞量的同时降低捕捞成本，因而会增进社会福利。这一问题利用 Gordon – Schaefer 模型可以得到很好的阐释。

Gordon – Schaefer 模型被提出后，经济学家们不断加以改进拓展，以使其能够分析更为具体复杂的现实问题。如 Smith（1969）在 Gordon – Schaefer 模型中假定长期捕捞努力量水平与利润成正比，在模型中引入了捕捞努力量与利润之间的函数。Seijo（1987）又在此基础上进一步考虑了渔民面临利润变化到决定进入、退出捕捞的延迟过程，解决了渔业资源生物经济分析中捕捞努力量投入动态变化的问题。Squires 和 Vestergaard（2007）将外生技术变化与外生和内生技术效率引入标准的 Gordon – Schaefer 模型，以研究技术进步、技术效率等因素与渔业资源存量、最大生物与经济可持续产量、捕捞努力量等变量之间的影响关系。在实证方面，McManus（1997）利用 Gordon – Schaefer 模型，对东南亚珊瑚礁渔业问题展开了研究，指出拖网是对热带地区珊瑚礁渔业造成大规模损害的主要原因，并建议捕捞努力量至少要削减 60%，以确保珊瑚礁渔业的最优化利用。Arnason（2011）基于对 Gordon – Schaefer 模型的拓展估算了全球渔业的经济租金损失。国内也有学者基于 Gordon – Schaefer 模型开展了广泛研究。如李大海等（2006）将渔获物价格变动因素引入 Gordon – Schaefer 模型，由此探讨了最大经济产量（MEY）的变化情况，并进一步探讨了渔获物需求的价格弹性对均衡捕捞努力量及 MEY 的影响。王雅丽等（2012）基于 Gordon – Schaefer模型估算了东黄海鲐鱼渔业的资源租金。

Gordon – Schaefer 模型给出了自由进入与垄断进入等不同进入状态下的均衡结果。其中的一个重要结论是，在自由进入条件下，只有当捕捞活动的总收益等于总成本时，自由进入渔业才能达到均衡，但此时渔民的竞争已使该渔业的经济租金消散为零。尽管不存在法理上的自由准入渔业，但由于各种形式的制度失灵，事实上的自由准入资源随处可见。只要渔业资源处于自由进入状态，无论是事实上的还是法理上的，渔业的经济效率必然低下，过度投资和过度利用也就在所难免。以我国为例，尽管法律和渔政管理部门从从业主体的准入条件、生产要素投入等多方面对近海捕捞业的进入进行了限制，但由于没有解决“谁捕到归谁所有”这一根本性原因，再加上从业渔民众多，我国近海渔业长期以来在很大程度上具有自由进入状态的特点。我们可以认为，我国近海渔业的进入状态既不是法律政策所规定的垄断进入状态，也非完全的自由进入状态，而是处于两者之间的中间状态。因此，各变量之间的影响关系兼具两种均衡状态下的特点。

我国对近海捕捞业的限制主要是对固定投入要素进行限制，即限制渔船数量和功率，而对可变投入要素如人员、网具、油料等的投入数量基本上没有限制甚至存在提供补贴的情况。在这种情况下，利用 Gordon - Schaefer 模型无法对我国近海捕捞业的投入限制展开有效的经济理论分析。因为在该模型中，努力量由单个变量直接给出，而“生产”出努力量的各生产要素则不出现在模型里，因而无法运用该模型分析限制部分要素或者补贴部分要素对渔业经济均衡的影响。此外，Gordon - Schafer 模型也无法对技术进步加以分析。本书对经典的 Gordon - Schaefer 模型进行了拓展，通过引入 Cobb - Douglas 生产函数来刻画努力量的生产，将可变要素投入、非可变要素投入与技术进步因素引入模型，得到捕捞要素投入、捕捞努力量、近海渔业资源存量水平等在自由进入、垄断占有等不同产权配置状态下长期均衡的数学表达式；进而对均衡进行比较静态分析，以此为基础讨论各种外生经济因素如技术进步率、要素成本等对渔业资源存量、捕捞努力量及要素投入量的影响。

这种分析能厘清不同进入状态下各种因素对均衡状态的影响，有助于认清实践中各经济变量影响关系的实质，并为对投入限制或渔业补贴政策进行更细致的理论分析和政策制定打下基础。本章后续的部分分为七节。第二节分别从法律政策层面和实践层面讨论了我国近海捕捞业的入渔特征；第三节给出理论模型分析的基本框架；第四节讨论了自由进入情况下渔业经济均衡及其影响因素；第五和第六节分别讨论了垄断占有情况下的最大经济产出均衡（MEY）与最大生物产出均衡（MSY）及其影响因素，并在第七节与自由进入渔业经济均衡的分析结果进行了比较。第八节进行了总结和展望。

二、我国近海捕捞业的入渔特征分析

从法律政策层面看，我国施行的是限制入渔政策。1979 年农业部颁布了《关于渔业许可证的若干问题的暂定规则》，规定了只有取得许可证才能从事渔业生产，这意味着我国的自由入渔制度自此转变为控制入渔制度。1986 年我国颁布了《中华人民共和国渔业法》，再次强调对渔业实行许可证制度并对渔船渔具实施控制。自 1987 年开始，对海洋捕捞渔船实行渔船数量和主机功率“双控”政策。2000 年 10 月 31 日，第九届全国人民代表大会常务委员会第十八次会议通过了《关于修改〈中华人民共和国渔业法〉的决定》，即人们所说的新《渔业法》，并于 2000 年 12 月 1 日生效。《新渔业法》在继续强调捕捞许可证制度的基础上，明确提出“根据捕捞量低于渔业资源增长量的原则，确定渔业资源的总允许捕捞量，实行捕捞限额制度”。党的十六大报告提出科学发展观后，对渔业发展提出了更高的要求。国务院批准印发了《2003～2010 年海洋捕捞渔船控制制度实施意见》，进一步完善了捕捞渔船“双控”制度。2002～2007 年，中央财政安排 13 亿元在沿海地区实施海洋捕捞渔民转产转业工程。这些措施的实施，对控制捕捞强度增长起到了一定的作用。纵观制度的历史进程，我国近海捕捞业制度从自由进入制度到限制进入制度、从采用技术性措施和投入控制制度到增加产出控制的元素不断变迁。

但在实践中，限制入渔政策并未充分发挥效果。从制度层面看，由于捕捞许可证通常只规定了渔船的主机功率大小、渔具数量、作业类型、作业区域、捕捞品种等，没有明确限制捕捞数量，所以渔民可以通过延长作业时间、改造渔业技术等手段增加捕鱼量。因此，即使能有效限制渔船数量和总功率，实现“双控”目标，也无法有效控制总捕捞量。此外，休渔制度也不能从根本上解决渔业资源的过度捕捞问题。休渔期间为渔民进行技术创新提供了机会。开捕后良好的经济效益预期会诱导渔业生产者增加要素投入、改进捕捞技术、改善渔网渔具性能等，从而使捕捞努力量得到进一步提高。伏季休渔效果被开捕后更大的超强度捕捞所抵消。从执行层面看，由于我国近海捕捞业具有分布广、规模小、流动性大等特点，造成执法监督难度大，政策难以完全落实。这表现在三个方面。一是“双控”目标未得到严格落实。如根据 2006 年海洋渔船的普查资料统计，东海区实际拥有海洋捕捞机动渔船 8.7 万艘，渔船数比“九五”期末减少 2.1 万艘，但功率比“九五”期末增加 112.5×10^4 千瓦，平均年增长率为 4.54%（张秋华等，2007）。作为“双控”重要内容的全国渔船功率总数不断膨胀，表明“双控”制度实施没起到应有的控制作用。二是捕捞许可证制度未得到有效实施。虽然法律明确规定海洋渔业捕捞从业者必须持有捕捞许可证，国家也制定了相关的实施细则和管理办法，但仍有大批“三无”渔船和“三证不齐”渔船在近海从事捕捞作业。三是非渔业劳动力入渔未得到有效控制。非渔业劳动力指的是外来的、原本不在渔区从事渔业生产，而今却从事渔业捕捞生产的那部分劳动力。非渔业劳动力下海的人数在海洋捕捞业从业人员中占有很大的比例。根据 2011 年浙江省海洋捕捞劳动力统计，约有 48.6% 的捕捞从业人员为外来捕捞人口（欧焕康和虞聪达，2011）。

简而言之，投入限制下的投入替代、伏季休渔效果不显著，渔船“双控”与捕捞许可证制度未能完全落实、非渔业人口入渔难以严控等，使资本、人力、时间等主要生产要素投入总量均存在过剩，并突出表现在很多区域非禁渔期内渔民自动放弃捕鱼。由于总捕捞能力持续大于最大可持续产量（MSY），渔业租值严重耗散，可认为我国近海渔业在较长时期内很大程度上具有自由进入渔业的特征。但也不能就此认为我国近海渔业完全处于自由进入状态。政策实施的效果虽然不理想，但仍具有一定效果。随着政府财力、监管力度与监管技术的不断提升加大以及渔民转产转业不断取得进展，政府对渔业投入要素的调控能力与力度在不断加大，我国近海渔业在一定程度上也具备垄断入渔的实践特征。因而可认为我国近海渔业的进入状态是处于自由进入与垄断进入之间的中间状态，兼具自由进入与垄断进入两者的特征。

三、模型基本设定

本节研究的是静态问题，即不考虑跨期与贴现的情况。在后文中为了讨论方便，将研究背景设定为我国近海捕捞业。根据 Schaefer（1954），假设中国近海渔业资源存量的年增长量服从 Logistic 函数：

$$F(X) = rX\left(1 - \frac{X}{V}\right) \tag{5-1}$$

式中，F 为渔业资源年增量，它是年初渔业资源存量 X 的函数；参数 V 是环境容纳量，表示自然状态下中国近海生态环境所能容纳的最大渔业资源存量；r 是渔业资源存量的内在增长率。假设年捕捞量函数为：

$$H(E, X) = qEX \tag{5-2}$$

式中，H 是年近海捕捞量，它是捕捞努力量 E 及渔业资源存量 X 的函数；参数 q 是可捕系数，是单位捕捞努力量所能捕获渔业资源的数量，占渔业资源总数量的比值，取值范围为（0，1）。捕捞努力量是由捕捞业各生产要素“生产”而成。为了刻画近海捕捞业生产要素投入对捕获量进而资源存量等的影响，需要引入捕捞努力量的生产函数。

生产函数是指在一定时期和技术水平下，生产中所使用的各种生产要素的数量与所能生产的最大产量之间的函数关系。经济学分析中基本的生产函数包括 Cobb – Douglas 生产函数、CES 生产函数、VES 生产函数、超越对数生产函数等（瓦里安，1997）。其中 Cobb – Douglas 生产函数形式简单，易于分析，能够很好地反映单个要素边际生产量递减以及各要素之间既有互补又有替代的基本经济关系，在理论分析中被广泛采用。因而本书假设捕捞努力量 E 的生产函数为Cobb – Douglas 形式：

$$E(K,\ L) = AK^{\alpha}L^{\beta} \tag{5-3}$$

式中，K 为近海捕捞业资本要素投入量；L 为近海捕捞业劳动要素投入量；参数 A 代表当前捕捞业技术水平，体现了对生产投入要素的利用效率；α 和 β 分别为资本投入和劳动投入的生产弹性，反映了要素投入变动对于捕捞努力量生产的影响程度。近海捕捞业的特点是基本以单船或小船队作业为主，因而渔船之间不存在大规模的合作。同时海域广大，一般而言渔船之间也不会产生互相拥挤影响，这一生产特性决定了近海捕捞业的规模报酬不变。包特力根白乙等（2008，2009）所进行的实证研究也证实了这一点，因而假设 $\alpha+\beta=1$。在上述假设下，近海捕捞业的总利润 TR 可表示为：

$$TR = HP_H - C(E,\ P_K,\ P_L) \tag{5-4}$$

式中，P_H 是渔获物的价格，则 HP_H 为近海捕捞业总收入，我们假设渔获物价格不变，并与销量无关。C（E，P_K，P_L）为近海捕捞努力量的成本函数，参数 P_K 和参数 P_L 分别为资本要素和劳动要素的价格。每一个捕捞业的生产个体，进而近海捕捞业作为一个整体会根据生产要素价格优化生产要素投入量，以使在每个水平的捕捞努力量下生产成本都是最小化的。因此成本函数 C（E，P_K，P_L）的具体函数形式需由优化过程得到，在捕捞努力量的生产函数由 Cobb – Douglas 生产函数表示且规模报酬不变的情况下，根据瓦里安（1997），其成本函数为：

$$C(E,\ P_K,\ P_L) = A^{-1}SP_K^{\alpha}P_L^{1-\alpha}E \tag{5-5}$$

其中 $S \equiv \alpha^{-\alpha}(1-\alpha)^{\alpha-1}$。并且可得到资本和劳动两种生产要素的需求函数为：

$$K(E,\ P_K,\ P_L) = A^{-1}\left(\frac{\alpha}{(1-\alpha)}\right)^{1-\alpha}P_K^{\alpha-1}P_L^{1-\alpha}E \tag{5-6}$$

$$L(E,\ P_K,\ P_L) = A^{-1}\left(\frac{\alpha}{(1-\alpha)}\right)^{-\alpha}P_K^{\alpha}P_L^{-\alpha}E \tag{5-7}$$

对于渔业资源存量施加一定的捕捞努力量，则当每年捕捞量 H（E，X）

与渔业资源存量的年增长量 $F(X)$ 相等时，捕捞努力量与渔业资源存量之间达到长期均衡关系（安德森，2012）。令式（5－1）等于式（5－2），则有 $rX\left(1-\frac{X}{V}\right)=qEX$，化简可得捕捞努力量与渔业资源存量之间的长期均衡关系：

$$E=\frac{r}{q}\left(1-\frac{X}{V}\right) \tag{5-8}$$

此时渔业资源存量、捕捞努力量以及捕捞量都稳定在固定水平不再变动。观察式（5－8）可知，当资源存量 X 趋于环境容量 V 时，E 趋于0；而当资源存量 X 趋于0时，捕捞努力量又趋于最大，这似乎有违直觉。其原因在于，当资源存量逼近环境容量时，资源的增长量很低，为维持均衡仅捕捞增长部分，因而所需捕捞努力量很少。而当资源存量趋于0时，资源增量虽很小，但资源密度很低，需要很大的捕捞努力量才能将其捕尽。

四、自由进入渔业的长期均衡分析

（一）均衡求解

根据前文的分析，我国近海渔业在很大程度上符合自由进入的开放式渔业特点，因此本节的分析具有实证描述性，可作为理解和解释我国近海渔业经济行为的理论依据。在自由进入状态下，当达到长期均衡时整体渔业的总收入等于总成本，即渔业租值消散为零：

$$TR=HP_H-C(E,\ P_K,\ P_L)=0 \tag{5-9}$$

在这一均衡条件下，分别将式（5－2）与式（5－5）代入式（5－9）可以得到：

$$qEXP_H=A^{-1}SP_K^{\alpha}P_L^{1-\alpha}E \tag{5-10}$$

对式（5－10）进行化简并变形，可得到均衡的渔业资源存量：

$$X_e=\frac{SP_K^{\alpha}P_L^{1-\alpha}}{qAP_H} \tag{5-11}$$

将上式代入捕捞努力量与资源存量之间均衡关系式（5－8），可得到均衡的捕捞努力量：

$$E_e=\frac{r}{q}\left(1-\frac{SP_K^{\alpha}P_L^{1-\alpha}}{qAP_HV}\right) \tag{5-12}$$

在均衡状态下，如果增加捕捞努力量，则会导致捕获量短期增加，均衡的资源量会下降，导致捕捞成本超过收入，这会反过来导致捕捞努力量减少。若减小捕捞努力量，捕获量的减少会使均衡的资源量增加，进而使收入超过成本，超额利润会驱使捕捞努力量增加，又会使捕捞努力量恢复至均衡量。这一影响机制保证了均衡的稳定性。将均衡的渔业资源存量式（5－11）与均衡的捕捞努力量式（5－12）代入式（5－2），可得到均衡的年捕捞量为：

$$H_e = \frac{rSP_K^{\alpha}P_L^{1-\alpha}}{qAP_H}\left(1 - \frac{SP_K^{\alpha}P_L^{1-\alpha}}{qAP_HV}\right) \tag{5-13}$$

将均衡的捕捞努力量式（5－12）代入要素需求函数式（5－6）和式（5－7），可得到均衡的要素需求量为：

$$K_e = \frac{r}{qA}\left(\frac{\alpha}{(1-\alpha)}\right)^{1-\alpha}P_K^{\alpha-1}P_L^{1-\alpha}\left(1 - \frac{SP_K^{\alpha}P_L^{1-\alpha}}{qAP_HV}\right) \tag{5-14}$$

$$L_e = \frac{r}{qA}\left(\frac{\alpha}{(1-\alpha)}\right)^{-\alpha}P_K^{\alpha}P_L^{-\alpha}\left(1 - \frac{SP_K^{\alpha}P_L^{1-\alpha}}{qAP_HV}\right) \tag{5-15}$$

至此我们已经通过引入 Cobb－Douglas 生产函数作为近海捕捞努力量的生产函数，完成了开放式渔业下对经典 Gordon－Schaefer 模型的拓展，得到了渔业资源存量、近海捕捞努力量、要素投入量的长期均衡表达式（5－11）～式（5－15），为比较静态分析提供了基础。

（二）比较静态分析

下面着重分析其他条件不变时，要素价格、技术进步、要素弹性等外生经济因素对于长期均衡的渔业资源存量、捕捞努力量和要素投入量等的影响。比较静态的结果利用两种方法得到，对于外生参数与均衡量之间关系相对简单的情形，利用式（5－11）至式（5－15）分别对各外生变量求偏导数的方法得到。对于外生参数与均衡量之间的关系比较复杂，难以利用求导方式求得时，可利用数值分析方法得到。由于全部分析过程非常烦琐，故文中将其省略。为方便讨论，表 5－1 比较静态分析将所有结果汇总在一起，并将九个外生参数分为生物环境特性、市场交易特性和捕捞技术特性三类。

表 5－1　自由进入渔业比较静态分析表

外生参数 / 内生变量	生物环境特性			市场交易特性			捕捞技术特性		
	r	V	q	P_H	P_K	P_L	A	α	β
X_e	0	0	－	－	＋	＋	－	倒 U	倒 U

续表

外生参数 / 内生变量	生物环境特性			市场交易特性			捕捞技术特性		
	r	V	q	P_H	P_K	P_L	A	α	β
E_e	+	+	倒U	+	−	−	+	U形	U形
H_e	+	+	倒U	倒U	倒U	倒U	倒U	倒U	倒U
K_e	+	+	倒U	+	−	倒U	倒U	+	−
L_e	+	+	倒U	+	倒U	−	倒U	−	+

注：0表示无影响、+表示正向影响、−表示负向影响。

1. 生物环境特性对于均衡状态的影响

渔业资源的内在增长率 r 决定了渔业资源每年的增长量。它对于渔业资源存量水平没有影响，这是由于均衡状态下，每年资源增长量被捕捞量所抵消。渔业资源内在增长率 r 更高，则每年将会投入更多的生产要素进行捕捞，因而增加了捕捞努力量与年捕捞量。渔业资源的环境容量 V 从另一个角度决定了渔业资源存量的年增长量，因而与内在增长率 r 对于均衡的影响类似①。可捕系数 q 决定了渔业资源易捕捞的程度，显然渔业资源易捕捞程度越大，则其存量水平越小。可捕系数与努力量之间存在倒U形关系，这是由于可捕系数过小时，捕鱼难度大且成本高，因而捕捞投入不足，捕捞量较小。随可捕系数增加，投入产出比升高，会促进投入增加进而提高捕捞量。但当可捕系数较大时，由于捕捞较易使渔业存量减少，又会减少捕捞生产要素投入，进而使捕捞量减少。

2. 市场交易特性对于均衡状态的影响

渔获物的价格 P_H 越高，则渔业捕捞的收入越高，这会刺激捕捞投入量与努力量增加，进而使渔业资源存量减少。渔获物价格 P_H 与捕捞量之间存在倒U形关系。这是由于当渔获物价格处于较低水平时，随着价格上升，捕捞投入增加会带来捕获量的增加。但当价格水平较高时，渔获物价格上升会带来渔业资源存量下降，捕获量也会随之下降。资本要素的价格 P_K 上升，则资本投入的成本上升，使得资本要素的投入量降低，进而降低捕捞努力量，这提高了均衡的渔业资源存量水平。随着资本的价格上升及其投入减少，劳动的投入量会上升，这是由于两种要素投入存在替代效应。但当劳动投入占要素投入的比重

① 环境存量与资源存量无关，显然是指在满足基本合理性要求情况下，环境容量能够容纳均衡的资源存量。

已经较高，随着资本的价格在较高水平上进一步上升，劳动的投入则会减少。这是由于劳动要素与资本要素之间还存在一定的互补效应，劳动必须依靠资本才能形成捕捞努力量，当资本由于价格过高而减少投入时，劳动的投入也会相应减少。

3. 捕捞技术特性对于均衡状态的影响

A 所代表的技术既包括渔业工程技术，也包括物化于机器、设备、网具等的技术，还包括对人员组织运用的管理技术甚至渔业经验和知识的积累。技术水平 A 越高，则对投入要素的运用效率越高，所形成的捕捞努力量越大，因而使渔业资源存量水平越低。这进而使得当 A 的水平较低时，渔获量随捕捞努力量的提高而上升，而当 A 的水平较高时，资源存量的下降又会带来捕获量的下降，使得总体而言 A 与捕获量呈倒 U 形关系。一般来说，A 与要素投入量负相关，这是由于技术对于资本和劳动的替代作用。但当技术水平 A 极低时，要素的投入产出比很低，会阻碍要素投入；随着技术水平的提升，要素的投入产出比也在提高，因而会激励投入进一步增加，又使得 A 在很低水平时表现出与要素投入的正相关。捕捞业生产要素之间既有互补性也有替代性。某种要素生产弹性越大，则说明每增加单位比例的该生产要素投入，会带来较大比例的产出提升，因而应当增加该生产要素投入，同时减少其他生产要素投入。另对式（5－5）进行数值分析可发现，随 α 增加捕捞成本先上升后下降。捕捞成本增加会抑制捕捞努力量投入，并使均衡的渔业资源存量水平上升。而当捕捞成本下降时，相反的趋势产生。这解释了要素弹性与资源存量、捕捞努力量的非线性关系。

概括起来看，生物环境特性、市场交易特性和捕捞技术特性等外生参数对渔业经济均衡的影响往往都是非单调的，表现为 U 形或倒 U 形关系。这是由于外生因素对于经济均衡的影响机制不止一种，在不同的因素水平下，起主导作用的影响机制不同，因而体现出不同的影响效果。从数学上看，很多情况下各均衡量都是外生参数的二次函数，因而参数对均衡量的影响体现出抛物线的形态。

（三）总结

经典的 Gordon－Schaefer 模型没有利用生产函数刻画努力量的生产，因而无法分析如捕捞业生产要素价格、生产弹性、科技进步水平等外生因素对于渔业经济均衡的影响。尤其是无法在其基础上，分析对不同生产要素的各种补贴与限制措施对于渔业经济的影响。本节通过引入 Cobb－Douglas 生产函数对经典Gordon－Schaefer模型进行了拓展，进而着重分析了自由进入渔业的均衡及其影响因素，加深了对渔业经济均衡的全面理解。

本节的分析可作为对我国近海捕捞业进行经济理论分析和各项政策措施经济效果分析的模型基础。例如，可基于本节模型对于我国“双控”政策失效的经济原因展开分析。“双控”政策失效的主要表现：一是捕捞能力控制存在相当程度失控；二是捕捞能力持续过剩导致近海渔业资源存量持续下降。通过本节比较静态分析可以发现，在投入、产出价格等其他外生因素不变的情况下，科技进步会导致捕捞努力量上升，资源存量不断下降，并在一定条件下激励生产要素投入量上升。因而可认为技术进步是我国“双控”政策失效的主要成因之一。更进一步，“双控”属于投入控制，由于始终存在投入替代的可能性，投入控制即使在没有技术进步的情况下也很难有效。利用本节模型可对投入替代对渔业均衡的影响做更细致的理论分析。基于本节模型的其他各种理论研究与实证分析，还有待今后的进一步探索。

五、垄断进入渔业的长期均衡分析

——最大经济产出均衡

（一）均衡求解

我国渔业资源归国家所有，法律授予政府机构根据渔业管理目标调整捕捞要素投入的责任与权力。因此可将捕捞从业者与有关政府机构看作一个整体，作为我国近海渔业的垄断进入者。获取最大经济收益是任何行业经济主体的首要目标。在渔业资源被垄断占有的情况下，垄断所有者会通过选择最优的要素投入数量来达到最优的捕捞努力量，进而达成最优的可持续捕获量，以使其从资源利用中获得的可持续收益最大。此时得到的均衡称为最大经济产出均衡（Maximum Economic Yield，MEY）。所有者面临的决策问题可表达为：

$$\max_{E}[H(E, X)P_H - C(E, P_K, P_L)] \tag{5-16}$$

即所有者选择最优的努力量，以使由努力量决定的收入与成本之差最大。分别将式（5－2）与式（5－5）代入式（5－16）可以得到：

$$\max_{E}[qEXP_H - A^{-1}SP_K^{\alpha}P_L^{1-\alpha}E] \tag{5-17}$$

式中，有 E 和 X 两个内生变量，两者之间的长期均衡关系由式（5－8）

决定。为消去 X 以求得 E，可对式（5－8）变形得到 $X=\frac{V(r-qE)}{r}$，将其代入式（5－17）得到：

$$\max_{E}\left[qE\frac{V}{r}(r-qE)P_H-A^{-1}SP_K^{\alpha}P_L^{1-\alpha}E\right] \tag{5-18}$$

式（5－18）表明，捕捞业的总利润是由 E 决定的二次函数。求最优化的一阶条件并令其为零，可求得均衡时最优的捕捞努力量为：

$$E=\frac{r}{2q}\left(1-\frac{SP_K^{\alpha}P_L^{1-\alpha}}{qAP_HV}\right) \tag{5-19}$$

可发现此时最优努力量恰好是自由进入渔业下最优努力量的一半。将此式代入式（5－8），可得均衡的渔业资源存量：

$$X=\frac{qP_HV+A^{-1}SP_K^{\alpha}P_L^{1-\alpha}}{2qP_H} \tag{5-20}$$

将式（5－19）和式（5－20）代入式（5－2）可得均衡的捕捞量为：

$$H=\frac{r}{4}\left[V-\frac{(SP_K^{\alpha}P_L^{1-\alpha})^2}{A^2q^2P_H^2V}\right] \tag{5-21}$$

将均衡的捕捞努力量式（5－19）代入要素需求函数式（5－6）和式（5－7），可得到均衡的要素需求量：

$$K=\frac{r}{2qA}\left(\frac{\alpha}{(1-\alpha)}\right)^{1-\alpha}P_K^{\alpha-1}P_L^{1-\alpha}\left(1-\frac{SP_K^{\alpha}P_L^{1-\alpha}}{qAVP_H}\right) \tag{5-22}$$

$$L=\frac{r}{2qA}\left(\frac{\alpha}{(1-\alpha)}\right)^{-\alpha}P_K^{\alpha}P_L^{-\alpha}\left(1-\frac{SP_K^{\alpha}P_L^{1-\alpha}}{qAP_HV}\right) \tag{5-23}$$

将均衡的努力量与渔业资源存量式（5－19）、式（5－20）代入式(5－17）可得捕捞业的总利润为：

$$TR=\frac{r(qVP_H-A^{-1}SP_K^{\alpha}P_L^{1-\alpha})^2}{4q^2VP_H} \tag{5-24}$$

至此我们已经通过引入 Cobb－Douglas 生产函数作为近海捕捞努力量的生产函数，完成了 Gordon－Schaefer 模型下最大经济产出均衡的求解，得到了渔业资源存量、近海捕捞努力量、要素投入量和捕捞业总利润的长期均衡表达式(5－19)至式（5－24）。

（二）比较静态分析

下面分析要素价格、技术进步、要素弹性等外生参数在其他条件不变时对于各经济均衡量的影响。同上节相似，比较静态的结果利用两种方法得到，对于外生参数与均衡量之间关系相对简单的情形，利用将式（5－19）至式（5－24）分别对各外生变量求偏导数的方法得到。对于外生参数与均衡量之间关系比较复杂，难以利用求导方式求得时，利用数值分析方法得到。表5－2比较静态分析将所有结果汇总在一起，并将9个外生参数分为生物环境特性、市场交易特性和捕捞技术特性三类。

表5－2 最大经济产量均衡的比较静态分析

外生参数 / 内生变量	生物环境特性			市场交易特性			捕捞技术特性		
	r	V	q	P_H	P_K	P_L	A	α	β
X_e	0	+	－	－	+	+	－	倒U	倒U
H_e	+	+	+	+	－	－	+	U形	U形
TR	+	+	+	+	－	－	+	倒U	倒U

注：0表示无影响、+表示正向影响、－表示负向影响；阴影位置表示参数的影响与自由进入渔业均衡下方向不同。

通过分析发现，两种均衡状态下各外生参数对E、K、L的影响方向完全一致，影响机理相同，因而表中不再重复列出。以下重点对外生参数对内生变量的影响在两种均衡状态下方向不同的状况加以分析。对于自由进入渔业的资源存量，渔业资源的环境容量V并无影响，但它对MEY均衡下的资源存量X_e有正向影响。其原因在于，垄断所有者可充分利用较大的环境容量容纳更多渔业资源存量，以降低捕捞努力量，进而降低成本提高收益，而自由进入渔业捕捞者并无此动机。这可以解释垄断所有者有动机扩大生物环境容量，如建立人工鱼礁、消除海洋污染、进行生态环境恢复等，但自由进入渔业捕捞者不会。

q、P_H、P_K、P_L和A五个参数，在自由进入渔业下表现出对捕捞量H_e先上升后下降的倒U形影响，而在MEY均衡下，其影响全部是单调的。可捕系数q越高，则捕捞越易，成本越低，这会促进捕捞量增长。但与自由进入情况不同，可捕系数即便很高，垄断所有者也会维持适当的渔业资源存量，因而不会发生捕捞较易使渔业存量减少进而使捕捞量减少的情况。捕获物价格P_H上升、资本和劳动要素投入价格P_K和P_L下降以及技术进步率A上升，都会使捕捞量上升。但类似上面的影响机制，由于垄断所有者对渔业资源的垄断性占有和利用，可使渔业资源存量保持在适当水平，而不会因捕捞量上升导致渔业资源存量过分下降，并反而导致捕捞量下降。这解释了上述参数对捕捞量的单调影响。对式（5－5）进行数值分析可发现，随生产弹性α增加捕捞成本先上升后下降，而成本增加会抑制捕捞努力量投入，因而会降低捕捞量。这使得随生产弹性 α 增加，捕捞量先下降后上升。

各生物环境特性参数对总利润 TR 的影响方向非常符合经济直觉，易于解释：渔业资源内在增长率 r 越高，则每期内新增从而可捕的渔业资源量越大，这会带来收入增加。环境容量 V 越大，则会带来更高的渔业资源存量，在增加了每期新增渔业资源量的同时，降低了捕捞成本。可捕系数 q 的增加直接降低了捕捞成本。市场交易特性对总利润的影响同样直观：更高的捕获物价格 P_H 提高了总收入，而更低的要素投入成本 P_K、P_L 则降低了总成本，这都使利润增加。捕捞技术由 Cobb - Douglas 生产函数刻画时，技术进步率 A 为中性技术进步的速度，A 越大则同等投入下产出越大，其影响与投入要素成本降低类似，因而对利润有正向影响。随生产弹性 α 增加捕捞成本先上升后下降，对于利润来讲，随生产弹性 α 增加利润会先下降后上升。

（三）总结

本节通过引入 Cobb - Douglas 生产函数，对经典 Gordon - Schaefer 模型在垄断进入下的 MEY 均衡进行了拓展，着重分析了均衡的影响因素，加深了对渔业经济均衡的全面理解。虽然如前所述，我国近海渔业事实上更符合自由进入渔业的特征，但由于我国海域所有权最终属国家所有，并通过各种法律政策措施调控入渔行为，提升渔业经济绩效，仍在一定程度上具有垄断进入渔业的特征，因而本节模型对分析实践仍具有一定的指导意义。本节模型是理想状态下的最优渔业均衡，可作为实践中各种调控措施设定的理论参考。此外，如能估计出模型所涉及的各参数，还可对渔业资源租进行测算，进而可为各类政策的成本收益评估提供一定的参考。

六、垄断进入渔业的长期均衡分析
——最大生物产出均衡

（一）均衡求解

在渔业资源被垄断占有的情况下，除最大经济产出均衡（MEY）外，垄断所有者还可选择达成最大可持续产量均衡（Maximum Sustainable Yield，MSY）。

即通过调整资源存量，使每期的可持续增长量最大，并以此确定每期的捕获量。这一均衡状态能在保持资源存量稳定的同时，使捕捞量最大化。从经济效率来看，MSY 显然不如 MEY，因为后者是以利润最大化为原则达成的。但 MSY 不依赖易于波动但不易测量的价格，而是由基本稳定的生物资源与环境特性决定，因此一直是渔业管理实践中的一个重要依据。尤其是在实行总可捕量制度（Total Allowable Catch，TAC）的渔业中，MSY 往往是制定 TAC 的基础，被世界各国广泛采用。对于垄断所有者，若要达成 MSY 所面临的决策问题可表达为：

$$\max_{X} F(X) = \max_{X} rX\left(1 - \frac{X}{V}\right) \tag{5-25}$$

式（5－25）表明，垄断所有者选择最优渔业资源存量水平，以使由式（5－1）决定的每期增长量最大。式(5－25）为资源存量 X 的二次函数，显然极值存在。求最优化的一阶条件可以得到均衡的资源存量水平为：

$$X = \frac{V}{2} \tag{5-26}$$

即资源存量保持在环境容量一半时，每期增长量最大。根据资源存量 X 与捕捞努力量 E 之间的长期均衡关系式（5－8），可进一步求得 E：

$$E = \frac{r}{2q} \tag{5-27}$$

将式（5－26）、式（5－27）代入式（5－2）可得均衡的捕捞量为：

$$H = \frac{rV}{4} \tag{5-28}$$

将均衡的捕捞努力量式（5－27）代入要素需求函数式（5－6）和式（5－7），可得到均衡的要素需求量为：

$$K = \frac{r}{2qA}\left(\frac{\alpha}{(1-\alpha)}\right)^{1-\alpha} P_K^{\alpha-1} P_L^{1-\alpha} \tag{5-29}$$

$$L = \frac{r}{2qA}\left(\frac{\alpha}{(1-\alpha)}\right)^{-\alpha} P_K^{\alpha} P_L^{-\alpha} \tag{5-30}$$

将均衡的渔业资源存量与努力量式（5－26）、式（5－27）代入式（5－17）可得捕捞业的总利润为：

$$TR = \frac{r}{2q}\left(\frac{qVP_H}{2} - A^{-1} S P_K^{\alpha} P_L^{1-\alpha}\right) \tag{5-31}$$

至此，我们已经通过引入 Cobb－Douglas 生产函数作为近海捕捞努力量的生产函数，完成了 Gordon－Schaefer 模型下最大生物产出均衡的求解。得到了渔业资源存量、近海捕捞努力量、要素投入量和捕捞业总利润的长期均衡表达式（5－19）至式（5－24）。由上述均衡式可发现，MSY均衡下的表达式与自由进入渔业均衡及MEY均衡表达式相比，简单了许多。这主要是由于在MSY均衡下，垄断者在决策过程中无须考虑经济因素，仅从生物环境特性出发即可确定最优的资源存量、捕捞努力量与捕捞量，要素投入量与利润量可随之确定。

（二）比较静态分析

下面分析要素价格、技术进步、要素弹性等外生参数在其他条件不变时对于各经济均衡量的影响。同前两节相似，比较静态的结果利用两种方法得到，对于外生参数与均衡量之间关系相对简单的情形，利用将式（5－26）至式（5－31）分别对各外生变量求偏导数的方法得到。对于外生参数与均衡量之间关系比较复杂，难以利用求导方式求得时，利用数值分析方法得到。表5－3比较静态分析将所有结果汇总在一起，并同样将9个外生参数分为生物环境特性、市场交易特性和捕捞技术特性三类。

表5－3 最大生物产量均衡的比较静态分析

外生参数 / 内生变量	生物环境特性			市场交易特性			捕捞技术特性		
	r	V	q	P_H	P_K	P_L	A	α	β
X_e	0	+	0	0	0	0	0	0	0
E_e	+	0	－	0	0	0	0	0	0
H_e	+	+	0	0	0	0	0	0	0
K_e	+	0	－	0	－	+	－	倒U	倒U
L_e	+	0	－	0	+	－	－	倒U	倒U
TR	+	+	+	+	－	－	+	U形	U形

注：0表示无影响、+表示正向影响、－表示负向影响。

由于在MSY均衡下垄断者仅从生物环境特性出发，即可确定最优的资源存量X_e、捕捞努力量E_e与捕捞量H_e，因而市场交易特性与捕捞技术特性对上述三个内生变量均无影响。均衡的资源存量X_e仅与环境容量V有关且为其一半，这是由Logistic模型描述的渔业资源存量的变动规律所决定，资源量的增长在存量达到环境容量一半时最大。捕捞努力量由每期资源增长量决定，资源内在增长率r越大，则每期的增长量越大，因而需要更大的捕捞努力量。可捕系数q决定了渔业资源易捕捞程度，显然易捕捞程度越大，所需捕捞努力量越小。根据式（5－8）给出的 E_e 和 X_e 的长期均衡关系，当 X_e 为 V 特定比例时，V 可被抵消掉，因而捕捞努力量与环境容量无关。资源内在增长率 r 与环境容量 V 越大，则每期的资源增长量会越大，与之相等的捕捞量 H_e 也越大。可捕系数 q 与捕捞量 H_e 并无影响，是由于在 MSY 均衡下，无论捕捞难度大或小都需要把新增资源量完全捕捞。

生物环境特性对于要素投入 K_e、L_e 的影响与其对捕捞努力量 E_e 的影响完全一致，这显然是由于要素投入量是由捕捞努力量决定。市场交易特性对要素投入量影响很直观，捕获物价格 P_H 并不影响要素投入，这是由于进行捕捞决策时并未考虑价格因素。此外，更高的要素投入价格 P_K、P_L 抑制了要素投入量，反之则会促进要素投入。技术水平 A 越高，同等要素投入下产量会越高，而这会抑制要素投入量。

生物环境特性与市场交易特性对于总利润 TR 的影响非常直观。资源内在增长率 r 与环境容量 V 越大，则每期资源新增量与捕捞量越大，收入越高；可捕系数 q 越高，则捕捞成本越低，增加了利润。市场交易特性中，捕获物价格 P_H 越高，则收入越高，要素投入价格 P_K、P_L 越高，则成本越高，都直接影响了利润。技术水平 A 越高，同等成本下产值会越高，利润增加。对式（5－5）分析可知，随 α 增加，捕捞成本先上升后下降，进而使总利润 TR 先下降后上升，呈现 U 形。

（三）总结

本节通过引入 Cobb－Douglas 生产函数，对经典 Gordon－Schaefer 模型在垄断进入下的 MSY 均衡进行了拓展，着重分析了均衡的影响因素。由于 MSY 均衡的决策过程无须考虑经济与技术性因素，因而与自由进入渔业经济均衡及 MEY 均衡有较大的差异。MSY 是实践中很多国家对渔业进行 TAC 管理的总量依据，对其完整理解有助于实践中更有效的政策制定。事实上，仅从 TAC 管理所需的可捕总量数据而言，本节的拓展并不必要。但本节给出了 MSY 均衡下最优的要素投入量和利润量，可作为实践中检验要素投入是否过量、经济绩效是否合理等政策绩效考察的依据。

七、三种均衡的比较分析

以下对自由进入渔业经济均衡、垄断占有下的最大经济产出均衡（MEY）

及最大可持续产出均衡（MSY）得到的各均衡结果进行比较分析。为便于查看，表5-4将各均衡量总结在一起：

表5-4 三种均衡的比较分析

均衡状态 / 内生变量	自由进入渔业经济均衡	最大经济产出均衡（MEY）	最大可持续产出均衡（MSY）
X_e	$\frac{SP_K^{\alpha}P_L^{1-\alpha}}{qAP_H}$	$\frac{qP_HV+A^{-1}SP_K^{\alpha}P_L^{1-\alpha}}{2qP_H}$	$\frac{V}{2}$
E_e	$\frac{r}{q}\left(1-\frac{SP_K^{\alpha}P_L^{1-\alpha}}{qAP_HV}\right)$	$\frac{r}{2q}\left(1-\frac{SP_K^{\alpha}P_L^{1-\alpha}}{qAP_HV}\right)$	$\frac{r}{2q}$
H_e	$\frac{rSP_K^{\alpha}P_L^{1-\alpha}}{qAP_H}\left(1-\frac{SP_K^{\alpha}P_L^{1-\alpha}}{qAP_HV}\right)$	$\frac{r}{4}\left[V-\frac{(SP_K^{\alpha}P_L^{1-\alpha})^2}{A^2q^2P_H^2V}\right]$	$\frac{rV}{4}$
K_e	$\frac{r}{qA}\left(\frac{\alpha}{(1-\alpha)}\right)^{1-\alpha}$ $P_K^{\alpha-1}P_L^{1-\alpha}\left(1-\frac{SP_K^{\alpha}P_L^{1-\alpha}}{qAP_HV}\right)$	$\frac{r}{2qA}\left(\frac{\alpha}{(1-\alpha)}\right)^{1-\alpha}$ $P_K^{\alpha-1}P_L^{1-\alpha}\ (1-\frac{SP_K^{\alpha}P_L^{1-\alpha}}{qAVP_H})$	$\frac{r}{2qA}\left(\frac{\alpha}{(1-\alpha)}\right)^{1-\alpha}P_K^{\alpha-1}P_L^{1-\alpha}$
L_e	$\frac{r}{qA}\left(\frac{\alpha}{(1-\alpha)}\right)^{-\alpha}$ $P_K^{\alpha}P_L^{-\alpha}\ (1-\frac{SP_K^{\alpha}P_L^{1-\alpha}}{qAP_HV})$	$\frac{r}{2qA}\left(\frac{\alpha}{(1-\alpha)}\right)^{-\alpha}$ $P_K^{\alpha}P_L^{-\alpha}\ (1-\frac{SP_K^{\alpha}P_L^{1-\alpha}}{qAP_HV})$	$\frac{r}{2qA}\left(\frac{\alpha}{(1-\alpha)}\right)^{-\alpha}P_K^{\alpha}P_L^{-\alpha}$
TR	0	$\frac{r\ (qVP_H-A^{-1}SP_K^{\alpha}P_L^{1-\alpha})^2}{4q^2VP_H}$	$\frac{r}{2q}\left(\frac{qVP_H}{2}-A^{-1}SP_K^{\alpha}P_L^{1-\alpha}\right)$

注意到各均衡量表达式中多次出现 qVP_H。其中 qV 是可能的最大渔获量，乘以价格则将其变成价值。因而 qVP_H 可称为渔业资源环境容量价值，也即海洋渔业能够提供给捕捞者可能的最大价值。

比较三个均衡下的资源存量容易看出，最大经济产出均衡资源存量大于最大可持续产出均衡下的资源存量。为比较自由进入渔业均衡与最大经济产出均衡下的资源存量大小，将最大经济产出均衡下的资源存量式变形为：

$$X=\frac{qP_HVA+SP_K^{\alpha}P_L^{1-\alpha}}{2qAP_H} \tag{5-32}$$

只有当 $qP_HVA>SP_K^{\alpha}P_L^{1-\alpha}$ 时，才有式（5-32）大于自由进入渔业均衡下的资源存量式。观察自由进入渔业均衡下的捕捞努力量式可发现，只有 $qP_HVA>SP_K^{\alpha}P_L^{1-\alpha}$ 时，该努力量才为正。因而只要渔业经济系统的参数使自由进入渔业努力量为正（即渔业捕捞有利可图），则满足式（5－32），最大经济产出均衡下的资源存量大于自由进入渔业均衡下的资源存量。但在自由进入渔业均衡与最大可持续产出均衡下，哪一个资源存量更高则取决于参数取值。

比较捕捞努力量的三个均衡式可发现，最大经济产出均衡量正好为自由进入均衡量的一半，并且小于最大可持续产出均衡量。但自由进入均衡量与最大可持续产出均衡量之间大小关系不定，取决于具体参数取值，这与基本的Gordon－Schaefer模型结论一致（Tietenberg和Lewis，2011）。与捕捞努力量的比较结果相似，最大经济产出均衡下的劳动与资本要素投入量也是自由进入均衡下劳动与资本要素投入量的一半，这是由于在Cobb－Douglas生产函数下，要素需求量为式（5－6）、式（5－7）决定的捕捞努力量的比例函数。此外，最大经济产出均衡下的要素投入量也小于最大可持续产出均衡下的要素投入量。但自由进入均衡量与最大可持续产出均衡量之间大小关系也不确定，取决于具体参数取值。

对于捕获量，易看出最大经济产出均衡下的值小于最大可持续产出均衡下的值。而自由进入渔业均衡下的捕捞量与这两者相比也无法直接判断大小，而是依赖参数具体取值。对于总利润 TR，显然最大经济产出均衡下的利润量最大，但最大可持续产出均衡下的利润量并不必然大于0，如渔获物价值过低，其总利润还可能小于0。当然，由于人们总是趋利避害，总利润小于等于0的渔业也不会有人去开发。

八、不足与展望

本章利用Cobb－Douglas生产函数对经典的渔业生物经济模型Gordon－Schaefer进行了拓展，通过将捕捞努力量以Cobb－Douglas生产函数表示，将要素价格、弹性、技术进步等因素引入Gordon－Schaefer模型，得到了自由进入均衡、垄断占有的最大经济产出均衡、垄断占有的最大可持续生物产出均衡等结果，并进行了细致的比较静态分析，为进一步的理论研究和政策制定奠定了基础。对本章模型还可做进一步的拓展，一是本章模型只研究了自由进入渔业和垄断进入渔业的经济均衡，未来还可将模型拓展至不同类型的限制进入渔业情况；二是本章仍是静态模型，如果能从动态角度对模型进行拓展，则其解释能力和适用范围会更大；三是 Cobb – Douglas 生产函数假设技术中性、规模报酬不变及要素替代弹性为 1，虽相对简洁，但在分析某些问题时受到一定限制，因而对于捕捞努力量的生产，或可采用更多种类的生产函数来刻画。

第六章　中国近海捕捞业生产的随机前沿分析

——基于省级面板数据

一、引言

国内现有研究对渔业生产率及技术效率指标进行了核算和分解，对指标演变及影响因素进行了探讨。这些研究多将渔业作为一个整体加以研究，但是构成渔业经济主体的水产养殖、近海捕捞、远洋捕捞、水产加工等部门经济之间，其投入产出的技术特性与所面临的资源环境特点有很大不同。将整体渔业作为对象研究其生产率问题，抹杀了不同生产部门之间的特性，不利于发现每个生产部门的内在规律与问题，难以提出更具针对性的对策。从研究方法来看，国内对于渔业生产率的研究都采用了 DEA 方法，还没有文献采用当前国际流行的 SFA 方法进行研究。海洋捕捞业生产过程的一大特点，是受天气、环境、资源状况等各方面随机因素的影响较大。相对于 DEA 方法，SFA 方法能够排除随机因素的干扰，并能对各种测算结果进行统计上的显著性检验，因而具有独特的优势。本章利用 SFA 方法，研究了 1996 ~ 2012 年我国近海捕捞业的技术进步率与技术效率，以技术进步率的测算值推测了我国近海渔业资源的衰退速度，并分析了沿海省份技术效率指标发展演变的趋势及省域差异，对其成因进行了探讨。目的是认清我国近海捕捞业生产力发展与近海渔业资源变动的现状与内在规律，为今后改进和制定渔业经济发展与规制的各项政策提供量化依据。

二、近海捕捞业 SFA 模型

随机前沿函数（SFA）模型最早由 Aigner、Lovell 和 Schmide（1977）以及 Meeusen、Vabden 和 Broeck（1977）提出。基本原理是将传统回归分析得到的生产函数，分解为生产函数前沿面和技术效率两部分，前者描述一定投入要素组合与最大产出之间的关系，后者则为单个生产者的实际产出与前沿产出的差距，用以反映不同单位运用生产要素的有效程度。Battese 和 Coelli（1992）进一步建立了基于面板数据的 SFA 模型，可以对技术进步率与时变技术效率进行分析，本章以该模型为基础展开研究。近海捕捞业是对渔业资源的采集，捕捞产量是对既定渔业资源存量施加一定的捕捞努力量得到的。因而除了资本、人力等捕捞生产要素投入外，渔业资源存量也决定了捕捞产出量。捕捞业生产函数一般可表述为 $Y=qES$，其中 E 是捕捞努力量，S 是渔业资源存量。参数 q 为可捕系数，是单位捕捞力量所能捕获渔业资源数量占渔业资源总数量的比值，取值范围为（0，1）。遵循 Hannesson（1983），本节利用柯布—道格拉斯生产函数刻画捕捞努力量的生产，并以此为基础对我国沿海各省份的近海捕捞业技术效率水平进行测定。具体的研究模型如下：

$$Y_{it}=A(t)K_{it}^{\alpha}W_{it}^{\theta}L_{it}^{\beta}S_{it}e^{v_{it}-u_{it}} \tag{6-1}$$

式中，Y_{it}、K_{it}、W_{it}、L_{it}、S_{it}分别是 i 省第 t 年的近海捕捞业的产出、渔船功率、渔船吨位、劳动投入以及渔业资源存量水平。α、θ、β 分别为功率、吨位和劳动的产出弹性。$A(t)=e^{\tau+\omega t}$为第 t 年近海捕捞业的前沿技术进步水平，τ为基年的前沿技术进步水平，ω 为前沿技术进步率。由于可捕系数 q 反映了由生物、环境特性决定的渔业资源易捕捞程度，在我国沿海各省份海域间及不同年份间差异不显著，故而分析中将其省略。对（6-1）式两边取对数得：

$$\ln Y_{it}=\tau+\omega t+\alpha\ln K_{it}+\theta W_{it}+\beta\ln L_{it}+\ln S_{it}+v_{it}-u_{it} \tag{6-2}$$

式中，随机项 $v_{it}-u_{it}$为复合扰动项，其中 v 为随机干扰项，代表各种随机因素对于随机前沿面的影响，v_{it}独立同分布于 N（0，σ_v^2）且与 u_{it}独立。u_{it}可表示为：

$$u_{it}=u_i exp(-\eta(t-T)) \tag{6-3}$$

式中，u_i 是非负随机变量，并假设其独立同分布于 0 处截尾正态分布 N

(μ, σ_u^2)。在投入产出均为对数变量的情况下，生产单元 i 在 t 时期的技术效率可表示为：

$$TE_{it} = \exp(-u_{it}) \tag{6-4}$$

式中，u_{it} 由式（6－3）给出。TE 测量了某个生产单元的产出与具有同样投入向量的完全有效率的生产单元的产出之比。若 $u_{it}=0$，则 $TE_{it}=1$，表明此时该生产单元的投入产出位于生产前沿面上，即处于技术效率状态，投入产出处于最优化状态；若 $u_{it}>0$，则 $0<TE_{it}<1$，表明此时该生产单元的投入产出位于生产前沿面之内，即处于技术无效率状态，存在维持产出不变消减投入或维持投入不变增加产出的可能性。式（6－3）表明允许技术效率随时间改变，η 是待估计的参数，反映单位时间技术效率改变的比率。η 大于 0 表示技术效率随时间演进提升，η 小于 0 则表示技术效率随时间演进降低。

在式（6－2）中，近海捕捞业产量、渔船功率与吨位投入、劳动投入等数据都能从现有统计年鉴中取得或估算，但我国没有各省域或各海区的渔业资源存量的调查统计数据①，因而无法将其纳入计量分析中，这会导致计量分析出现遗漏变量问题，以下对该问题的影响做简要分析。如果近海渔业资源存量 S_{it} 变量缺失，则它对被解释变量的影响会通过回归方程中其他各变量的系数间接体现出来，导致其他系数估计有偏。其均值会影响截距项，不过截距项本身并非本节关注重点。其随时间变动的趋势性会体现在技术进步率 ω 上，如果我国海洋渔业资源总体存在衰退趋势，则会使 ω 低估。根据渔业经济有关理论，资本、劳动等生产要素投入量主要受产出价格、投入成本、渔业资源存量的水平及其内在增长率等多种因素影响，要素投入与资源存量间会存在一定正相关性，加之资源存量 S_{it} 本身对捕捞业产量有正向影响，因而如果其数据缺失，会使 α、θ、β 高估，但程度不会太大。资源存量数据离散性的影响可分为两部分：由外生随机性影响的部分会增大扰动项从而降低分析精度；由不同省（市、区）、不同年份资源存量水平的差异造成的影响会体现在技术效率项上。因而由本节数据估算的技术效率，除了反映各省份对捕捞业生产诸要素运用的优化水平，还反映了该省的资源存量水平。两省之间，即使对生产要素的优化运用水平相同，资源存量水平高的省份也会体现出较高的技术效率。概括来看，虽然计量分析中缺失了资源存量数据，但它对计量结果的影响可事先估

① 事实上，对渔业资源做全面系统的调查评估极困难，更谈不上有全面的统计数据。渔业资源调查与评估本身即为当前重要的研究问题，目前研究基本上是对某鱼种或某渔区较短时期内的资源状况做调查与估算，较少有对整个海区渔业资源的评估。这使我们不得不在缺失资源存量数据的情况下做计量分析。

计。在后文中可看到，结合其他有关实证研究的信息仍能够依据本节实证结果得到有经济意义的结论。

三、数据来源

本节选择了天津、河北、辽宁、上海、江苏、浙江、福建、山东、广东、广西、海南共11个沿海省（市、区）作为样本。由于1996年前后统计年鉴的统计口径差异较大，因而在时期跨度上，我们选取了1996～2012年共17年的数据。所有数据均来源于相应年份的《中国渔业统计年鉴》。

（一）产出水平 Y_{it}

2008年之前的数据，采用“沿海省市自治区海洋捕捞产量”减“远洋渔业总产量”，作为各省（市、区）的近海捕捞业产出水平的指标值。自2008年之后远洋渔业产量值单列，因此直接取“沿海各地区海洋捕捞产量”。

（二）总吨位 W_{it}

采用沿海地区“生产渔船”总吨位减“远洋渔船”总吨位作为近海捕捞渔船总吨位数据。在2003年之后的统计年鉴中，“生产渔船”进一步分类为“捕捞渔船”与“养殖渔船”，因此2003年后以“捕捞渔船”总吨位减“远洋渔船”总吨位作为投入指标值①。此外，自2008年后远洋渔船总吨位数据不在年鉴统计范围内，由于远洋渔船功率与渔船吨位保持相对固定的比例关系，因而利用统计年鉴中的远洋渔船功率数据对2008～2012年远洋渔船总吨位进行估算②，再将其从“捕捞渔船”总吨位中减去，作为对近海捕捞渔船总吨位的估算。

（三）总功率 K_{it}

采用沿海地区“生产渔船”总功率减“远洋渔船”总功率作为近海捕捞

① 2003年之前，海水养殖业发展程度相对较低，所需渔船不多。并且养殖所需渔船多为小船，总吨位和总功率低，因而此时的“生产渔船”数据中“养殖渔船”总吨位比例极小，不另作估算处理。如2003年福建养殖渔船从数量上占生产渔船比例为29.8%（比重最大的省），但总吨位占比仅为5%。

② 渔船功率指标测算的是推动渔船前进的主机功率，渔船功率的设计与吨位直接相关。利用1996～2007年远洋渔船各省总吨位与总功率数据，可得两者相关系数为0.88且统计显著。远洋渔船的平均吨功率（功率/吨）为1.85，本节即利用这一关系对远洋渔船总吨位进行估算。

渔船总功率数据。2003 年后统计年鉴中“生产渔船”进一步分类为“捕捞渔船”与“养殖渔船”，因此 2003 年后以“捕捞渔船”总功率减“远洋渔船”总功率作为投入数据。

（四）劳动投入 L_{it}

采用沿海“捕捞专业劳动力”减去“远洋渔业从业人员”作为劳动投入指标值。但自 2008 年后，远洋渔业从业人员数不在统计范围。在一定技术水平下，渔船吨位与船员人数的关系相对稳定，根据对 1997 ~ 2007 年的数据测算，远洋渔船每 100 吨平均需要 6.1 人进行操作。本节在对远洋渔船吨位估计的基础上，利用吨位与人数的这一关系对 2008 ~ 2012 年远洋渔业从业人员数量进行估算。

（五）缺失值的处理

根据统计年鉴编辑说明，各表中的“空格”表示该项统计指标数据不足本表最小单位数、数据不详或无该项数据。对于“不足本表最小单位数”及“无该项数据”的情况，在数据处理中直接取 0。对于“数据不详”数据，采用插值法补充，即以该省（市、区）前后两年有关数据取均值作为当年数据。

由于统计年鉴前后指标不一致，2008 年后远洋渔船总吨位与劳动力投入指标值需要估算。不过由于我国海洋捕捞产业仍以近海为主，远洋渔业无论从人员数还是吨位数所占比重均较小，再经过上述估算处理，可认为统计误差对生产率核算所造成的影响比较小。另须指出的是，2006 年的数据有两个来源：一是 2007 年年鉴；二是由 2008 年年鉴给出的“上一年”数据，两者并不一致。2008 年年鉴给出的数据是 2006 年全国农业普查之后的数据，更准确，因此本节采用这一数据。图 6 - 1 展示了按上述方法收集整理后 1996 ~ 2012 年我国近海捕捞业的各项投入产出总量数据。

我国于 2006 年进行了第二次全国农业普查，并对 2006 年渔业统计数据进行了调整。由图 6 - 1 可见，2006 年前后捕捞量、总功率、总吨位等数据发生大幅波动，统计政策变动导致数据前后不具可比性。因而在后文的实证分析中，将以 2006 年为分界点，分 1996 ~ 2005 年以及 2006 ~ 2012 年两个时段进行计量分析。此外由图 6 - 1 可见，近海捕捞总量自 2006 年来呈单调增长趋势，年均增长率为 1.83%，而同期近海捕捞渔船的总功率、总吨位也呈缓慢增长趋势，显示“双控”政策仍需进一步严格落实。

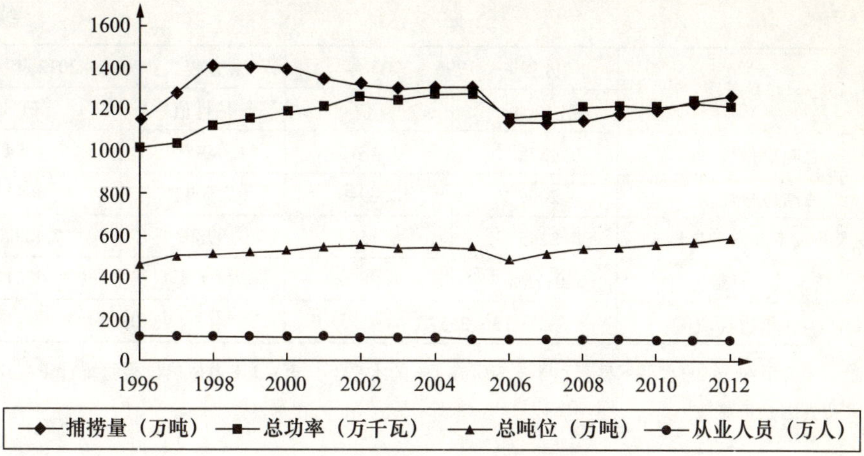

图 6－1　1996～2012 年中国近海捕捞业投入产出总量

四、实证结果及分析

（一）模型估计及参数检验

利用上述数据，本节运用 Frontier（Version4.1）程序分 1996～2005 年与 2006～2012 年两个时段对模型（6－2）进行了估计，两个样本回归方程各参数估计及其检验结果由表 6－1 给出。

表 6－1　1996～2012 年近海捕捞业随机前沿生产函数估计

参数	方程一：1996～2005 年		方程二：2006～2012 年	
	估计值	t 值	估计值	t 值
截距项 τ	－0.1701	－0.2249	－0.9717	－1.5334
技术进步率 ω	－2.5178% *	2.4784	－3.9132% **	－3.4328
总功率弹性 α	0.4919 **	3.0187	－0.1715	－1.1071

续表

参数	方程一：1996～2005 年		方程二：2006～2012 年	
	估计值	t 值	估计值	t 值
总吨位弹性 θ	0.4372 **	3.4315	1.0495 **	7.4884
劳动力弹性 β	0.2009 **	2.6940	0.3509 **	3.9691
技术非效率项方差比例 γ	0.8245 **	8.1558	0.9780 **	57.8265
技术效率趋势 η	3.0178% *	1.9809	6.2886% **	2.6851
LR test（单边扰动项）	136.2557 ***		98.0554 ***	

注：*表示在5%的水平下显著、**表示在1%的水平下显著；LR为似然比检验统计量，用于检验技术非效率是否显著。

1. 技术非效率项检验

从表（6－1）估计结果看，两方程的 γ 值分别为0.82和0.98，并在1%的水平上显著，表明两方程复合扰动项方差中的绝大部分来自技术非效率项。两方程对于技术非效率的似然比检验同样在1%的水平显著。这些检验结果表明模型中技术非效率项显著存在，因而对生产函数的分析应当采用随机前沿模型。对各变量参数的检验基本在5%的水平下显著，模型整体识别能力良好。

2. 资本与劳动投入

两个方程中总功率弹性与总吨位弹性之和显著大于劳动力弹性，表明在我国近海捕捞业生产增长中，由捕捞渔船构成的资本投入居于主导地位。但方程二中，总功率弹性为负值，这与方程一有所不同。这表明近年来近海捕捞渔船总功率投入相对过剩，总功率投入多的省份捕捞量并不一定多，但这一结果并不显著。两个方程各生产要素生产弹性之和分别为1.13和1.23，略高于1，似乎显示近海捕捞业存在规模报酬递增。但前文所述由于资源存量数据缺失会导致要素投入弹性值高估，因而不能做这一认定。事实上，近海捕捞生产主要以单船为单位，渔船之间不存在成规模的相互影响，近海捕捞应当表现出规模报酬不变。

3. 技术进步与技术效率

两个方程中前沿技术进步率分别为－2.52%和－3.91%，且均统计显著。直观地看，表明近海捕捞业存在技术退步。但由于近海渔业资源存量数据的遗漏，这一系数会存在低估。技术效率趋势分别为3.02%和6.29%，值为正且统计显著，表明两个时段内，沿海诸省份近海捕捞业的技术效率不断上升。

（二）技术进步率与技术效率分析

1. 技术进步率分析

在捕捞业中，渔业技术、捕捞方法的科技研发和推广，渔船的升级换代，劳动力教育水平与经验的提升，信息技术发展带来导航通信能力提升等技术进步驱动因素，都会促进技术进步率提升。一般而言，随着经济社会发展与科技的进步，某一经济部门的技术水平应当不断提升，表现出正的技术进步率。这在对我国沿海渔业、全国渔业、农业以及国民经济总体的同类实证研究中得到了反复验证。有代表性的如：于淑华和于会娟（2012）对2002~2009年包括海洋捕捞与海水养殖在内的沿海渔业估算出的技术进步率为3.7%；席利卿和彭可茂（2010）对1999~2007年包括捕捞与养殖在内的全国渔业估算出的技术进步率为5.5%；周端明（2009）对1978~2005年我国农业整体估算的技术进步率为1.7%[①]；而李谷成（2009）对同期我国农业整体估算的技术进步率为4.3%；张砚杰和王晓兵（2012）对1979~2008年我国农业整体估算的技术进步率为4.7%；张健华和王鹏（2012）对1979~2010年我国整体经济估算的技术进步率为4.15%。海洋捕捞业作为我国农业与整体国民经济的一部分，技术水平也应当随经济发展不断提升。然而本节估算的近海捕捞业的技术进步水平不但没有上升，反而显著下降，其原因应当在于资源存量数据缺失带来的技术进步率估计值有偏。

在前面论述中我们指出，由于资源存量数据缺失，其随时间变动的趋势性会体现在时间变量的系数，也即技术进步率 ω 上。如果这一趋势为负，则会使技术进步率 ω 低估。由此可以反向推测，假如我国渔业技术进步率为0，则1996~2005年近海渔业资源存量年递减率为2.52%左右，而2006~2012年的年递减率进一步增加为3.91%，渔业资源衰退的速度在加快。考虑到大量对我国渔业、农业、国民经济总体估算的技术进步率为1.7%~5.5%，我们认为我国近海捕捞业的技术进步率也应大致在这一范围内。以此推测，2006~2012年我国近海渔业资源存量年衰退率应在5.6%~9.4%。近年来，近海捕捞量略有提升的趋势是由于捕捞努力量的不断增加，长期而言会由于资源衰竭而难以持续。

2. 技术效率分析

技术效率反映了生产单位对生产要素利用的效率水平，技术效率低则表明

① 这是笔者所收集的同类文献中对农业技术进步率估计最低的一个值。

生产要素存在浪费或过剩。一般而言随着时间演进，先进捕捞技术会扩散，各地区先进的渔业管理措施会交流，各生产单位运用投入要素的经验会积累，各生产单位的技术效率应当不断上升。表6－1显示，1996～2005年及2006～2012年两个时段技术效率趋势项分别为3.02%和6.29%，均为正值且统计显著，正是反映了沿海省份近海捕捞业总体技术效率不断上升的趋势。2006～2012年沿海省份技术效率水平及描述性统计由表6－2给出。

表6－2　2006～2012年近海捕捞业技术效率分省估计

省（市、区）	2006年	2007年	2008年	2009年	2010年	2011年	2012年	均值	排名
山东	0.954	0.956	0.959	0.961	0.964	0.966	0.968	0.961	1
天津	0.933	0.937	0.940	0.944	0.947	0.950	0.953	0.944	2
广西	0.916	0.921	0.926	0.930	0.934	0.938	0.942	0.930	3
海南	0.892	0.898	0.904	0.910	0.915	0.920	0.925	0.909	4
河北	0.814	0.824	0.834	0.843	0.852	0.860	0.868	0.842	5
福建	0.761	0.774	0.786	0.798	0.809	0.819	0.829	0.797	6
江苏	0.755	0.768	0.780	0.792	0.803	0.814	0.824	0.791	7
辽宁	0.542	0.563	0.583	0.602	0.621	0.639	0.657	0.601	8
广东	0.471	0.493	0.515	0.536	0.557	0.577	0.597	0.535	9
浙江	0.385	0.408	0.431	0.453	0.476	0.498	0.519	0.453	10
上海	0.226	0.248	0.270	0.292	0.315	0.338	0.361	0.293	11
年平均	0.695	0.708	0.721	0.733	0.745	0.756	0.768	0.732	

从各省（市、区）近7年平均技术效率值来看，山东、天津、广西等地较高，而上海、浙江、广东等地较低。技术效率最高的山东与最低的上海相差3倍多。进一步测算可知各地技术效率均值的离差为0.668，变异系数为0.31，反映出各地技术效率近7年均值之间有较大差距。对2006年与2012两年各地技术效率值做同方差的Levene检验，得到P值为0.392，无法拒绝方差相同的零假设，即可认为这段时期内技术效率值的离散程度基本相同，各地之间技术效率并没有表现出明显的收敛趋势。

图6－2将沿海各地近海捕捞业的技术效率与总功率结合在一起进行比较。图中虚线分别代表技术效率与总功率均值所在位置，这两条虚线将图像分为四个区域。位于下方Ⅰ、Ⅲ区域中的省（市、区），近海捕捞业技术效率低于均值，表明其近海捕捞能力相对过剩。尤其是位于区域Ⅰ的广东、浙江两省，技

术效率远低于均值，而近海捕捞业总功率最大，两者之和占全国近海捕捞业总功率的44.2%，应当作为捕捞能力消减的重点省（市、区）。

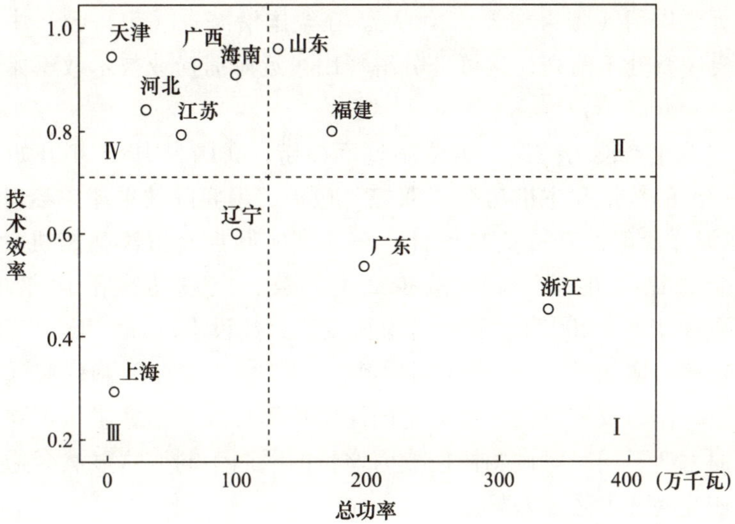

图6－2 2006～2012年沿海各地近海捕捞业平均技术效率及总功率

3. 技术效率影响因素分析

以省级数据核算的技术效率，反映了省级生产单位运用各种投入要素的优化水平与配置效率。其中最基础的决定因素是基层生产单位如单船、船队、渔业企业的生产运作效率。相对而言，近海捕捞业是一个技术含量不高，进入门槛较低的行业。从单船的水平上看，可能由于不同船长的经验差异会带来不同的捕捞绩效，但从省级生产单位来看，各省（市、区）之间渔业捕捞技术和运作管理应当不存在显著差异，因而不是影响各省（市、区）技术效率差异的主要因素。影响省级近海捕捞业技术效率的因素主要包括以下三个方面：

（1）渔业资源存量水平。由于资源存量数据缺失，各省（市、区）渔业资源存量的差异会体现在技术效率值上，同样要素运用水平下，资源存量高的省（市、区）会表现出较高的技术效率。从全国范围看，普遍存在捕捞能力过剩，海洋环境污染加剧，近海渔业资源衰竭等情况。自2006年国务院颁布《中国水生生物资源养护行动纲要》后，各地区均加大了海洋生态资源修复力度，普遍采用了增殖放流、人工鱼礁建设、伏季休渔、控制陆源污染、建立保护区等措施，取得了一定的效果。增殖放流是减轻渔业资源衰竭最直接的手段。以山东为例，山东增殖放流活动始于20世纪80年代，大规模的增殖放流活动主要集中在《山东省渔业资源修复行动规划》正式实施之后。迄今为止放流品种已达18余种，取得了显著的生态和经济效益，对山东近海渔业资源恢复发挥了重要作用（张秀梅等，2009）。在全国沿海省（市、区）中，山东增殖放流规模一直处于前列，这可部分解释山东近海捕捞业技术效率始终处于全国首位。

（2）过剩生产能力控制。为限制过度捕捞，我国自1987年开始对海洋捕捞渔船实行渔船数量和主机功率“双控”政策，但实际效果却并不理想。如根据2006年海洋渔船的普查资料统计，东海区实际拥有海洋捕捞机动渔船8.7万艘，渔船数比“九五”期末减少2.1万艘，但总功率平均年增长率为4.54%（张秋华等，2007）。其中舟山虽然船只数没有增加，但从1980~2005年渔船总功率却增加了4.46倍（刘舜斌，2007）。“双控”制度实施几乎没起到控制作用，作为双控重要内容的全国渔船功率总数不断膨胀。不同地区执行双控政策的力度不同，对过剩捕捞能力增长的限制不同，这显然会造成不同地区近海捕捞业的技术效率差异。

（3）渔业经济综合发展水平。以省级数据核算的技术效率除了反映出最基层生产单位如单船、船队的生产运作效率，更多地反映了一省（市、区）内渔业经济、管理、渔政服务等的综合发展水平，如订单处理、分销、物流、仓储、水产品交易、融资等市场因素发展水平，渔村治理、渔业企业管理、各类渔政管理、保渔业险等渔业管理水平，天气预报、鱼汛探测、紧急救援、技术开发与转让、种苗培育等渔政服务功能发展水平。这些因素综合在一起，共同影响了各省（市、区）的近海捕捞业技术效率。

五、结束语

本章利用随机前沿分析对我国近海捕捞业的生产率进行了分析，着重探讨了估算的技术进步率和技术效率的经济与政策含义。研究所受客观局限在于，近海渔业资源存量没有统计数据，造成对技术进步率与技术效率的测算中无法排除资源存量变动的影响，弱化了实证结果的经济含义和政策指导价值。此外，由于不同年份年鉴数据统计项目与统计口径有所差别，有些数据需要估算，这也影响了分析的精度。主要不足之处包括：①对于技术效率只考虑了其平均趋势。不同时期的技术效率的演化趋势可能会发生变化，对其演化趋势还需要更细致的测算。②只从定性角度对技术效率影响因素进行探讨。应当利用量化分析手段，进一步深入分析技术效率的影响因素，以对近海捕捞业技术效率的发展变化规律有更深入的认识。本章所提供的证据还较单薄，基于这些结果所提出的政策建议还有待进一步深入探讨和全面论证。积累证据，探索规律，切实控制我国近海过剩捕捞能力，实现可持续发展。

第七章　中国近海捕捞业技术效率影响因素分析

——基于捕捞能力控制视角

一、引言

现有文献对海洋渔业生产率进行了核算和分解，对指标演变规律和趋势也进行了探讨，但是对于近海捕捞业技术效率的影响因素，尤其是当前我国渔业管理中的一些主要政策对于近海捕捞业技术效率的影响，还没有文献关注。本章利用随机前沿分析方法（Stochastic Frontier Analysis，SFA）和2008～2011年的省级面板数据，研究了我国近海捕捞业的技术效率及其影响因素，重点探讨了近海捕捞渔船总吨位与总功率零增长的“双控”政策、渔业生产补贴等现行渔业政策对于技术效率的影响，目的是认清我国近海捕捞业生产力发展与近海渔业资源变动的现状与内在规律，厘清现有政策的经济效果，为今后改进和制定渔业经济发展与规制的各项有关政策提供量化依据。

二、基本模型

（一）前沿函数设定

随机前沿函数（SFA）模型最早由 Aigner、Lovell 和 Schmide（1977）以及

Meeusen、Vabden 和 Broeck（1977）提出。基本原理是将传统回归分析得到的生产函数，分解为生产函数前沿面和技术效率两部分。前者描述一定投入要素组合与最大产出之间的关系，后者则为单个生产者的实际产出与前沿产出的差距，用以反映不同单位运用生产要素的有效程度。Battese 和 Coelli（1995）提出了考虑影响技术效率因素的模型，通过将技术非效率的分布均值假设为各种影响因素的函数，将技术非效率值和影响技术效率的因素在一个模型中估计出来。本节以该模型为基础开展研究。利用柯布—道格拉斯生产函数刻画近海捕捞业，回归方程形式如下：

$$\ln Y_{it} = \tau + \omega t + \alpha \ln K_{it} + \theta W_{it} + \beta \ln L_{it} + v_{it} - u_{it} \quad i = 1, \cdots, N, \ t = 1, \cdots, T \tag{7-1}$$

式中，Y_{it}、K_{it}、W_{it}、L_{it}分别是 i 省（市、区）第 t 年的近海捕捞业的产出、渔船功率、渔船吨位以及劳动投入量。α、θ、β 分别为功率、吨位和劳动的产出弹性；t 为时间变量，ω 为时间变量的系数，其经济含义为前沿技术进步率。$v_{it} - u_{it}$为复合扰动项，其中 v_{it}为随机干扰项，代表各种随机因素对于随机前沿面的影响，v_{it}独立同分布于 N（0，σ_v^2）且与 u_{it}独立。u_{it}是非负随机变量，反映 i 省（市、区）第 t 年的技术无效水平，u_{it}独立同分布于 N^+（m_{it}，σ_v^2）。其中 m_{it}为技术无效函数：

$$m_{it} = \delta z_{it} \tag{7-2}$$

式中，z_{it}为 $p \times 1$ 阶解释变量向量，反映影响技术效率的各种因素，将在下文详述。δ 为 $1 \times p$ 阶参数向量，为待估的解释变量系数。估计得到的 $\delta > 0$ 表示解释变量对技术效率具有负向影响，$\delta < 0$ 表示解释变量对技术效率具有正向影响。生产单元 i 在 t 时期的技术效率可表示为：

$$TE_{it} = \exp(-u_{it}) \tag{7-3}$$

若 $u_{it} = 0$，则 $TE_{it} = 1$，表明此时该生产单元的投入产出位于生产前沿面上，即处于技术效率状态，投入产出处于最优化状态；若 $u_{it} > 0$，则 $0 < TE_{it} < 1$，表明此时该生产单元的投入产出位于生产前沿面之内，即处于技术无效率状态，存在维持产出不变消减投入或维持投入不变增加产出的可能性。对技术无效率效应是否存在，通常采用似然比（Likely Ratio，LR）检验。似然比检验的统计量为 $LR = -2[\ln L(H_0) - \ln L(H_1)]$，其中 $L(H_0)$ 为 0 假设下，即在技术效率项方差为 0 这一限制下所估计模型的似然函数值。$L(H_1)$ 为备选假设下，即无前述限制下的似然函数值。如果 LR 检验显著，则表明应当考虑技术效率项，即采用前沿生产函数模型而非平均生产函数模型。

（二）技术效率影响因素

近海捕捞业的技术效率不仅受投入要素影响，也会受到各种外生性的政策、资源、环境等因素影响。以省级数据核算的技术效率，反映了省级生产单位运用各种投入要素的优化水平与配置效率。根据渔业经济理论及我国近海捕捞业现状与特点，并从实证分析角度出发，本书认为影响省级单位近海捕捞业技术效率的因素主要包括下述几方面：

1. 地区经济发展水平

近海捕捞业是地区整体经济中的一部分，其他各个行业的发展构成了捕捞业发展的环境与基础，如交通条件、信贷支持、劳动力素质等因素都对近海捕捞业有重要的支持作用。一般而言，整体的地区经济发展水平会影响近海捕捞业技术效率。本书以人均收入 Z_1 来代表各地区经济发展水平。

2. 捕捞渔船吨位

捕捞渔船是进行捕捞作业的人力、设备和技术的载体，是决定捕捞技术效率的基本因素之一。捕捞渔船吨位除了本身从生产规模上直接影响技术效率，还可在相当程度上体现捕捞作业的技术水平，这也是技术效率指标测度的核心要素。捕捞渔船的技术水平，包括了船长经验、导航探测、网具机械等多种因素，但是捕捞渔船的技术水平难以单独直接测度。一般而言，单船的吨位越高，则装备的各种技术装备越全，渔船的技术水平越高，船长经验也相对越丰富。本书将研究各省份单船平均吨位 Z_2 对技术效率的影响。

3. 捕捞限制政策

为保护渔业资源、限制过度捕捞，我国自 1987 年开始对海洋捕捞渔船实行渔船数量和主机功率零增长的“双控”政策。但不同地区执行双控政策的力度不同，对过剩捕捞能力增长的限制不同，这必然会造成不同地区近海捕捞业的技术效率差异。本书以近海捕捞渔船中纳入双控的渔船数量比例 Z_3、每年度各省捕捞渔船数量变动比例 Z_4 两个指标来表示各省执行“双控”政策的状况。

4. 渔业补贴政策

近年来，渔业补贴政策相继出台，补贴额度的不断增加，提高了渔民收入，促进了捕捞技术的发展。其中，渔业燃油补贴政策自 2006 年实施以来有效缓解了柴油价格大幅上涨与渔民生产成本之间的矛盾。但渔业补贴政策也使我国消减过剩捕捞能力的难度加大，也加重了渔业资源的衰退速度，因而颇受争议。本书以各省户均渔业生产补贴指标 Z_5 来反映各地渔业补贴力度，研究其对近海捕捞技术效率的影响。

5. 渔业保障能力

与其他行业一样，渔业生产需要多种保障能力来配合支持。如渔业港口及其相关的装卸、仓储、物流、分销等，水产品市场发展以及相关的冷藏、冻结、制冰能力等。捕捞业依赖全过程的冷链物流保障，尤其是海上捕获需及时以冰块保鲜，因而制冰能力可谓是近海捕捞业生产保障的核心。本书以每省的船（吨）均制冰能力 Z_6 来反映各地渔业生产保障能力。

6. 环境污染

随着沿海地区经济不断快速发展，而配套的环境治理能力长期受到忽视，我国近海总体污染情况不断加重。海洋污染成为近海渔业资源不断衰退的重要原因。捕捞业是资源采集行业，资源密度降低必然影响生产效率。本书以各省近海三、四类水质区域的比例 Z_7 来反映各省近岸海域的污染程度。

根据上述讨论，技术无效函数可以更具体的表达如下：

$$m_i = \delta_0 + \sum_{1}^{7} \delta_i Z_i \tag{7-4}$$

式中，δ_0 为常数项，$Z_1 - Z_7$ 为上述各影响因素，$\delta_1 - \delta_7$ 为各影响因素的系数。在研究过程中我们发现，上述因素中的某些因素对于技术效率的影响并非单调，因而在必要的时候，我们会在计量分析过程中引入这些因素的平方项，以研究这些因素的非线性影响。

三、数据来源

本书选择了天津、河北、辽宁、上海、江苏、浙江、福建、山东、广东、广西、海南共 11 个沿海省（市、区）作为样本。由于“双控”比例、生产补贴等数据自 2008 年才列入统计年鉴，因而在时期跨度上，我们选取了 2008 ~ 2011 年共 4 年的数据。所有数据来源于《中国统计年鉴》《中国渔业统计年鉴》《中国近岸海域环境质量公报》的相应年份。对于缺失的指标值，根据统计年鉴编辑说明，各表中的“空格”表示该项统计指标数据不足本表最小单位数、数据不详或无该项数据。对于“不足本表最小单位数”及“无该项数据”的情况，在数据处理中直接取 0。对于“数据不详”数据，采用插值法补充，即以该省（市、区）前后两年有关数据取均值作为当年数据。

（一）前沿函数变量数据来源

估计前沿函数模型的所有变量数据均来自《中国渔业统计年鉴》。

1. 产出水平 Y_{it}

采用“沿海各地区海洋捕捞产量”指标值。

2. 总吨位 W_{it}

以沿海地区“捕捞渔船”总吨位减“远洋渔船”总吨位作为投入数据。但自2008年后，远洋渔船总吨位数据不在统计范围，由于远洋渔船功率与渔船吨位保持相对固定的比例关系，因而利用统计年鉴中的远洋渔船功率数据对2008～2012年远洋渔船吨位进行估算①。

3. 总功率 K_{it}

以“捕捞渔船”总功率减“远洋渔船”总功率作为投入数据。

4. 劳动投入 L_{it}

采用沿海“捕捞专业劳动力”减去“远洋渔业从业人员”作为劳动投入指标值。但自2008年后，远洋渔业从业人员数不在统计范围。在一定技术水平下，渔船吨位与船员人数的关系相对稳定，根据对1997～2007年的数据测算，远洋渔船每100吨平均需要6.1人进行操作。本书在对远洋渔船吨位估计的基础上，利用吨位与人数的这一关系对2008～2012年远洋渔业从业人员数量进行估算。

由于统计年鉴前后指标不一致，2008年后总吨位与劳动投入指标值需要估算。不过由于我国海洋捕捞产业仍以近海为主，远洋渔业无论从人员数还是吨位数所占比重均较小，再经过上述估算处理，可认为统计误差对生产率核算所造成的影响比较小。

（二）技术效率影响因素数据

1. 人均收入

取《中国统计年鉴》各省（市、区）“农村居民家庭人均纯收入”指标数据。并以“农村居民消费价格指数”将其调整为2008年不变价。

2. 船均吨位

以每年各省（市、区）近海捕捞渔船总吨位除以当年近海捕捞渔船数量得

---

① 渔船功率指标测算的是推动渔船前进的主机功率，渔船功率的设计与吨位直接相关。利用1996～2007年远洋渔船各省总吨位与总功率数据可得两者相关系数为0.88且统计显著。远洋渔船的平均吨功率（功率/吨）为1.85，本书即利用这一关系对远洋渔船总吨位进行估算。

到，近海捕捞渔船数量直接取《中国渔业统计年鉴》中的“近海捕捞渔船数量”指标。

3. 纳入双控渔船比例

以《中国渔业统计年鉴》“纳入双控渔船数量”指标除以“近海捕捞渔船数量”指标得到。

4. 各省（市、区）捕捞渔船总功率变动比例

以当年各省（市、区）近海捕捞渔船总功率减上年度该省（市、区）近海捕捞渔船总功率，然后除以当年该省（市、区）近海捕捞渔船总功率①。

5. 户均渔业生产补贴

以《中国渔业统计年鉴》各省（市、区）渔户收入调查统计表中“生产补贴”指标除以“调查户数”指标得到。渔业生产补贴中大部分为渔用柴油补贴②，因此以《中国统计年鉴》中的“农用机油生产资料价格指数”将补贴数额调整为2008年不变价。

6. 船（吨）均制冰能力

以《中国渔业统计年鉴》各省（市、区）中的“日制冰能力”乘以365，再除以该省份近海捕捞渔船总吨位得到。

7. 污染海域比例

《中国近岸海域环境质量公报》中记录的我国沿海各省（市、区）近岸海域三、四类水质区域的比例之和。

四、实证结果及分析

（一）模型估计及参数检验

利用上述数据，运用Frontier（Version4.1）程序分对模型（7－1）进行了估计，样本回归方程各参数估计及其检验结果由表7－1给出。

---

① 总功率与总吨位指标相关性很强，经过验证，以总吨位变动比例来进行后文的分析结果基本相同。

② 如根据胡明明、邓启明（2013），2011年中央发放的柴油补贴达到239.9亿元，占中央对渔业总补贴的92.4%。

表 7-1 2006~2011 年近海捕捞业随机前沿生产函数估计

参数		方程一：不包含平方项		方程二：含平方项	
		系数估计	t 值	系数估计	t 值
前沿函数投入变量	常数项	0.5810	0.9520	1.7779***	6.8805
	渔船总吨位	-1.0864***	-4.8387	-1.0438***	-6.4950
	渔船总功率	1.5861***	6.0314	1.3520***	7.9606
	劳动力投入	0.5022***	5.7654	0.6307***	15.0127
	时间变量	0.0988***	4.3515	0.0698***	4.1101
技术效率影响因素	常数项	1.4544***	4.0271	1.6433***	8.9573
	人均收入	0.0162***	6.5340	0.0110***	5.7889
	船均吨位	-0.0103***	-3.3950	-0.0510***	-6.8474
	船均吨位平方	—	—	0.0289***	5.8587
	双控比例	-1.0722***	-3.0990	-0.2624	-1.3342
	功率变动	-0.4379	-1.1151	-0.4222**	-2.2385
	户均补贴	-0.0363	-0.6960	-0.1162	-1.4481
	户均补贴平方	—	—	0.0210	1.1723
	制冰能力	-0.0237***	-7.0767	-0.0166***	-4.6503
	污染比例	-0.0124***	-4.9802	-0.0173***	-5.5181
	污染比例平方	—	—	0.0198***	3.7860
Sigma-suqared		0.0162**	2.5541	0.0063***	3.2105
Gamma		0.9999***	31904.115	0.2586	0.5007
LR Test（单边扰动项）		60.4305***		91.3265***	

注：**表示在5%水平显著、***表示在1%水平显著、LR为似然比检验统计量；用于检验技术非效率项是否显著。

样本回归方程一中技术效率影响因素由式（7-4）给出。经进反复比较分析，船均吨位、户均补贴、污染比例等变量具有非单调影响，因而在方程二中将这些变量平方项也纳入分析。从表7-1估计结果看，两方程对于技术非效率的似然比检验均在1%水平显著，表明模型中技术非效率项显著存在，因而对生产函数的分析应当采用随机前沿模型；对各投入变量及主要影响因素参数的检验基本在1%水平显著，表明模型整体识别能力良好。两方程中总吨位弹性均为显著负值，表明在接近前沿面的省（市、区）中，渔船总吨位投入相对过剩，即总吨位投入多的省（市、区）捕捞量并不一定多。两个方程中时间变量系数分别为9.88%和6.98%，且均统计显著，表明近海捕捞业生产前沿在这一时期存在技术进步。

（二）技术效率影响因素分析

1. 经济与自然环境

以人均收入衡量的地区经济发展水平与技术效率因素负相关。这与预期不符，也与其他类似对农业生产技术效率影响因素实证研究的结果不一致。经济发展水平越高，近海捕捞业的支撑保障能力以及市场流通效率应当越发达，人均收入较高也使从事近海捕捞业的机会成本加大，因而通常情况下人均收入一般应当与技术效率正相关。对这一反常结果的解释是，经济发达地区历年来发展、积累起庞大的近海捕捞能力，在近海渔业资源衰退的大背景下，其过剩程度比相对落后地区更严重，进而体现在较低的技术效率上，这在浙江、福建等省（市、区）表现最明显。因此事实上，人均收入变量应当更多地体现过剩生产能力大小的影响。

由方程一结果可知，近海水域污染比例与技术效率显著正相关，这一结果也与预期不符。进一步引入污染比例平方项分析（见方程二）发现，污染比例一次项系数 t 值增加，平方项系数显著为正。这说明污染比例对技术效率的影响并非单调，当污染比例达到一定程度时，更大的污染比例会使技术效率降低，污染比例与技术效率因而呈现出倒U形关系。污染比例在一定范围内与技术效率正相关与常理不合。对这一结果的解释如下，近海污染主要都是陆源污染，我国现阶段仍处于环境库兹涅佐夫曲线左端，即随工业发展环境污染程度在加大。因而近海污染比例在一定程度上反映了该地区工业发展和技术水平。由于各省（市、区）近海捕捞业技术水平无法直接测度（船均吨位只能从一个侧面反映技术水平），污染比例在一定程度上成为各省（市、区）技术水平的代理变量，因而体现出对于技术效率的正向影响。但随着污染比例加大，污染本身的负面作用成为主导，这体现在污染比例平方项显著为正的系数上。

2. 行业发展

从单船角度来看，近海捕捞存在一定的规模效应，过小的渔船无法安装适当的设备，续航能力有限，容量狭小也无法承载大量捕获，因而捕捞效率较低。此外，船均吨位在一定程度上能够反映单船的技术水平，而这又是技术效率的基础决定因素。因而船均吨位与技术效率应当存在正相关关系，这在方程一的估计结果中得到了验证。但引入吨位平方项进行分析后（见方程二），发现船均吨位一次项 t 值变大，平方项系数为正且显著，表明吨位增大到一定程度后，与技术效率之间也存在负相关关系。从而总体上，船均吨位与技术效率也呈倒U形关系。这说明在目前资源环境状况下，近海捕捞船均吨位存在最优规模。经计算，该最优规模为88.24总吨，捕捞渔船超过此吨位则会造成效率降低①。

我们以船（吨）均制冰能力为代表，反映近海捕捞的支撑保障能力。对某一省份而言，制冰及冷藏能力越强，则海上捕获能够有效保存的比例越高，市场交易与物流配送的效率越高，捕捞渔船的利用效率则越高，因而对近海捕捞技术效率必然有正向影响。方程一和方程二的估计结果中制冰能力项的系数显著为负，证实了这一预判结果。

3. 过剩捕捞能力控制政策

为限制过度捕捞，我国自1987年开始对海洋捕捞渔船实行渔船数量和主机功率“双控”政策，即要求各省（市、区）近海捕捞渔船总吨位与总功率零增长。但不同地区执行“双控”政策的力度不同，对过剩捕捞能力增长的限制不同。如根据2006年海洋渔船的普查资料统计，东海区实际拥有海洋捕捞机动渔船8.7万艘，渔船数比“九五”期末减少了2.1万艘，但功率比“九五”期末增加了112.5×10^4千瓦，平均年增长率4.54%（张秋华等，2007）。其中舟山虽然船只数没有增加，但1980～2005年渔船总马力却增加了4.46倍（刘舜斌，2007）。不同的政策实施力度会造成不同地区近海捕捞业的技术效率差异。

从方程一和方程二对“双控”比例的系数估计来看，其值均为负，表明捕捞能力控制有利于提高近海捕捞的技术效率。但只有方程一对“双控”比例的系数估计在1%水平显著，方程二系数不显著。造成这一结果的原因可能有两个方面，一是样本数量原因。受统计年鉴资料所限，共收集4年11省（市、区）的44个面板数据，而待估的系数有16个，此外“双控”比例与功率变动等变量与其他变量存在显著的相关性，因而估计精度受限，检验不显著。二是政策力度。目前实施的捕捞能力控制政策，更多考虑了降低抵触、维持现状等因素，因而力度不大，自然效果不够明显。

近海捕捞渔船总功率变动的估计系数为负，且在方程二显著，这一结果直观上表明总功率增加与技术效率的提升正相关，这也违反直觉。近海捕捞渔船总功率的变动与技术效率之间有双向影响机制：一方面，对过剩捕捞能力的压缩有利于生产效率提高，因而提升技术效率，两者表现出负相关；另一方面，

① 这是就总体而言。针对不同种类捕捞渔船，最优的吨位并不相同，还需进一步分类研究。

技术效率较高从而经济效益较高的省份，压缩捕捞能力的难度较大甚至存在控制不严格，使近海捕捞能力继续上升，因而表现出功率增加与技术效率提升的正相关关系。从估计结果来看，第二种影响机制占了主要作用。

4. 渔业生产补贴政策

在目前的补贴政策下，渔业户获得的补贴主要是渔用柴油补贴。对于近海捕捞，柴油成本的降低能够从数量上与作业时间上促进渔船与人力的扩大使用，这一作用机制会使单位投入的产量提升，因而提高技术效率。但补贴也会使消减捕捞努力量的难度提升，甚至在某些管控不严的局部地区还会促进渔户新建捕捞渔船，这会导致过剩捕捞能力长期存在，并进一步降低近海渔业资源存量。在这种作用机制下，渔业补贴会导致近海捕捞技术效率降低。方程一和方程二对于户均补贴的分析验证了渔业补贴对于技术效率的双重作用。由方程二可以看到，户均补贴对技术效率具有正向影响（P = 0.16），而户均补贴平方项系数为正（P = 0.25），表明补贴达到一定程度后会使技术效率降低，存在过度补贴的情况。但两者系数并不显著；可能的原因：一是渔业补贴的两种影响机制互相抵消；二是以渔户收入调查的生产补贴为分析对象，而调查的渔户范围既包括捕捞户也包括养殖户，因而代表性较差。对于渔业补贴对捕捞业的影响还需要更深入的分析。

将上述分析结果与其他对于农业生产技术效率的同类研究横向比较可以发现，近海捕捞业技术效率的各影响因素影响机制更独特和复杂，表现在如船均吨位、户均补贴等因素的影响并非单调，而代表经济发展水平的人均收入变量对于技术效率的影响也与它对其他农业生产技术效率的影响相反。究其根本，还在于近海渔业资源存量远小于适当的近海捕捞努力量这一事实。

五、结束语

本章利用随机前沿分析对我国近海捕捞业生产的技术效率影响因素进行了分析，着重探讨了经济与自然环境、产业发展、渔业限制及捕捞政策等的影响。研究所受客观局限在于，近海渔业资源存量数据没有统计数据，因而无法分析其对技术效率的影响并带来遗漏变量问题，这在一定程度上弱化了实证结果的经济含义和政策指导价值。此外，自 2006 年国务院颁布《中国水生生物资源养护行动纲要》后，各地区均加大了海洋生态资源修复力度，普遍采用了增殖放流、伏季休渔、建立保护区等措施。尤其是增殖放流，对于渔业资源恢复起到了一定作用。我们本希望将这些措施对于生产率的影响进行实证分析，但相关数据没有全国性的统计，因而无法纳入分析，这是本书另一缺憾之处。本章所提供的证据还比较单薄，基于这些结果所提出的政策建议还有待进一步深入探讨和全面论证，以提高我国近海捕捞业经济效益，并切实控制我国近海过剩捕捞能力，实现可持续发展。

第八章 近海污染、捕捞业生产与渔业资源存量
——基于省级面板数据的研究

一、近海污染与近海捕捞业

海洋是鱼类栖息和繁衍的场所，海洋环境质量直接影响了鱼类种群数量①，进而影响了可供捕捞业利用的整体渔业资源存量。对近岸海域而言，对环境质量危害最大的当属陆源污染。陆源污染是指由陆地向海域排放的，对海洋鱼类生长、增殖、索饵造成威胁的污染物，通常以工业废水、城镇生活污水、农业废水等形式，通过河川径流入海或通过沿岸的直排口直排入海，陆源污染是海洋污染物的最主要来源。除陆源污染外，海洋环境污染的来源还包括海上溢油②、石油钻探、船只排污等带来的海上污染，海水养殖带来的过剩肥料、饵料污染，以赤潮、绿潮为代表的海洋生态灾害污染等。

以陆域为主要来源的污染物，给海洋环境带来了严重的影响。2013 年全国渔业生态环境监测网对我国海洋天然重要渔业水域进行的监测表明，根据各监测区域中每个采样点所代表面积计算，无机氮、活性磷酸盐、化学需氧量、石

① 渔业环境按性质可分为非生物环境（理化环境、地形、底质和气象条件）及生物环境（饵料生物、敌害生物、共栖生物和竞食者等）。本章所指的环境主要是非生物环境。

② 虽为偶发，但海上溢油对鱼类的影响尤其大。如 2013 年 3 月，在东海因“达飞佛罗里达”轮碰撞发生溢油事故，污染面积达上千平方千米，致使鱼卵、仔鱼、鱼、虾、头足类等幼体死亡，造成重大经济损失。

油类的超标面积占所监测面积的比例分别为 83.4%、46.8%、23.1% 和 11.7%[①]。2014 年的《中国海洋环境状况公报》指出，2014 年我国近岸局部海域海水环境污染依然严重，河流排海污染物总量居高不下，陆源入海排污口达标率仅为 52%。实施监测的河口、海湾、滩涂湿地、珊瑚礁、红树林和海草床等海洋生态系统中，受环境污染、人为破坏、资源的不合理开发等影响，处于亚健康和不健康状态的海洋生态系统合计占 81%。

很多文献对海洋污染对海洋生物活动产生的影响进行了深入研究。崔毅等（2003）通过实地调查研究了入海污染物对莱州湾的污染影响，发现来自小清河的陆源性污染对海域环境污染加剧，不仅破坏了渔业资源，更重要的是破坏了产卵场，使渔业资源、结构、组成和数量发生了很大的变化。这一研究颇有代表性，表明了陆源污染对渔业资源的严重危害。海洋污染不仅大幅度降低了鱼类种群的数量，某些污染物还会存留在鱼类体内从而威胁人体健康。夏重欢（2011）通过对 2008 年在我国东部沿海城市获取的大黄鱼、银鲳鱼、小黄鱼检测发现，所有有机氯农药中滴滴涕（DDTs）、六六六（HCHs）、六氯苯（HCB）和氯丹类化合物在所有海鱼样品中均有检出，浓度相对较高，是最主要的残留农药[②]。重金属容易被生物吸收，长期残存于生物体内，最终通过食物链转移至高营养级的生物，进而威胁到人体健康。刘金铃等（2013）研究表明，在近岸海域环境状况相对较好的海南，其珊瑚礁区鱼体重金属铬的污染严重，而砷为中度污染。

现有关于海洋污染与渔业资源的研究，基本是从海洋环境科学或海洋生物科学角度展开。为数不多的从渔业经济角度进行的海洋污染对捕捞业的影响研究，也均为定性描述和逻辑分析，缺乏基于实际污染状况与捕捞业生产数据的实证研究。因而对海洋环境污染对近海捕捞业造成的影响仍缺乏直接证据和整体把握，难以提出更具针对性的对策建议。本章试图实证研究我国近岸海域污染对近海捕捞业的影响。从实践与逻辑的视角分析，海洋污染本身对捕捞作业过程可产生一定的直接影响，如海面漂浮物和溢油、海底垃圾、赤潮绿潮等对渔船航行、鱼群探测和网具使用都会产生影响。但相对于广阔海域，这类污染所占面积很小，从整体而言其影响基本可忽略。但正如前面列举的研究所指出的，海洋污染对海洋渔业资源影响甚大。据此，本章的研究假设是：近海污染对近海捕捞业生产有显著的负向影响。但这一影响并非直接产生，而是通过降

① 根据 2013 年《中国近岸海域环境质量公报》。

② 作者根据疾病风险评估建议“每日膳食消费大黄鱼不得超过 9 克，每月不要多于 1 餐”，这实际上基本失去了食用意义。

低近海渔业资源存量，间接对近海捕捞业产出产生影响。本章后续的实证研究将验证这一影响机制，并估计实际影响大小。

二、近海污染的测度

在渔业学上，按作业水域海洋渔业可分为沿岸渔业、近海渔业、外海渔业及远洋渔业①。而本文所指的“近海捕捞”，与《中国渔业统计年鉴》中“海洋捕捞”科目所统计的捕捞业作业范围一致，事实上包括了渔业学中所说的沿岸渔业、近海渔业与外海渔业。渔业学中所谓近海、外海是经验上的说法，我国并无严格定义，对于这些海区也没有展开连续性的环境监测。自 1994 年，国家环保总局成立了近岸海域环境监测网，对全国近岸海域，包括入海河口、渔场等 30 多个重点海域每年定期开展 2～3 次例行水质监测，并从 2001 年起每年公布《中国近岸海域环境质量公报》。《中国近岸海域环境质量公报》中所指近岸海域，包括内水及领海，内水是指我国领海基线向陆地一侧的全部海域，领海是指领海基线向外侧延伸 12 海里的海域②。此近岸海域与本书近海捕捞所指的近海并不一致，近岸海域所包含的区域显然要小很多。但近海捕捞涉及的鱼种，其产卵、索饵场通常在近岸③，近岸海域污染状况对其生物种群数量有重要影响，因而本书以各省（市、区）近岸海域污染状况来代表各省（市、区）近海的污染状况。

《中国近岸海域环境质量公报》按照海域的不同使用功能和保护目标，将海水水质分为四类④：第一类适用于海洋渔业水域，海上自然保护区和珍稀濒危海洋生物保护区。第二类适用于水产养殖区，海水浴场，人体直接接触海水的海上运动或娱乐区以及与人类食用直接有关的工业用水区。第三类适用于一

---

① 事实上指的是捕捞业，但我国一般称为渔业。

② 我国近岸海域总面积约 37 万平方千米，与沿岸 160 个面积大于 10 平方千米的海湾和 60 多个大中河流的河口相衔，是受陆地影响最直接、最敏感的海域。

③ 如带鱼、鲅鱼、马鲛鱼、金线鱼、大小黄鱼等。

④ 分类依据是《海水水质标准》（GB3097－1997）。评价指标为 pH 值、溶解氧、化学需氧量、石油类、活性磷酸盐、无机氮、非离子氨、总汞、铜、铅和镉共 11 项。评价方法采用单因子指数法，即某一测点海水中任一评价指标超过一类海水标准，该测点水质即为二类，超过二类海水标准，水质即为三类，以此类推。浓度均值和样品超标率均以样品个数为计算单元。样品超标率计算时统一采用《海水水质标准》（GB3097－1997）中的一类海水标准。

般工业用水区，滨海风景旅游区。第四类适用于海洋港口水域，海洋开发作业区。此外，水质劣于四类水质的统称为劣四类水质。三、四类及劣四类水质不适合海洋生物及养殖，因而对于捕捞业而言可谓污染水域。《中国近岸海域环境质量公报》对沿海各省（市、区）近岸海域进行了监测，并将海域水质按上述标准分类。本章以各省（市、区）近岸三、四类及劣四类海域面积所占比例，作为该省（市、区）近海污染程度的测度值。

三、基本模型

研究近海污染对海洋捕捞业生产的影响，需以捕捞业生产函数为基础。捕捞业是对渔业资源的采集，捕捞产量是对既定渔业资源存量施加一定的捕捞努力量得到的。因而捕捞渔船数量、捕捞劳动力投入以及渔业资源存量共同决定了捕捞产出量。捕捞业生产函数一般可表述为$Y=qEX$，其中E是捕捞努力量，X是渔业资源存量。参数q为可捕系数，是单位捕捞力量所能捕获渔业资源数量占渔业资源总数量的比值，取值范围为（0，1）。遵循 Hannesson（1983），利用 Cobb – Douglas 生产函数刻画捕捞努力量的生产。相比其他生产函数，Cobb – Douglas 生产函数简捷有效，且易于分析遗漏变量问题。具体的研究模型如下：

$$Y_{it}=A(t)S_{it}^{\alpha}K_{it}^{\theta}L_{it}^{\beta}X_{i}e^{xt}e^{wW_{it}} \tag{8-1}$$

式中，Y_{it}、S_{it}、K_{it}、L_{it}分别是i省（市、区）第t年的近海捕捞业的产出、渔船数量、渔船功率以及劳动投入。α、θ、β分别为船数、功率和劳动的产出弹性。W_{it}为近海海域污染水平，w为污染水平的影响系数，为了便于在回归方程中解释其经济意义，将其放在e的指数项上。$A(t)=e^{\tau+\omega t}$为第t年近海捕捞业的技术进步水平，τ为基年的技术进步水平，ω为技术进步率。X_i为各省域近海的渔业资源期初存量，假设在较短时期内，各省域近海渔业资源存量水平变动速度相同，x为资源存量变动的速率①。由于可捕系数q反映了由生物、环境特性决定的渔业资源易捕捞程度，在我国沿海各省（市、区）海域间及不同年份间差异不显著，故而分析中将其省略。对式（8 –1）两边取对数，并加

① 即以x刻画我国近海渔业资源存量整体变动的趋势。事实上，各省域近海渔业资源存量变动方向应当一致，即都在递减，但减少的速率很可能不相同。由于缺乏省域近海渔业资源存量数据，为使计量分析可行，作此近似假设。

入随机干扰项，可得到用于计量分析的回归模型如下：

$$\ln Y_{it}=\tau+(\omega+x)t+\alpha\ln S_{it}+\theta\ln K_{it}+\beta\ln L_{it}+\ln X_i+wW_{it}+u_{it} \tag{8-2}$$

式中，u_{it}为扰动项，并设其独立同分布于$N(0,\sigma_u^2)$。注意到时间变量的系数由（$\omega+x$）构成，即同时包括了技术进步与资源存量变动趋势的影响。在式（8－2）中，近海捕捞业产量、渔船数量与功率投入、劳动投入等数据都能从现有统计年鉴中取得或估算，但我国没有各省域或各海区的渔业资源存量的调查统计数据，因而存在遗漏变量的问题。如果直接对方程（8－2）进行混合 OLS 回归，则该遗漏变量会对与其相关的其他解释变量系数产生影响。从理论上看，近海污染导致渔业资源存量下降，因而渔业资源期初存量 X_i 缺失会导致污染程度变量 W_{it}的估计系数有偏。考虑到资源存量对捕捞业生产的正向影响，这一偏误应当为负。由于渔业资源期初存量 X_i 并不随时间变化，因而可利用面板数据固定效应回归法消除遗漏变量的影响，以得到省域污染程度对省域近海捕捞业产出的无偏估计。概括来看，虽然计量分析中缺失了资源存量数据，但通过上述研究设计仍可对命题进行有效检验。

四、数据来源

本章选择了天津、河北、辽宁、上海、江苏、浙江、福建、山东、广东、广西、海南共 11 个沿海省（市、区）2008～2013 年有关数据作为样本。近海捕捞业的投入产出数据均来自《中国渔业统计年鉴》。对于缺失的指标值，根据统计年鉴编辑说明，各表中的“空格”表示该项统计指标数据不足本表最小单位数、数据不详或无该项数据。对于“不足本表最小单位数”及“无该项数据”的情况，在数据处理中直接取 0。对于“数据不详”数据，采用插值法补充，即以该省（市、区）前后两年有关数据取均值作为当年数据①。各省（市、区）近岸海域污染比例数据均来自《中国近岸海域环境质量公报》。

（一）变量取值

1. 近海捕捞业产出水平 Y_{it}

采用“沿海各地区海洋捕捞产量”指标值。

① 天津市 2013 年近海捕捞产量是常年值的 3 倍，畸高，且渔船数量与总功率都低于 2012 年。因此以 2012 年值代替。

2. 近海捕捞渔船总数量 S_{it}

2008 年及之后的《中国渔业统计年鉴》并未收入各省（市、区）近海捕捞渔船总数量，但是有沿海各省（市、区）“海洋捕捞渔船”数量与“远洋捕捞渔船”数量。因此以各省（市、区）“海洋捕捞渔船”数量减“远洋渔船”数量求得。

3. 近海捕捞渔船总功率 K_{it}

《中国渔业统计年鉴》同样并未收入各省（市、区）近海捕捞渔船总功率，因此以各省（市、区）“捕捞渔船”总功率减去“远洋渔船”总功率求得。

4. 近海捕捞业劳动投入 L_{it}

2008 年后，近海及远洋捕捞业从业人员数并不单独统计，只有两者之和“海洋捕捞专业从业人员数”。对于天津、辽宁、上海、江苏、浙江、福建、山东、广东、广西等省（市、区），本章利用前文计算的“近海捕捞业劳动力”估计值作为投入数据。由于我国海洋捕捞产业仍以近海为主，远洋渔业劳动力所占比重均较小，再经估算处理，可估算值与实际值差距较小，对分析产生的不利影响很小。《中国渔业统计年鉴》中并无河北、海南两省远洋渔业的相关统计数据，因而直接将其“海洋捕捞专业从业人员数”作为近海捕捞业劳动投入。

5. 污染海域比例 W_{it}

各省（市、区）污染海域比例以《中国近岸海域环境质量公报》中记录的我国沿海各省（市、区）近岸海域三、四类及劣四类水质区域比例加总求得。

（二）描述统计

表 8-1 给出了方程（8-2）解释变量两两之间的相关系数，可以发现各省（市、区）产出量与 3 个投入量之间相关系数很高，且均在 0.1% 水平显著。而各省（市、区）近岸海域污染比例与投入产出量均为显著的负相关，表明近海捕捞业发展水平高的省（市、区），其海域污染程度相对较低。近海捕捞业虽对海洋有一定污染，但我国近岸海域污染源主要来自陆地，近海捕捞业并非造成近岸海域污染比例升高的原因。

由表 8-2 可以看到，各省（市、区）近岸海域海洋环境状况不容乐观。2008~2013 年近岸海域污染比例超过 20% 的有 7 个省（市、区），超过 70% 的有上海、浙江、天津 3 个省市。只有海南一直保持（对近海捕捞业而言）未被污染的状态，山东、广西的近海污染情况也较低。从变动趋势看，2008～2013年污染比例上升的有4个省份，下降的有5个省份，持平的有2个省份。江苏、浙江、天津恶化速度较快，尤其是江苏，从2008年无污染增长到污染比例达37.50%，年均变动7.50%。福建、辽宁、山东海域环境改善相对较快。

表8－1　解释变量相关系数表

指数	捕捞量对数	船数对数	总功率对数	劳动力对数	污染海域比例对数
捕捞量对数	1				
船数对数	0.9735***	1			
总功率对数	0.988***	0.9702***	1		
劳动力对数	0.9801***	0.9899***	0.975***	1	
污染海域比例对数	－0.438**	－0.4484**	－0.3474**	－0.4224**	1

注：**表示在1%水平显著、***表示在0.1%水平显著。

表8－2　2008～2013年我国各省（市、区）近岸海域污染比例描述统计

省（市、区）	平均	最高	最低	标准差	年平均变动
天津	71.67	100.00	30.00	24.01	4.00
河北	16.67	25.00	12.50	6.45	－2.50
辽宁	33.37	53.60	25.00	10.52	1.44
上海	88.33	100.00	70.00	11.69	0
江苏	23.95	37.50	0	14.47	7.50
浙江	80.67	92.00	68.00	10.33	4.80
福建	31.38	42.80	22.80	7.45	－2.28
山东	6.92	12.20	4.90	2.84	－1.46
广东	21.47	34.60	15.40	7.63	－0.38
广西	8.32	18.10	4.50	5.29	－0.92
海南	0	0	0	0	0

五、实证结果及分析

利用上述数据，我们运用Stata 12.0软件，分别采用混合OLS、面板数据固定效应①、随机效应等方法对模型（8－2）进行了估计，样本回归方程各参数估计及检验结果由表8－3给出。

（一）模型估计及参数检验

表8－3　2008～2013年近海污染对近海捕捞业生产的影响分析

参数	混合 OLS		固定效应模型		随机效应模型	
	系数值	t值	系数值	t值	系数值	t值
截距项 τ	－19.5026	－0.62	－14.1648	－1.51	－40.9819***	－3.93
时间系数 $\omega+x$	0.0087	0.56	0.0132	3.06**	0.0212***	4.07
数量弹性 α	－0.3132*	－2.07	0.2394	2.12*	0.5726***	4.87
总功率弹性 θ	1.0873***	9.55	－0.0675	－0.65	0.3606***	3.56
劳动力弹性 β	0.3407**	2.74	－0.0504	－0.63	0.1367	1.44
污染比例 w	－0.0056***	－3.88	0.0005	0.73	0.0015	1.7
方程显著性 F	P＞F（5，60）＝0.0000 R^2＝0.9856		P＞F（5，60）＝0.0817 整体 R^2＝0.8838		P＞Chi 2（5）＝0.0000 整体 R^2＝0.9733	
个体效应显著性	—		P＞F（5，50）＝0.0000		—	
Hausman 检验	—		Chi2（4）＝26.94，P＞Chi 2（4）＝0.0000			

注：每个系数估计值下给出了标准误；*表示在5%水平显著、**表示在1%水平显著、***表示在0.1%水平显著。

从总体上看，3个方程的（整体）R^2 都较高，对解释能力的检验均显著。对固定效应模型的个体效应检验表明，各省（市、区）的个体效应显著，这表明各省（市、区）的“省情”对近海捕捞业产出有很大影响，因而固定效应模型优于混合OLS回归。在本章中个体效应主要反映了各省（市、区）近海渔业资源存量。此外，Hausman检验显示固定效应模型与随机效应模型估计结果并不一致，因而拒绝随机效应模型。

（二）污染的影响

下面讨论近海海域污染比例的影响。混合OLS回归中，污染比例的系数为－0.0056且在0.1%水平显著。直观上表明，对各省（市、区）平均而言，近

① 本章所指的固定效应模型均为个体固定效应。

岸海域污染比例每增加一个单位（1%），则近海捕捞产量会下降0.56%。从逻辑上来解释，海域污染本身对捕捞作业并无直接影响，但污染会导致海洋生物死亡，渔业资源存量下降，因而会对捕捞产量产生负向影响。从计量上来看，各省（市、区）近海渔业资源存量数据的遗漏，导致其对产量的影响体现在与之相关的其他解释变量系数上。由于渔业资源存量与捕捞产出正相关，而与污染比例负相关，因而其遗漏会导致污染比例的估计系数负偏。

对于固定效应回归结果的解读。影响捕捞业产出的个体（省市区）之间不可观测或被遗漏的异质特性，会由于与解释变量的相关而导致OLS估计不一致。如果这种异质性并不随时间变动，则可通过固定效应模型消除。对于近海捕捞业而言，省（市、区）之间除要素投入量这一随时间而变的可观测变量外，还有很多不可（难以）观测特性产生影响，如省域近海渔业资源存量、地方鱼种及其生物特性、环境气候特性、管理体系市场环境以至渔业传统文化与经验等，这些因素或随时间变动，或基本不随时间变动。

其中省域近海渔业资源是构成不可观测个体差异的重要方面，被单独列入本章实证模型（8-2）中，并假设以固定趋势变动。渔业资源存量随时间而变，捕捞、污染、生长、繁殖、洄游、环境等各种因素都会对渔业资源存量产生影响。前述假设虽忽略了各省（市、区）变动速度的差异，以及受其他各种因素综合影响的随机变动，但保留了各省（市、区）近海渔业资源存量普遍衰退的一般趋势，并使固定效应回归得以进行。

在固定效应回归结果中，污染比例的系数为正，但并不显著。表明消除各省（市、区）个体效应的影响，尤其是消除了省域渔业资源存量的期初差异及变动趋势后，污染比例对捕捞产出并无影响①。这符合理论预期，即单纯的近海污染并不直接影响近海捕捞业产出，近海污染通过降低近海渔业资源存量，进而降低了捕捞业产出。混合OLS回归中污染比例的系数虽有偏，但给出了海域污染→渔业资源量下降→捕捞产出下降这一完整机制总影响的估计，因而仍具有一定的解释意义。

（三）对其他解释变量系数的讨论

其他解释变量并非本章关注的重点，其中渔船数量、总功率劳动力数量等投入要素变量是作为控制变量引入的。但其系数与之前的研究结果有所不同，

---

① 各省（市、区）海域期初的资源存量水平，与2008～2013年的海域污染比例之间有显著负相关。其原因在于，观察各省（市、区）近岸海域污染比例数据可发现污染有很强的持续性，当期污染比例高的省（市、区），前期污染比例也高，这导致了较低的期初渔业资源存量。

故以下仍进行讨论。3 个样本估计方程中，时间变量的系数均为正。固定效应模型估计中，时间变量系数为 0.0132，且在 1% 水平显著。直观上表明，近海捕捞业技术进步率与资源存量变动趋势合计为年增长 1.32%，考虑到省域近海渔业资源的负向变动趋势，则近年近海捕捞业技术进步显著[①]。对数据的直接观察也能发现这一点：2008 ~ 2013 年近海捕捞产量略上升，而各省（市、区）投入的近海捕捞渔船和劳动力数量都在下降。其原因在于，一是各省（市、区）逐渐加大了海洋渔业资源放流与生物保护区建设的力度，应在一定程度上缓解了近海渔业资源衰退的趋势；二是政府加大了对近海捕捞渔船的监管力度，限制新增渔船，但可以旧换新，因而捕捞渔船技术水平逐步提升[②]。

固定效应回归中，3 个投入变量仅有渔船数量估计系数显著，总功率与劳动力数量的估计系数均不显著，直观上表明，这两种投入对捕捞产出均无影响。这与其他两个方程结果不同，也与经济直觉不同。其原因在于，在自由进入渔业过程中[③]，捕捞产出数量以及捕捞渔船数量、劳动力人数等要素投入，均是由更根本的环境容量、渔业资源存量的内在增长率、捕捞技术水平及要素价格等因素决定[④]，对于本章估计的回归模型，这些因素多为不可观测的个体特性。以环境容量为例，更大的环境容量决定了更高的产量以及更高的要素投入量，导致产量对要素投入量的回归系数为正，投入要素的回归系数被高估。而当利用固定效应回归将包括环境容量在内的不可观测异质性消除后，估计的系数值相对 OLS 的估计值下降。总功率与劳动力的负系数值表明，我国近海捕捞业在这两种要素投入上已经过剩，更高的投入并不能带来更高的产出。

六、陆源污染的现状

近岸海域是受陆地污染排放影响最直接，最敏感的海域。入海河流携带了

① 这与第六章得到的前沿生产函数回归中，时间变量显著为负不同，原因可能在于分析时段不同。

② 测算出的正技术进步率并非总是好的，其背后可能存在酷渔滥捕的行为。在一些地方存在的电鱼、过细的捕捞渔网、过度的其他设备投入（如灯光钓鱿中过量使用大功率灯具），都会在渔船与人力投入不变的情况下带来产量提升。

③ 我国法律政策虽对近海渔业有诸多限制，但实质上仍符合自由进入渔业的特征，见第四章详细分析。

④ 第五章对均衡的捕捞量有详细讨论。

大量的污染物质进入近岸海域，加上沿海地区直排入海的陆源污染物质，陆源污染物总量占海洋污染物的80%[①]以上，这些污染物对海洋环境产生了巨大影响。主要表现在近岸海域水质下降、海上赤潮频发、海洋生态环境恶化、天然渔场形不成鱼汛、海洋珍稀物种减少、典型海洋生态系统受损等。

（一）入海河流污染情况

根据2014年《中国海洋环境质量公报》统计，我国72条主要河流入海的污染物量分别为：化学需氧量1453万吨，氨氮（以氮计）30万吨，硝酸盐氮（以氮计）237万吨，亚硝酸盐氮（以氮计）5.8万吨，总磷（以磷计）27万吨，石油类4.8万吨，重金属2.1万吨（其中锌14620吨、铜4026吨、铅1830吨、镉120吨、汞44吨），砷3275吨。其中，CODCr、氨氮和硝酸盐氮入海量分别较上年增加5%、3%和7%，总磷入海量减少1%。

在枯水期、丰水期和平水期，72条河流入海监测断面水质劣于第五类地表水水质标准的比例分别为51%、53%和53%，与上年相比，枯水期比例降低17%，丰水期和平水期比例分别升高9%和2%。劣于第五类地表水水质标准的污染要素主要为化学需氧量（CODCr）、总磷、氨氮和石油类（见表8－4）。

表8－4　河流入海监测断面水质类别统计　　单位：条

监测时段	第一至第三类水质	第四类水质	第五类水质	劣五类水质	合计
枯水期	10	17	8	37	72
丰水期	14	13	7	38	72
平水期	13	12	9	38	72

根据上述统计可以发现，我国主要入海河流自身污染严重，将大量污染物输入海洋且整体趋势有所加重。

（二）直排海污染源排放情况

表8－5给出了2013年各省（市、区）直排海污染源排放情况[②]。根据423个直排海污染源监测结果计算，福建的污水排放量最大，其次是浙江和广东；浙江的化学需氧量排放量最大，其次是辽宁和福建。

① 根据《中国保护海洋环境免受陆源污染工作报告》。

② 根据2013年《中国近岸海域环境质量公报》。

表 8-5 2013 年各省（市、区）直排海污染源排放情况

省（市、区）	监测污染源数量（个）	废水量（亿吨）	化学需氧量（万吨）	石油类（吨）	氨氮（万吨）	总磷（吨）
辽宁	36	5.9	3.5	228.8	0.28	419.7
河北	6	0.7	0.3	0	0.05	93.9
天津	19	0.5	0.6	6.7	0.06	60.1
山东	46	5.6	2.1	30.2	0.13	240.9
江苏	17	0.4	0.2	6.4	0.02	27.7
上海	11	1.9	0.4	35.1	0.03	49.4
浙江	109	16.9	8.7	677.9	0.63	737.3
福建	56	18.7	2.8	148.6	0.12	260.2
广东	62	7.1	1.6	374.1	0.12	480.8
广西	44	3.7	0.9	55.2	0.11	364.9
海南	17	2.4	1.0	72.5	0.14	106.2
合计	423	63.8	22.1	1635.5	1.69	2841.1

表 8-6 给出了 2001 年各省（市、区）直排海污染源排放情况。与 2001 年的统计数据相比，2013 年化学需氧量、石油类、氨氮等排放量大幅减少，但废水排放量大幅增加。这表明虽然在此期间经济总量不断扩大，但直排海污染源得到了较好控制，总体排放情况有所改善。不过对于废水排放，仍需加强控制。

表 8-6 2001 年各省（市、区）直排海污染源排放情况

省（市、区）	废水量（亿吨）	化学需氧量（万吨）	石油类（吨）	氨氮（万吨）
辽宁	0.38	9.51	10.953	0.07
河北	1.29	4.88	80.326	0.28
天津	0.5	1.00	141.071	0.09
山东	1.45	6.52	100.092	0.33
江苏	1.49	2.05	12.444	0.14
上海	4.08	2.96	1088.379	0.37
浙江	3.08	8.47	199.02	0.82
福建	6.85	2.32	8.509	0.22

续表

省（市、区）	废水量（亿吨）	化学需氧量（万吨）	石油类（吨）	氨氮（万吨）
广东	3.79	8.95	289.209	0.19
广西	0.29	2.96	7.930	0.23
海南	0.59	1.09	4.223	0.02
合计	23.79	50.72	1942.156	2.75

（三）入海排污口邻近海域环境质量状况

入海排污口邻近海域环境质量状况总体较差，90%以上无法满足所在海域海洋功能区的环境保护要求。据《中国海洋环境质量公报》2014年对全国107个入海排污口邻近海域水质进行监测统计，5月79%的排污口邻近海域水质劣于第四类海水水质标准、8月67%的排污口邻近海域水质劣于第四类海水水质标准。排污口邻近海域水体中的主要污染要素为无机氮、活性磷酸盐、化学需氧量和石油类，91%的排污口邻近海域的水质不能满足所在海洋功能区水质要求。这些统计数据表明入海排污口对海洋环境的损害巨大。

七、治理措施及建议

我国为了保护海洋环境尤其是渔业生态环境，已经制定了《中华人民共和国环境保护法》《中华人民共和国海洋环境保护法》《中华人民共和国渔业法》《中华人民共和国防治陆源污染物污染损害海洋环境管理条例》《中华人民共和国防治海岸工程建设项目污染损害海洋环境管理条例》和《近岸海域环境功能区管理办法》《渔业水质标准》《海水水质标准》等多项法律法规、条例办法以及标准。

近年来，我国政府还大力推进海洋生态文明建设。2013年环境保护部启动了《防治陆源污染物污染损害海洋环境管理条例》修订工作，总结1990年以来该条例实施的经验，分析陆源污染防治面临的形势与存在的主要问题。国家海洋局提出了“十三五”海洋生态文明建设的总体目标和路线图，出台了《关于建立海洋生态环境质量通报制度的意见》《海洋生态损害国家损失索赔办法》《国家级海洋保护区规范化建设与管理指南》等多项管理制度。积极推进黄海、东海、南海海洋生态红线划定相关工作[①]。继续推进海洋保护区建设，组织开展了国家级海洋保护区总体规划编制与评审工作。

总体来看，上述法规、政策、措施对我国海洋环境保护起到巨大的促进作用，在经济快速发展过程中，环境污染得到了一定的控制，在某些指标和某些区域环境恶化的趋势甚至有一定的扭转。但历年的《中国海洋环境质量公报》和《中国近岸海域环境质量公报》统计数据显示，我国海洋环境污染总体形势依然严峻，许多法律法规仍停留在纸面上，并没有得到严格落实。很多地区面对经济发展与海洋环境保护的权衡时，环境保护仍被经常牺牲。海洋环境保护的观念并未深入人心，其检测与保护设备、技术手段仍然相对落后。总体而言，海洋环境、渔业生态环境保护工作依然任重道远。

我国关于海洋环境保护的法律法规已经相对完善，进一步的工作重点应当在于保障已有法律法规严格落实。应当大力推行中央“建设生态文明、建设美丽中国”战略任务实践，使习近平总书记“宁要绿水青山，不要金山银山。绿水青山，就是金山银山”的观念广泛深入人心。在一些海洋生态环境需要特别保护的地区，应当将政府部门工作从“以经济建设为中心”转变为“以生态环境保护”为中心，提升环保执法部门权限，建立一把手的环境达标责任制。尤其应当加强对环保执法部门的绩效考核和监督力度，加强环保监测和执法信息公开披露，以满足公众知情权，并接受社会舆论的监督。应改变“重处罚，轻监管”的工作方式，提升监管成效。

此外，各个海洋行政机关之间权限不清、职权交叉重叠已成为当前阻碍《海洋环境保护法》等相关法律、法规实施的重要因素之一。多个海洋行政主体决定了我国目前以分散的行业管理为主、集中协调为辅的海洋管理体制。由于各部门之间的职权分工不明确，而海洋行政主管部门的综合管理的权威又未形成，由此带来了诸如工作相互推诿、重复执法、缺乏协调等问题（滕菲和郭佩芳，2012）。应当进一步使各行政主体厘清职权、理顺体制、明确责任、加强协调，以促进海洋环境保护相关法律落实。

海洋污染危害巨大，但排污企业除按法规接受处罚外[②]，对损害的补偿并不到位，使得排污成本过低，无法从经济上起到遏制作用。对于海洋污染造成

① 海洋生态红线制度是指为维护海洋生态健康与生态安全，将重要海洋生态功能区、生态敏感区和生态脆弱区划定为重点管控区域并实施严格分类管控的制度安排。

② 实践中监管并非有效，很多企业超标排污逃脱了处罚。

的损失，我国法规以核算出的损害确定赔偿金额[①]。由于污染的来源确定、因果关系、损失大小难以准确判断，致使渔业损失难以追偿。尤其是对于海洋捕捞业，海洋环境科学、海洋生物科学以及本书从整体视角展开的实证研究都表明，污染对海洋渔业资源进而对捕捞业有显著的危害。但这些污染的来源复杂，难以准确地确定排污主体，因而也难以确定被追偿的主体。此外，无论从生物还是经济角度衡量，这些污染的损害都难以计量。这对追究污染主体责任，从而遏制海洋环境污染形成了巨大阻碍。建议在完善排污权收费基础上，探索陆域污染区域向海洋环境受损区域的转移赔付机制。进一步充分调研，从总体上确定各类污染对海洋生态环境和渔业资源的具体影响，以将这一损害适当地体现在转移赔付金额以及排污权价格上。排污权的转移支付应当专门用于海洋生态环境保护与恢复。此外，有内河入海的沿海区域，应与内河流域一起，探索建立海洋渔业环境污染的合作治理机制（傅广宛等，2014）。

① 我国于2000年6月开始实施《渔业污染事故经济损失计算方法》。

第九章　资源衰退背景下近海捕捞业可持续发展对策研究

一、政策背景

对于海洋渔业，国务院2013年颁布的《关于促进海洋渔业持续健康发展的若干意见》（国发〔2013〕11号）制定了如下两阶段的发展目标：

（1）到2015年，海水产品产量稳定在3000万吨左右，海水养殖面积稳定在220万公顷左右，其中海上养殖面积控制在115万公顷以内；近海捕捞强度有效控制，外海和远洋渔业综合生产能力不断增强，海水产品精深加工规模不断扩大；渔业组织化程度明显提高，渔民收入稳步增长；渔船装备水平明显提高，安全生产能力进一步提升；现代渔业产业体系和支撑保障体系基本形成；水生生物资源养护和修复能力明显提升，渔业生态环境有所改善。

（2）到2020年，海洋渔业基础设施状况显著改善，物质装备水平进一步提高，科技支撑能力显著提升，海水养殖生态健康高效，渔船数量和捕捞强度与渔业资源可再生能力大体相适应，海水产品供给品种丰富、质量安全，海洋渔业生态环境明显改善，渔民生产生活条件显著改善，形成生态良好、生产发展、装备先进、产品优质、渔民增收、平安和谐的现代渔业发展新格局。

国务院制定的海洋渔业发展目标是我国海洋渔业发展的最权威指南。其中关于近海捕捞所制定的目标为“到2015年……近海捕捞强度有效控制”，“到2020年……渔船数量和捕捞强度与渔业资源可再生能力大体相适应”。与对其他海洋渔业经济部门的“稳定、发展、提高”等目标要求不同，近海捕捞业的政策关键词是“控制”“适应”。显示了资源衰退背景下我国近海捕捞业发展的特殊性。为达到上述目标，《关于促进海洋渔业持续健康发展的若干意见》（国发〔2013〕11号）提出了如下三方面政策措施①：

（1）生产控制。完善海洋渔船管理制度，逐步减少渔船数量和功率总量；严厉打击“三无”（无捕捞许可证、无船舶登记证书、无船舶检验证书）、“大机小标”（实际功率大于铭牌标定功率）渔船及各类非法捕捞和养殖行为；加强渔船建造管理，落实好老旧渔船报废工作，逐步建立定点拆解和木质渔船退出机制，坚决取缔违法违规造船；编制捕捞渔民转产转业规划，加大转产转业政策扶持力度，调动渔民减船转产积极性；严格限制建造对渔业资源破坏强度大的底拖网、帆张网和单船大型有囊灯光围网等作业类型渔船；严厉打击非法捕捞、经营、运输水生野生动植物及其产品的行为；制定禁止或者限制使用的渔具目录。

（2）资源保护与恢复。严格执行海洋伏季休渔制度，加强濒危水生野生动植物和水产种质资源保护，建设一批水生生物自然保护区和水产种质资源保护区，发展海洋牧场，加强人工鱼礁投放，加大渔业资源增殖放流力度，科学评估资源增殖保护效果；继续实施增殖放流和水产养殖生态环境修复补助政策。

（3）海洋环境保护。加强海洋生态环境监测体系建设，强化监测能力；严格控制陆源污染物向水体排放，实施重点海域排污总量控制制度；严格控制围填海工程建设，强化海上石油勘探开发等项目管理，加强渔业水域生态环境损害评估和生物多样性影响评价，完善和落实好补救措施；控制近海养殖密度，加强投入品管理，减少养殖污染；切实加强“三沙”（西沙、中沙和南沙）捕捞管理，保护生态环境；加强渔船油污、生活垃圾等废弃物排放管理，减少对近海、外海和远洋的环境污染。

事实上关于近海捕捞业的上述目标与上述措施，并非该意见首先提出，而是多年来政府、学界甚至业界关于近海捕捞业形成的共识。其中多数政策措施，如近海捕捞渔船数量与功率零增长的“双控”政策、伏季休渔、控制海洋污染等已经实施多年，该意见对其重新进行了完善和强化。后文对上述三类政策历年来的颁布与执行情况进行梳理与总结，并与实证和理论分析的结果比对，以期发现问题，并提出进一步对策。

① 根据该意见内容重新摘编整理。

二、政策评析

（一）生产控制类政策

从法律政策层面而言，我国施行的是限制入渔政策。1979 年农业部颁布了《关于渔业许可证的若干问题的暂定规则》，规定了取得许可证才能从事渔业生产，这意味着我国的自由入渔制度自此转变为控制入渔制度。1986 年我国制定的渔业基本法《中华人民共和国渔业法》，强调了渔业实行许可证制度以及渔船渔具的控制。在渔业组织制度上，渔业股份合作制度在沿海各地形成，逐步完善了产权界定的原则，确立了资源使用的排他性。自 1987 年开始，对海洋捕捞渔船实行渔船数量和主机功率“双控”政策。2000 年 10 月 31 日，第九届全国人民代表大会常务委员会第十八次会议通过了《关于修改〈中华人民共和国渔业法〉的决定》，即人们所说的新《渔业法》，并于 2000 年 12 月 1 日生效。新《渔业法》在继续强调捕捞许可证制度的基础上，明确提出“根据捕捞量低于渔业资源增长量的原则，确定渔业资源的总允许捕捞量，实行捕捞限额制度”，但捕捞限额制度一直未实施。

党的十六大报告提出科学发展观后，对渔业发展提出了更高的要求。国务院批准印发了《2003 ~2010 年海洋捕捞渔船控制制度实施意见》，进一步完善了捕捞渔船“双控”制度。该意见提出，到 2010 年时，全国海洋捕捞渔船船数从 2002 年底的 22. 2 万艘减少到 19. 2 万艘，减船 3 万艘；功率数从 1269. 6 万千瓦减少到 1142. 6 万千瓦，减少 10% 的总体控制目标。同“八五”“九五”期间相比，2003 ~2010 年渔船控制制度在总体目标上突出了压减捕捞渔船和功率数，从以往的控制渔船总量不增加调整为按一定幅度压减渔船总量。2011 年农业部颁布了《关于“十二五”期间进一步加强渔船管理控制海洋捕捞强度的通知》。该通知要求“十二五”期间，继续实施海洋捕捞渔船数量和功率总量控制制度，“十二五”末全国及沿海各省、自治区、直辖市海洋捕捞渔船数量和功率总量不突破《2003 ~2010 年海洋捕捞渔船控制制度实施意见》确定的 2010 年实际控制数。各地可根据实际情况，在完成“十二五”控制任务的基础上，加大渔船控制和减船转产力度。此外，我国还在沿海地区普遍实施海洋捕捞渔民转产转业工程。这些措施的实施在一定程度上控制了捕捞强度的盲目增长。纵观制度的历史变迁过程，我国近海捕捞业制度从自由进入制度到限制进入制度、从投入控制制度到产出控制制度不断演进。

但在实践中，限制入渔政策并未得到完全落实和充分发挥效果。一是“双控”目标未得到严格落实。如根据《中国渔业统计年鉴》，2006 年我国近海捕捞渔船总功率为 1160.2 万千瓦，而到 2012 年，近海捕捞渔船总功率增长到 1211.7 万千瓦，作为“双控”重要内容的全国渔船功率总数不断膨胀。二是捕捞许可证制度未得到有效实施。虽然对海洋渔业捕捞的从业者必须持有捕捞许可证的法律规定已经有多年，并制定了相关的实施细则和管理办法，但仍有大批“三无”渔船和“三证不齐”渔船在近海从事捕捞作业。此外，由于捕捞许可证通常只规定了渔船的主机功率大小、渔具数量、作业类型、作业区域、捕捞品种等，没有明确限制捕捞数量，所以渔民可以通过延长作业时间、改造渔业技术等手段增加捕鱼量。因此，即使能有效限制渔船数量和总功率，实现“双控”，也无法有效控制总捕捞量。三是非渔劳动力入渔未得到有效控制。非渔劳动力指的是外来的、原本不在渔区从事渔业生产，而今却从事渔业捕捞生产的那部分劳动力。非渔劳动力下海的人数在海洋捕捞业从业人员中占有很大的比例。根据 2011 年浙江海洋捕捞劳动力统计，约有 48.6% 的捕捞从业人员为外来捕捞人口（欧焕康和虞聪达，2011）。

目前的“双控”政策还忽视了渔船吨位增长与捕捞业技术进步的作用。在船只数量与功率受到限制的情况下，渔船吨位一直在缓慢增长。根据《中国渔业统计年鉴数据》，近海捕捞渔船总吨位由 2006 年的 484.99 万吨持续增长到 2012 年的 589.29 万吨，年均增长率为 2.07%。此外通过前文的比较静态分析可以发现，在投入、产出价格等其他外生因素不变的情况下，科技进步会导致捕捞努力量上升、资源存量不断下降，并在一定条件下激励生产要素投入量上升。这两种因素也会在船只数量与功率受限的情况下，增加近海捕捞能力。

概括来看，现实状况是渔船“双控”与“三证不齐”渔船限制不利，非渔业人口入渔难以严控。使捕捞努力量在资本、人力、时间等主要生产要素上的投入总量均存在过剩，而产出方面的捕捞限额制度停步不前。总捕捞能力大于最大可持续生物捕捞量（MSY），并突出表现在很多区域非禁渔期内渔民自由放弃捕鱼。在近海资源逐步衰退，渔业租值严重耗散的现状下，虽然相关部门做了很多艰苦的努力，我国近海捕捞事实上缺乏有效控制，反而符合自由入渔的特征。

（二）资源保护与恢复类

1995 年，农业部正式宣布对黄海和东海海域实施伏季休渔制度。规定每年的7月1日至8月31日在东海、黄海海域实行全面休渔制度，禁止拖网和帆式张网渔船进入北纬27度以北至35度以南的黄海、东海生产；9月1日至10月31日拖网渔船可以在机动渔船拖网禁渔区线向东30海里线以东的海域作业，但须实行幼鱼比例检查制度。1998年，农业部在总结前3年伏季休渔制度的基础上，实施新的伏季休渔制度。调整后的伏季休渔制度，把东海和黄海海域南部的休渔时间延长为3个月，并扩大了伏季休渔范围。1999年农业部渔业局和南海区渔政局经过调查研究决定，在北纬12度以北的南海海域（含北部湾），每年6月1日零时起至7月31日24时，实施伏季休渔措施。至此，伏季休渔制度落实到整个中国海域。此后，农业部还适时根据渔情和资源状况，不断地调整和完善伏季休渔制度相应内容。

伏季休渔为主要经济鱼类繁衍及幼鱼生长提供了较充足的时间和空间，因而使种群得到休养生息，渔业资源得到恢复性增长，渔业资源密度增加，渔获率有了明显的提高。从经济学角度来看，伏季休渔给渔业带来了一定的经济效益。一是渔获产量和产值均增加。实行伏季休渔制度，使开捕后渔场鱼类资源密度增加，渔获个体增大。无论是渔获产量还是渔获质量都有不同程度的提高，这有效地促进了渔民的增产增收。二是伏季休渔期间，参加伏休的众多渔船减少了海上作业时间，从而节省了大量人力、物力和财力。据有关资料显示，伏休期间节省了大量柴油、水、冰等物资，减少了渔船、机器、网具、助渔设备与仪器的损耗，估计每年生产成本降低在20%以上（刘子藩和周永东，2000）。概括来看，休渔给广大渔民带来了实惠，极大地提高了渔民休渔的自觉性，也展示了中国是负责任渔业大国的良好形象（陈艳明和包特力根白乙，2010）。

但是休渔制度并不能从根本上解决渔业资源的过度捕捞问题。休渔期间为渔民进行技术创新提供了机会。捕捞技术进步带来的是增长的捕捞努力量及渔获量。开捕后良好的经济效益预期又会诱导渔业生产者增加渔业生产的投入，改进捕捞技术、增加渔网渔具等，从而使捕捞努力量得到进一步提高。伏季休渔效果被开捕后更大的超强度捕捞所抵消（朱玉贵，2009）。

我国渔业资源增殖放流工作始于20世纪50年代末，虽然起步相对较晚，但发展较快。目前，我国的四大海域已全部开展增殖放流工作。早在1979年2月国务院就颁布了《水产资源繁殖保护条例》，开始重视水产资源的繁殖保护问题，将渔业资源的繁殖保护纳入法制轨道。1986年渔业法的实施进一步加大了依法保护渔业资源的力度。2003年，农业部发布了《关于加强渔业资源增殖放流活动工作的通知》，进一步倡导和规范渔业资源增殖放流行为。2006

年国务院发布的《中国水生生物资源养护行动纲要》，提出要把水生生物增殖放流和海洋牧场建设作为养护水生生物资源的重要措施之一。2007 年农业部落实中央财政“水生生物资源增殖放流示范项目”，以推进全国渔业资源增殖放流工作。同年发出《关于加强渔业资源增殖放流的通知》，并以实施通知各项要求为基础，制定《渔业资源增殖放流管理规定》。2008 年 11 月，党的十七届三中全会关于推进农村改革发展的决定，明确指出要“加强水生生物资源养护，加大增殖放流力度”，中央全会上再次对水生生物资源养护工作进行部署。2009 年 4 月，农业部发布的《水生生物增殖放流管理规定》，在引导和鼓励增殖放流活动的基础上，进一步规范水生生物增殖放流活动的各项工作。2010 年 12 月，农业部印发了《全国水生生物增殖放流总体规划》，提高增殖放流的科学化、规范化和社会化水平（贾晓平，2009）。

近年来，我国增殖放流的实施取得了良好的效果。促进了渔业种群资源恢复，改善了水域生态环境，促进了濒危物种与生物多样性保护，增加了渔业效益和渔民收入，同时还增强了社会各界资源环境保护意识。从生态效益来看，在各类天然水域中通过增殖放流合理密度的水生生物资源，可以改善水质并能有效控制湖泊水华和海洋赤潮等灾害现象的发生，在优化水域生态环境方面发挥着重要作用。根据科研监测和渔民反映，渤海和黄海北部重新形成中国对虾、海蜇和梭子蟹鱼汛，浙闽部分近海海域重现一定规模的大黄鱼野生群体。从促进渔民增收看，2010 年全国投入放流资金 7.1 亿元，可分别增加捕捞产量 22 万吨和捕捞产值 30 亿元以上，直接投入产出比在 1:5 左右，约使 150 万专业捕捞渔民获益，人均直接收益在 2000 元以上（农业部渔业局，2010）。辽宁省 2012 年在黄海北部和辽东湾共回捕中国对虾 555 吨，同比增加 121 吨，增长 21.8%。截至 2012 年 11 月底，山东全省累计回捕增殖渔业资源 4.14 万吨（不包括底播贝类），创产值 19.92 亿元，同比分别增长 10% 和 12.43%。江苏省 2012 年增殖放流可为渔民增收 2.1 亿元，浙江省 5 年来增殖放流累计增加社会总产值 20 亿元以上（郭睿，2013）。从社会效益来看，各种形式的增殖放流活动产生了良好的社会影响，社会各界人士通过这些活动了解了水生生物资源养护工作，也了解了渔业发展和管理工作，开始关注和支持渔业资源和水域生态。形成了政府主导、各界支持和群众参与的良好社会氛围，生态、经济和社会效益显著（孙政才等，2009）。虽然我国增殖放流工作还存在诸如基础研究相对滞后、放流规划不合理、增殖放流过程存在一定盲目性、增殖放流效果评价体系不完善等若干问题，但增殖放流无疑为我国渔业资源保持和渔业经济增长发挥了重要而不可替代的作用（李陆嫔和黄硕琳，2011）。

（三）海洋环境保护类

海洋环境保护工作是国家环境保护管理工作的重要组成部分，一直以来受到国家层面的重视。从1983年3月1日起，我国开始施行《海洋环境保护法》，中国的海洋环保工作正式走上法制轨道，2000年4月1日正式施行修订后的《海洋环境保护法》。此外，还先后颁布和实施了《防止船舶污染管理条例》《防治海洋石油勘探开发污染海洋管理条例》《防止倾废污染海洋管理条例》《防止陆源污染物污染损害海洋环境管理条例》《防止海岸工程建设项目污染损害海洋环境管理条例》和《防止拆船污染损害环境管理条例》等。由于陆源污染占海洋环境污染的80%，在2000年，中国政府批准了第一个以整治陆源污染为重点的海域环境保护行动计划——“渤海碧海行动计划”，并于中国第十个国民经济和社会发展五年计划期间实施。2006年，我国编制了保护海洋环境免受陆源污染国家行动计划工作的国家报告，作为防治陆源污染规划工作的纲领性文件。党的十八大以来，环境保护工作被提升到新的高度。十八大报告提出“提高海洋资源开发能力，发展海洋经济，保护海洋生态环境，坚决维护国家海洋权益，建设海洋强国”的宏伟目标，并指出“面对资源约束趋紧、环境污染严重、生态系统退化的严峻形势，加大自然生态系统和环境保护力度，建设生态文明，是关系人民福祉，关系民族未来的长远大计”。环境保护工作得到进一步加强。

经过不懈的努力，我国在保护海洋环境免受陆源污染方面取得了一定的成效。但与环境保护目标相比，还存在相当的差距。《中国渔业生态环境质量公报》的监测结果表明，我国渔业水域生态环境质量状况总体保持稳定，但局部渔业水域污染仍然比较严重，氮、磷、石油类和重金属铜成为主要的污染因子。陆源污染对海洋渔业生态产生严重威胁，海洋渔业环境污染范围不断扩大，大部分河口、海湾以及大中城市邻近海域污染日趋严重。《中国海洋环境质量公报》的监测结果显示，2012年我国海域水质劣于第四类海水水质标准的海域面积为6.7万平方千米，比2000年的2.9万平方千米增加了1倍多。根据国家海洋局发布的《中国海洋灾害公报》统计资料显示，2000~2012年，我国沿海共发现赤潮939次，累计面积超过18万平方千米，直接经济损失37.02亿元。绿潮呈高发态势，2008~2012年，绿潮累计最大分布面积超过15万平方千米。总体来看，在经济快速发展的背景下，海洋环境污染总体趋势日益严重，始终无法得到有效地治理。而第八章的实证研究表明，近海污染对近海渔业资源确有显著负面影响。

三、政策建议

从上面的分析可以看到，促进近海捕捞业良性发展的三方面举措中，捕捞能力控制已经做了很大的努力但收效甚微。渔业资源保护和恢复初见成效，由于巨大的过剩捕捞能力及持续恶化的近海环境，仍无法起到扭转趋势的作用。而海洋环境保护工程量巨大，需要全社会各个经济部门的整体配合，更是难以短期见到成效。而且海洋环境只是渔业资源的保障性因素，若要达成近海捕捞业“到2020年……渔船数量和捕捞强度与渔业资源可再生能力大体相适应”的总目标，工作重点仍须放在前两项。

（一）落实严格限产政策

我国近海捕捞能力控制方面的政策已经制定实施多年，但减少过剩捕捞能力的效果甚微。由前述分析可知，近海捕捞渔船纳入“双控”的比例越高，则该省份捕捞业技术效率越高，表明“双控”政策落实对于过剩捕捞能力控制有切实作用，因而应严格落实。近海捕捞能力控制的难点主要在于三个方面：一是商业捕捞的利益驱动。对于已经拥有渔船并获得捕捞准入的船主来说，捕捞业的利润仍然较高，尤其是2006年国家对渔用柴油实施补贴之后其收益更高，因而难以消减。二是生计渔民的刚性需求。传统以渔为生的渔民在无法获得合法准入时，往往私造渔船违法捕鱼，造成“三无”船只屡禁难绝。面对世代以渔为生的渔民，为社会稳定与和谐，管理部门在事后查处“三无”船只时，只能采取查罚与补发临时捕捞许可证的办法弥补，难以从根本上予以杜绝。三是执法队伍力量较弱，执法不严。相比广袤的海洋、众多的渔船，我国渔政执法力量在设备、经费、人员上都有所不足；并且渔政执法人员也多为本地人，与渔户本身有千丝万缕的关系，难以做到执法必严，违法必究。

针对上述问题，本书根据利益引导，疏堵结合的原则，提出以下对策。一是消减柴油补贴。从实践情况来看，渔用柴油补贴主要补贴给占有渔船功率比重较大的商业性渔户，而普通生计性渔民多数并不拥有自己的渔船，只为大渔户打工，因而无法充分享受柴油补贴带来的益处。此外，在WTO的《SCM协议》中渔用柴油补贴也属于禁止性补贴。因而建议消减渔用柴油补贴，将其转而用于渔民保障、转产、转业、渔船拆解及其相关的培训补贴，并重点建立和完善渔民养老、失业保障制度。二是将水生生物资源等生态资源逐渐纳入征税范围。按影响环境程度设置税率，逐步用经济手段约束环境治理行为，以遏制环境日益恶劣的态势。近海渔业资源为公共资源，私人获取并以之获利理应付出相应成本，并用以今后的生态补偿。目前的海洋渔业资源无偿占用，导致资源破坏严重，不利于可持续发展，也无法有效保护生态环境。应建立和实行税收差异或优惠政策，确定计税依据，实现税费合并，并合理划分中央与地方的资源税分配权益，调动中央与地方共同保护、管理资源的积极性。三是严格渔政执法。要从推进生态文明建设、保护生态安全、促进渔业可持续发展的高度，深刻认识非法捕捞行为的危害性，养护水生生物资源的重要性和紧迫性，制定有针对性的专项行动实施方案，认真开展好渔政执法专项行动，切实取得实效。在渔政执法中要站在全局的高度分析问题、解决问题，把握好政策界限，使渔业违法行为的处理合情、合理、合法。坚持实事求是、秉公办案的原则，严格执法程序，做到事实清楚、证据确凿、适用法律准确、程序合法、处理适当。针对渔政执法的各个环节制定完善的工作流程，做到程序化、制度化、规范化。对渔政人员的执法行为监督到位，对渔业违法案件的处理过程监督到位，对执法过错责任追究监督到位。我国 2013 年后重组新的国家海洋局，海上执法队伍得到整合加强，人员、设备、经费保障更加重组，应能极大提高近海渔政执法能力。

（二）修正渔船数量和主机功率零增长“双控”政策

目前的“双控”政策，虽限制了捕捞努力量的增长，但资源不断衰竭的现实表明捕捞量仍大于渔业资源再生量，捕捞努力量消减刻不容缓。建议修正“双控”政策的“零增长”目标，将其设定为捕捞要素投入每年须要有一定比例的消减，以便达成随时间积累使年捕捞量与资源再生量相匹配的目标。由于技术进步会在要素投入不变的情况下提升捕捞努力量，因而要素投入消减比例应当大于捕捞业技术进步的速度。由于缺失资源存量数据，近海捕捞业技术进步无法直接估计。根据对近海及全国渔业、农业及国民经济整体的技术进步率做推测，近海捕捞业技术进步率应在 1.7% ~5.5%。建议近海捕捞业生产要素投入减少比率至少在 3% 以上，才可能使捕捞努力量有实质性缩减。从前面分析来看，我国近海资源存量年均下降率至少为 6%。渔业资源衰退是由于年捕捞量大于渔业资源再生量而导致，渔业资源变化率 c 可表示为：

$$c = \frac{r \cdot S - E \cdot S}{S} = r - E \qquad (10-1)$$

式中，r 为近海渔业资源存量的内在增长率，S 为渔业资源存量，E 为捕捞努力量，表示为捕捞量占渔业资源存量的比例。若 r 已知，则可依据 $r-E=-6\%$ 的关系计算出为保持资源量不变须消减捕捞努力量的比例。例如，若已知 $r=0.2$[①]，则根据式（10－1）可得 $E=0.26$，为保持资源量不变应有 $E=r=0.2$，因而捕捞努力量应消减的比例为 0.06/0.26＝23.1%，如安排在 10 年内达成该消减比例，每年需消减的捕捞努力量应为 2.3% 左右。如技术进步率为 3%，则实际每年应消减的要素投入比例为 5.3% 才能达成这一目标。设定准确的消减目标应以对 r 的准确估计为前提，为使近海捕捞努力量有实质性缩减，"双控"目标至少应设定为捕捞业生产要素投入年递减 3%，以抵消技术进步带来的捕捞努力量上升。

（三）消减捕捞能力应当分省设立目标，不搞"一刀切"

从对技术效率指标的分析来看，各省（市、区）之间技术效率差别较大，且长期没有收敛的倾向。对于技术效率低的省份，其捕捞要素投入量消减目标应当更高，无论其技术效率低下的原因是渔业资源存量低还是对捕捞业要素投入的运用水平低下。从技术效率测算数据来看，上海、浙江、广东、辽宁应当作为控制过剩捕捞能力的重点省市。技术效率低的省（市、区）一般而言捕捞业的经济效益也会更差，消减过剩捕捞能力的阻力应当更小。实证结果也表明技术效率较高的省（市、区）捕捞能力控制更难，因而过剩能力控制可遵循对不同省（市、区）和省（市、区）内不同地区"差异对待，先易后难"的政策路径，以减少抵触，便于推行。

建议以各省（市、区）技术效率指标值为基础，分别确定各省（市、区）捕捞渔船功率消减比例。具体而言，可将技术效率最高的省（市、区）消减比例作为基准，其他省（市、区）以其技术效率占最高技术效率比例的倒数，来确定其消减比例对基准比例的倍数。并使各省（市、区）消减比例的加权（以各省（市、区）总功率占全国总功率为权重）平均，等于总的消减目标。例如，设技术效率最高的山东消减比例为 2%，而浙江技术效率值占山东技术效率值的比例为 0.471，其倒数为 2.133，则可确定浙江消减比例为 2%×2.133＝4.27。将其他所有省（市、区）做类似计算，并求加权平均，可得全国总的功率消减比率为 3.11%，并可知 2% 的基准比例设置恰当。这种确定方

① r 的估计并不容易，相关研究一般针对某区域的某种群进行估计，对整个海区的估计需要在对海区内各主要种群的 r 以及种群变动有良好估计的基础上进行。但 r 的准确估计相对而言不太重要，它影响的是捕捞努力量每年消减一定比例时，达成资源再生量与捕捞量相匹配的时期长度。

式，既能保证技术效率低（近海捕捞能力相对于资源存量过剩比例大）的省（市、区）有较快的消减速度，从而保证区别对待的公平性，又能使全国总的功率消减比例处于适当水平。为实践中方便起见，可将按上述方法计算的省（市、区）消减比例取整（见表9－1）。

表9－1　分省（市、区）近海捕捞业功率消减比例核算

省（市、区）	技术效率	总功率（万千瓦）	功率比重	基准消减比例（%）	消减倍数	实际消减比例（%）	四舍五入（%）
山东	0.961	132.063	0.110	2	1.000	2.00	2
天津	0.944	3.528	0.003	2	1.021	2.04	2
广西	0.930	69.216	0.057	2	1.032	2.06	2
海南	0.909	99.418	0.082	2	1.055	2.11	2
河北	0.842	29.864	0.025	2	1.143	2.29	2
福建	0.797	173.279	0.144	2	1.200	2.40	2
江苏	0.791	57.215	0.047	2	1.215	2.43	2
辽宁	0.601	100.160	0.083	2	1.600	3.20	3
广东	0.535	197.196	0.164	2	1.778	3.56	4
浙江	0.453	338.359	0.281	2	2.133	4.27	4
上海	0.293	5.664	0.005	2	3.310	6.62	7
全国加总						3.11	3

注：表中各省市技术效率与总功率均为2006～2012年平均值。

按上述方法计算取整后，沿海各省份总功率消减倍数可分为四个档次。其中山东、天津等7省（市、区）消减比例为2%，辽宁为3%，广东、浙江两省为4%，上海为7%。全国消减比例加权平均为3%。实践中为减少档次，进一步方便政策管理，还可将辽宁和上海分别归入2%和4%档。辽宁、上海近海捕捞总功率较小，因而这种处理对整体消减比例影响很小。这样消减比例只分为两个档次，上海、广东、浙江消减比例为4%，其他省（市、区）为2%。上海、广东、浙江是我国沿海经济最发达的省市，也理应能够承担比其他各省份更高的消减比例。

（四）探索和推进捕捞限额管理

我国《渔业法》中规定国内海洋捕捞业实行捕捞限额制度，但在实践中并未推行。在捕捞渔船数量大幅消减，各种非法捕捞得到有效控制的前提下，可探索和推进捕捞限额总量（Total Allowable Catch，TAC）制度的实施。国外实践表明，TAC 与要素投入控制结合运用，可有效维护渔业生态资源，在一定程度上提升渔业经济效益。但是 TAC 制度下渔业资源仍属共有，而这会导致捕捞者竞争性捕捞、未限制生产要素过量投入以及渔获物集中上市，从而导致渔业经济效益受损。而若能单独拥有某一渔业资源并完全获得其经济租金，则渔民就有动机养护这一资源，以便能够从这一资源的持续利用中受益（Scott，1955）。基于此，Christy（1973）提出了个别可转让配额（ITQs）制度，在渔业发达国家得到推广并取得巨大成效。Stavins（2011）总结了国外实践，发现此类基于权利的捕捞产出控制政策，能够有效抑制捕捞能力的过度增长，已成为国外渔业发达国家控制海洋捕捞能力提升经济效益的主要政策工具。我国学者慕永通（2005）也提出，构建基于产权的渔业管理体制是确保我国海洋捕捞业可持续发展的关键性制度屏障，慕永通和梁振林（2010）还对捕捞限额制度的可行性进行了论证。基于权利的捕捞限额管理制度，能够在很大程度上确保潜在资源租的实现，捕捞者也有提升生产安全、技术水平以及进行资源养护的内在激励，在一定程度上简化了渔业管理工作。应当加强基于权利的捕捞限额管理制度的研究，并将其作为今后进一步改革的可行方向。建议在相对独立，易于监控的鱼种管理上进行试点，以积累经验。

（五）加大渔业资源保护力度，严控近海污染

通过严格执行伏季休渔制度、建立海洋生态资源保护区、投放人工渔礁、减少海洋污染等多种手段保护渔业生态资源。尤其是应进一步加强渔业增殖放流力度。增殖放流是对抗近海渔业资源衰退的最直接手段，也具有最显著的效果，很多品种投入产出比可达 1∶10 以上（张秀梅等，2009）。从已有的相关报道来看，各省（市、区）之间渔业增殖放流的品种、规模、投入有显著不同。山东近海捕捞业技术效率排位第一很大程度上是由于增殖放流规模一直处于全国前列。各省（市、区）之间应当进一步加强交流，理顺机制，加大增殖放流投入。恢复近海资源的成本巨大，应当进一步研究增殖放流、人工鱼礁建设、建立保护区等措施的实际效果及投入产出比，以高效节约的推行这项工作。此外，对渔业资源的科学利用与合理规划，需要由相应的渔业资源统计调查数据支撑。应当进一步加强海洋渔业资源的调查、检测与评估体系，并常年性开展工作。前文实证分析结果还显示，近海污染对于近海捕捞产出和技术效率有显著的负向影响，这进一步表明近海污染对于近海渔业资源存量有显著的

负面作用。事实上，近海污染除了造成渔业资源下降，还会造成捕获物的质量下降，积存在捕获物中的重金属及化学物质还会危害食品安全。应切实落实好我国海洋环境保护工作的各项法规政策，做好海洋环境保护工作，这一点第八章做了较详细讨论，此处不再赘述。

第十章　远洋捕捞业发展历程与现状

一、发展历程[①]

20 世纪 80 年代，随着国内水产品市场的放开，沿海捕捞船只迅猛增长，近海渔业资源逐渐出现衰竭。1985 年 3 月，中共中央、国务院印发了《关于放宽政策、加速发展水产业的指示》，肯定了发展远洋渔业的方针。在国家有关部委的支持下，1985 年 3 月 10 日，中国水产联合总公司（中国农业发展集团有限公司的前身）派出由 13 艘渔船、223 名船员组成的我国历史上第一支远洋船队，从福建马尾港出发，航程 1 万余海里，抵达西班牙属西非加那利群岛拉斯帕尔玛斯海港，与几内亚比绍、塞内加尔等西非国家开展远洋渔业合作，实现了我国远洋渔业“零”的突破。

（一）起步和积累阶段

1985～2000 年，是我国远洋渔业发展的起步和积累阶段。我国远洋渔业企业先后派遣 1700 多艘远洋渔船出海作业，作业海域从几内亚、几内亚比绍等几个西非国家扩展到亚洲、南太平洋等 30 多个国家和地区，并开始在白令海、鄂霍次克海和大西洋开发公海渔业资源。15 年间，累计捕捞渔获近 800 万吨，缓解了国内优质水产品供应不足的矛盾，取得了显著的经济效益和社会效益。我国远洋渔业在国外站稳了脚跟，并为日后发展奠定了坚实基础。

---

① 本节内容节选自《中国水产》2015 年第 4 期中的文章《远洋渔业三十年艰苦拼搏铸辉煌——专访中国农业发展集团董事长刘身利》。

（二）跨越阶段

2001～2010年，是我国远洋渔业发展的跨越阶段。这个阶段的最大特点是开发公海渔业资源的能力显著增强。2001年，国务院批准实施《我国远洋渔业发展总体规划（2001～2010年）》，明确将远洋渔业作为“走出去”战略和发展外向型经济的重要组成部分，提出了优先发展大洋性公海渔业的战略目标、战略重点和保障措施。到2010年，公海渔船数由2000年的248艘增长到729艘，占远洋渔船总数比例由14%增长到47%；公海渔业产量由2000年的13万吨增长到48万吨，占远洋渔业产量比例由15%增长到43%。作业海域遍及大西洋、印度洋和太平洋公海，并开始向南极海域进军。在此期间，我国远洋渔业脱胎换骨，发生了质的变化。

（三）转型升级阶段

2011年至今，是我国远洋渔业发展的加速转型升级阶段。这个阶段的最大特点是国家政策扶持力度进一步加大，远洋渔业装备水平显著提高，产量迅速增加。2012年，国家出台海洋渔船更新改造扶持政策，新建远洋渔船速度明显加快，一大批新建的专业化远洋渔船投入生产，产业规模和综合实力显著提升。同时，与国际渔业管理规则相适应的远洋渔业管理制度日趋完善，远洋渔业发展的各项指标均创历史新高。我国开始从远洋渔业大国向远洋渔业强国稳步迈进。

二、发展现状

（一）发展概况①

我国远洋渔业经过30年的发展历程，取得了令人瞩目的成就，在管理手段、发展规模、渔业队伍、研发能力、综合产业链建设等方面不断取得新进展，形成了“政府管理、协会组织、科研支持、企业参与”的有序灵活发展机

① 本小节内容节选自《中国水产》2015年第4期中的文章《远洋渔业三十年艰苦拼搏铸辉煌——专访中国农业发展集团董事长刘身利》。

制，走出了一条具有中国特色的远洋渔业发展道路。

1. 产业规模进入世界前列

2014 年全国远洋渔业总产量和总产值分别达 203 万吨和 185 亿元，作业远洋渔船达到 2460 艘，总功率达到 200 万千瓦，船队总体规模和远洋渔业产量均居世界前列。公海渔业资源开发能力最能体现一个国家的远洋渔业综合实力。我国公海鱿鱼钓船队规模和鱿鱼产量居世界第一，金枪鱼延绳钓船数和金枪鱼产量居世界前列，专业秋刀鱼船数和生产能力跨入世界先进行列，南极磷虾资源开发取得重要进展。

2. 装备水平显著提升

2011 年以来，新建造专业远洋渔船达 1300 多艘，远洋渔业船队船龄老化问题明显得到改善，中大型渔船所占比重明显增大，远洋渔船整体装备水平显著提高，现代化、专业化、标准化的远洋渔船船队初具规模。渔船和船用设备设施的设计、制造能力明显提升，我国自主设计、建造的一批金枪鱼超低温延绳钓船、金枪鱼围网船、秋刀鱼舷提网船先后投产，标志着我国建造大型专业化远洋渔船水平迈向了新的台阶。

3. 产业结构日趋优化

作业海域由几个西非国家扩展到 40 个国家和地区的专属经济区以及太平洋、印度洋、大西洋公海和南极海域，2014 年公海渔业产量所占比重达到 65%。捕捞方式由单一拖网作业发展到拖网、围网、刺网、钓具等多种作业类型。经营内容由单一捕捞向捕捞、加工、贸易综合经营转变，成立了 100 多家驻外代表处和合资企业，建设了 30 多个海外基地，在国内建立了多个加工物流基地和交易市场，产业链建设取得重要进展。

4. 政策制度逐步完善

从 1985 年起步以来，国家就在财政、税收等方面对远洋渔业给予扶持，对优化我国远洋渔业产业结构、提高装备水平、增强国际竞争能力等发挥了重要作用。同时，针对远洋渔业专业性、涉外性强和从业风险大的特点，农业部制定了《远洋渔业管理规定》，建立了远洋渔业项目和企业资质管理制度，实施了生产情况报告、标准化捕捞日志、渔船船位监测、派遣国家观察员、签发合法捕捞证明等为主要内容的监管措施，覆盖远洋渔业生产全过程，为促进远洋渔业规范有序发展提供了有力的制度保障。

5. 服务大局的作用显著增强

我国先后与亚洲、非洲、南美和太平洋岛国等许多国家建立了渔业合作关系，与 20 多个国家签署了渔业合作协定、协议，加入了 8 个政府间国际渔业组织，实现了我国远洋渔业在现有国际渔业管理格局下的顺利发展。在遇到当地国家发生战乱、政变和灾害时，我国远洋渔业海外基地及船队及时按照国家统一部署，调动船舶和人员紧急救援。远洋渔业对争取国家海洋权益、巩固我国与有关国家之间的友好合作关系、服务国家政治外交大局等方面发挥了重要作用。

（二）投入产出概况

1. 远洋捕捞投入

表 10－1 列出了 2010 年、2012 年、2014 年沿海各省（市、区）/单位远洋捕捞渔船的数量与总功率，数据均来自《中国渔业统计年鉴》。分析表可发现，中农发、浙江、辽宁、福建、山东、广东一直是我国远洋渔业大省（市、区）/单位，远洋捕捞渔船均在 150 艘以上，其远洋渔船数量与总功率占了全国的约 9 成。2010～2014年，全国远洋渔船数量和总功率迅速增加，年均递增率分别为 15% 和 30%，总功率高于渔船数一倍的增长速度表明，在此期间渔船平均功率也快速增加。传统的远洋渔业大省增长迅速，尤其是山东、福建两省，以功率计年均增长速度高达 84% 和 76%。2010 年山东、福建远洋渔船总功率尚为浙江一半左右，至 2014 年已经基本相同。中农发远洋渔船规模长期领先各省（市、区），但在 2014 年已排在浙江、山东、福建、辽宁之后。高速发展下，我国远洋渔船生产格局发生了显著变化。

表 10－1　2010～2014 年各省（市、区）/单位远洋渔船统计

省（市、区）/单位	2010 年		2012 年		2014 年		年均增长	
	船数（艘）	功率（万千瓦）	船数（艘）	功率（万千瓦）	船数（艘）	功率（万千瓦）	船数（%）	功率 %
北京	6	0.46	9	0.56	12	0.97	25.00	27.70
天津	18	1.12	23	1.41	22	1.35	5.56	5.19
辽宁	249	12.41	311	17.44	358	31.41	10.94	38.26
上海	88	9.09	79	9.04	79	9.52	－2.56	1.16
江苏	35	0.52	38	0.65	46	1.16	7.86	30.91
浙江	285	17.12	418	28.63	536	41.86	22.02	36.14
福建	182	9.51	274	15.45	493	38.43	42.72	76.06
山东	170	9.53	190	12.51	391	41.52	32.50	83.95
广东	146	5.01	115	4.53	174	8.89	4.79	19.39

续表

省（市、区）/单位	2010 年		2012 年		2014 年		年均增长	
	船数（艘）	功率（万千瓦）	船数（艘）	功率（万千瓦）	船数（艘）	功率（万千瓦）	船数（%）	功率 %
广西	19	0.79	23	0.94	9	0.37	-13.16	-13.32
中农发	348	25.97	350	26.21	340	27.07	-0.57	1.06
总计	1546	92.00	1830	117.00	2460	203.00	14.78	30.33

2. 远洋捕捞产出

表 10-2 列出了 2010 年、2012 年、2014 年沿海各省（市、区）/单位远洋捕捞总产量与总产值[①]，数据均来自《中国渔业统计年鉴》。分析表 11-1 可发现，4 年来我国远洋渔业产出格局发生了巨大变化。2010 年，中农发以 21.94 万吨的捕捞产量居各省（市、区）/单位之前，福建、辽宁、浙江、山东捕捞位居其后，在 15 万～20 万吨。到 2014 年，浙江以 53.27 万吨高居第一位，山东、辽宁均为 33 万吨以上，而中农发与福建约为 26 万吨。在此期间，浙江远洋捕捞量年均增长率高达 55.42%，而山东和辽宁远洋捕捞量年均增长率分别 35.91%22.10%，增长也非常迅速，而中农发的年均增长率仅为 4.72%。结合表 10-1 可发现，福建、辽宁远洋捕捞船总功率虽与浙江基本相同，但产出方面仍有较大差距，表明其捕捞渔船的使用效率较低，这可能是由于远洋渔业人才与可利用资源并未与远洋渔船同步发展导致。以全国总计来看，总产量的年均增长率为 20.40%，而总产值的年均增长率为 13.79%，表明远洋渔获平均价格不断下降，这可能是由于新增产量的品种、规格经济价值较低，或产量大幅增长后，原有供需平衡打破，导致渔获市场价格下降所致。

表 10-2 2010～2014 年各省（市、区）/单位远洋渔业产出统计

省（市、区）/单位	2010 年		2012 年		2014 年		年均增长率	
	总产量（万吨）	总产值（亿元）	总产量（万吨）	总产值（亿元）	总产量（万吨）	总产值（亿元）	总产量（%）	总产值（%）
北京	0.90	0.94	0.96	0.96	1.32	1.09	11.67	3.99
天津	0.90	1.23	1.08	1.26	2.00	1.36	30.56	2.64
辽宁	17.53	17.76	17.84	19.16	33.03	20.23	22.10	3.48

① 产值按当年价计。

续表

省（市、区）/单位	2010年		2012年		2014年		年均增长率	
	总产量（万吨）	总产值（亿元）	总产量（万吨）	总产值（亿元）	总产量（万吨）	总产值（亿元）	总产量（%）	总产值（%）
上海	9.99	7.09	11.02	12.45	14.96	13.71	12.44	23.34
江苏	0.89	1.45	1.38	2.16	1.99	1.91	30.90	7.93
浙江	16.56	18.82	29.09	23.59	53.27	41.17	55.42	29.69
福建	18.05	19.10	21.23	20.40	26.45	33.33	11.63	18.63
山东	14.98	18.04	13.50	18.22	36.50	32.24	35.91	19.68
广东	9.48	10.16	5.56	6.91	6.84	10.62	-6.96	1.13
广西	0.41	0.30	0.40	0.44	0.28	0.31	-7.93	0.83
中农发	21.94	24.26	20.29	26.54	26.08	28.89	4.72	4.77
总计	111.64	119.15	122.34	132.09	202.73	184.86	20.40	13.79

由图10－1可见，2014年浙江、山东、辽宁、福建、中农发远洋捕捞产量最高，均在20万吨以上，占全国总产量比例均在10%以上，合计占全国总捕捞量约85%。

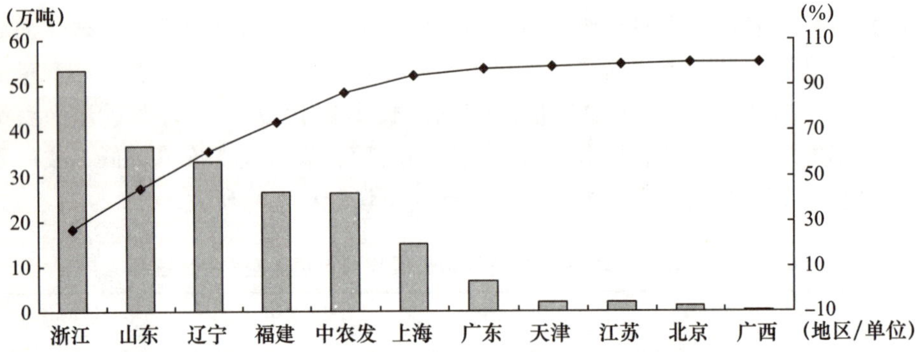

图10－1 2014年各省（市、区）/单位远洋渔业产出统计

表10－3列出了2014年沿海各省（市、区）/单位远洋渔业销售情况统计。从全国来看，远洋捕捞产量的66%运回国内销售，约34%直接在境外销售。浙江外销比例最低，为13.30%，山东、辽宁外销比例约为40%，福建、中农发外销比例与全国平均水平持平。全国远洋渔获销售均价为1.1万元/吨，

远洋渔业大省中山东、中农发销售均价较高，福建、广东销售均价较低。总体而言，我国远洋渔获销售均价并不高，应进一步提高保鲜储运和综合加工能力，优化产品结构，提高产品附加值。

表 10－3　2014 年各省（市、区）/单位远洋渔业销售情况统计

省（市、区）/单位	总产量（万吨）	均价（万元）	国内销量（万吨）	比例（%）	境外销量（万吨）	比例（%）
北京	1.32	0.91	0.99	74.91	0.33	25.09
天津	2.00	0.82	1.57	78.35	0.43	21.65
辽宁	33.03	0.68	19.63	59.44	13.40	40.56
上海	14.96	0.61	7.22	48.26	7.74	51.74
江苏	1.99	0.92	1.02	51.11	0.97	48.89
浙江	53.27	0.96	46.18	86.70	7.08	13.30
福建	26.45	0.77	18.34	69.34	8.11	30.66
山东	36.50	1.26	20.66	56.60	15.84	43.40
广东	6.84	0.88	2.16	31.53	4.68	68.47
广西	0.28	1.55	0	0	0.28	100.00
中农发	26.08	1.12	16.56	63.49	9.52	36.51
总计	202.73	1.11	134.33	66.26	68.40	33.74

从捕捞品种看（见表 10－4），我国远洋渔业最大的单一捕捞品种是鱿鱼，占捕捞渔获总量的 43.33%，其次是金枪鱼，占捕捞渔获总量的 14.05%，合计占总量的近六成。各省（市、区）/单位远洋渔获的品种构成差异很大，表明各省（市、区）/单位各自追求不同的发展重点。浙江、山东、辽宁以鱿鱼捕捞为主，而上海、广东、广西金枪鱼比重超过三成。

表 10－4　2014 年各省（市、区）/单位远洋渔业产出分鱼种统计

省（市、区）/单位	总产量（吨）	金枪鱼		鱿鱼	
		产量（吨）	占比（%）	产量（吨）	占比（%）
北京	13222	481	3.64	10531	79.65
天津	20046	957	4.77	2398	11.96
辽宁	330295	11333	3.43	132817	40.21
上海	149649	75371	50.37	23335	15.59

续表

省（市、区）/单位	总产量（吨）	金枪鱼		鱿鱼	
		产量（吨）	占比（%）	产量（吨）	占比（%）
江苏	19907	0	0	7962	40.00
浙江	532666	72590	13.63	392187	73.63
福建	264487	17837	6.74	19865	7.51
山东	365042	39714	10.88	172347	47.21
广东	68370	21944	32.10	1922	2.81
广西	2787	989	35.49	0	0
中农发	260847	43721	16.76	115148	44.14
全国总计	2027318	284937	14.05	878512	43.33

（三）国际合作概况

1985 年以来我国本着平等互利、共同发展和合理利用海洋渔业资源的原则，与有关国家先后签订了 10 多个渔业合作协定（见表 10－5），遍及世界主要渔区。我国积极参加国际和地区性渔业事务，参与国际渔业资源养护和管理，与有关国家共同推进负责任渔业，提升在国际渔业组织中的地位和话语权。在 15 个国际渔业管理组织中，我国已经参加了 9 个，在 3 个论坛性组织中参加了 2 个（韦有周等，2014）。

表 10－5　我国签订的主要渔业协定

序号	协定名称	涉及主要渔区	年份
1	中国—几内亚渔业协定	西非渔场	1985
2	中国塞内加尔渔业协定	西非渔场	1985
3	中国—几内亚比绍渔业协定	西非渔场	1985
4	中国塞拉利昂渔业协定	西非渔场	1985
5	中美渔业协定	北太渔场	1985
6	中俄渔业协定	北太渔场	1988
7	中国毛里塔尼亚渔业协定	西非渔场	1991
8	中国—巴新渔业协定	中、南太渔场	1996
9	中日渔业协定	东海黄海	1997
10	中国—也门渔业协定	印度洋渔区	1998

续表

序号	协定名称	涉及主要渔区	年份
11	中国—印度尼西亚渔业合作协定	印度尼西亚海域	2001
12	中韩渔业协定	黄海	2001
13	中缅渔业协定	南亚渔区	2001
14	中越北部湾渔业合作协定	南海	2004
15	中国—阿根廷渔业协议	南美渔区	2010

资料来源：韦有周，赵锐，林香红．建设“海上丝绸之路”背景下我国远洋渔业发展路径研究［J］．现代经济探讨，2014（7）：55－59.

第十一章　中国远洋渔业技术效率及影响因素分析

——基于2008~2014年省级面板数据

一、引言

远洋渔业是我国海洋经济在资源与环境刚性约束下新的增长点，在国家发展规划中得到高度重视。党的十七届三中全会提出“支持和壮大远洋渔业”，农业部《渔业“十二五”规划》对远洋渔业提出巩固拓展过洋性渔业，大力发展大洋性渔业。《国务院关于促进海洋渔业持续健康发展的若干意见》（国发〔2013〕11号）中指出要积极稳妥发展外海和远洋渔业。此外，远洋渔业还是我国“走出去”战略的先行者，也是新时期“21世纪海上丝绸之路”倡议的重要载体。在资源与环境刚性约束下，与其他各行业一样，渔业经济增长越来越倚重生产率的提升。

生产率的提升包括技术进步与技术效率改善两个方面，其中技术效率是用来衡量一个生产单位在等量要素投入条件下其产出与最大可能产出之间的距离，距离越大则技术效率越低，它反映了一个生产单位优化运用其生产要素投入的水平。研究技术效率不仅有助于分析经济增长的源泉，也是制定长期可持续增长政策的基础。本节利用随机前沿分析方法（Stochastic Frontier Analysis，SFA），研究了我国省域远洋捕捞业的技术效率及其影响因素，目的是认清我国远洋渔业生产力发展的现状与内在规律，为今后改进和制定渔业经济发展与规制的各项有关政策提供量化依据。

二、基本模型

（一）随机前沿函数设定

随机前沿函数（SFA）模型最早由 Aigner、Lovell 和 Schmide（1977）以及 Meeusen、Vabden 和 Broeck（1977）提出。基本原理是将传统回归分析得到的生产函数，分解为生产函数前沿面和技术效率两部分，前者描述一定投入要素组合与最大产出之间的关系；后者则为单个生产者的实际产出与前沿产出的差距，用以反映不同单位运用生产要素的有效程度。Battese 和 Coelli（1995）提出了考虑影响技术效率因素的模型，通过将技术非效率的分布均值假设为各种影响因素的函数，将技术非效率值和影响技术效率的因素在一个模型中估计出来。该模型在包括渔业生产率的实证研究中被广泛应用。本节以该模型为基础展开研究。目前较常用的生产函数主要有柯布—道格拉斯和超越对数形式两种，后者的优点是放宽了技术中性和产出弹性固定的假设，但缺点是不方便讨论遗漏变量问题，且估计中容易产生多重共线性问题。利用柯布—道格拉斯生产函数刻画远洋渔业生产，回归方程形式如下：

$$\ln Y_{it} = \tau_i + \alpha \ln S_{it} + \theta \ln K_{it} + \beta \ln L_{it} + v_{it} - u_{it} \quad i = 1, \cdots, N, \ t = 1, \cdots, T \tag{11-1}$$

式中，Y_{it}、S_{it}、K_{it}、L_{it}分别是 i 省第 t 年远洋渔业的产出、渔船数量、渔船功率以及劳动投入量；α、θ、β 分别为数量、功率和劳动的产出弹性；$v_{it} - u_{it}$为复合扰动项，其中 v_{it}为随机干扰项，代表各种随机因素对于随机前沿面的影响，v_{it}独立同分布于 $N(0, \sigma_v^2)$且与 u_{it}独立。u_{it}是非负随机变量，u_{it}独立同分布于 $N^+(m_{it}, \sigma_v^2)$。其中 m_{it}为技术无效函数：

$$m_{it} = \delta z_{it} \tag{11-2}$$

式中，z_{it}为 $p \times 1$ 阶解释变量向量，代表影响技术效率的各种因素，将在下节详述。δ 为 $1 \times p$ 阶参数向量，为待估的解释变量系数。估计得到的 $\delta > 0$ 表示解释变量对技术效率具有负向影响，$\delta < 0$ 表示解释变量对技术效率具有正向影响。生产单元 i 在 t 时期的技术效率可表示为：

$$TE_{it} = \exp(-u_{it}) \tag{11-3}$$

若 $u_{it} = 0$，则 $TE_{it} = 1$，表明此时该生产单元的投入产出位于生产前沿面上，即处于技术效率状态，投入产出处于最优化状态；若 $u_{it}>0$，则 $0<TE_{it}<1$，表明此时该生产单元的投入产出位于生产前沿面之内，即处于技术无效率状态，存在维持产出不变消减投入或维持投入不变增加产出的可能性。

随机前沿生产函数式（11－1）具有参数线性特性，但由于方程的误差项包含技术效率因素和随机扰动因素两个不可观测变量，不满足 OLS 法的经典假设，因而不能用 OLS 方法进行估计。根据 Battese 和 Corra（1977）提出的最大似然估计基本思路，可用两个参数 $\sigma^2=\sigma_v^2+\sigma_u^2$ 和 $\gamma=\sigma_u^2/(\sigma_v^2+\sigma_u^2)$ 替代随机误差项的方差 σ_v^2 和技术效率的方差 σ_u^2，显然有 $\gamma\in(0, 1)$，然后可利用非线性估计技术，得到所有参数最大似然估计量。γ 的大小说明随机前沿函数的随机误差项中技术无效率的比重，γ 越大则说明模型随机项中技术无效率的作用越大。对技术无效率效应是否存在，通常采用似然比（LR）检验。检验统计量为 $LR=-2[\ln L(H_0)-\ln L(H_1)]$，其中 $L(H_0)$ 为零假设下，即在技术效率项方差为零这一限制下所估计模型的似然函数值；$L(H_1)$ 为备选假设下，即无前述限制下的似然函数值。如果 LR 检验显著，则表明应当考虑技术效率项，即采用前沿生产函数模型而非平均生产函数模型。

（二）技术效率影响因素

远洋渔业的产出由投入要素和捕捞生产技术决定，但同时也受到各种外部的经济、技术、环境等因素影响。以省级数据核算的技术效率，反映了省级生产单位运用各种投入要素的优化水平与配置效率。根据我国远洋捕捞业的现状与特点及渔业经济理论，并考虑数据可得性，本节选择的影响省级单位远洋捕捞业技术效率的因素主要包括下述方面：

1. 技术水平

远洋捕捞渔船是进行捕捞作业的人力、设备和技术的载体，是决定捕捞技术效率的基本因素之一。捕捞渔船的技术水平包括了船长经验、导航探测、网具机械等多种因素，但是捕捞渔船的技术水平难以单独直接测度。一般而言，单船的功率越高，则装备的各种技术装备越全，渔船的技术水平越高，船长经验也相对越丰富。因而捕捞渔船功率可在相当程度上体现捕捞作业的技术水平，这也是技术效率指标测度的核心要素。本节以各省份远洋渔船单船平均功率 Z_1 作为技术水平的衡量指标，研究其对远洋渔业技术效率的影响。

2. 产品结构

金枪鱼是国际远洋捕捞业中的主要鱼种，在我国远洋渔获中所占比例也逐步上升。其营养价值高，经济价值大，捕捞技术复杂。金枪鱼捕捞船要具备高速机动、深海捕捞、快速超低温冷冻等复杂功能，是高端渔业捕捞装备的典型代表，长期以来关键核心技术被美国、日本、西班牙等国垄断与控制。因我国不能制造金枪鱼捕捞船，所以在金枪鱼国际配额分配中几乎没有话语权。2008年后，我国才能自主研发制造金枪鱼捕捞渔船，这对我国金枪鱼远洋渔业有极大促进。鱿鱼是世界三大未充分利用开发、具有很大潜力的海洋生物资源之一。在我国，鱿鱼的大规模捕捞和加工是近10年才发展起来的。随着我国远洋捕捞业的迅速发展，鱿鱼已经成为我国主要的水产加工原料，2014年捕捞量超过80万吨，占到全国远洋渔业总产量的40%以上，鱿鱼加工也成为我国水产品加工业的主要组成部分之一。本节考察一省远洋渔获中金枪鱼比例 Z_2 和鱿鱼比例 Z_3 对远洋渔业技术效率的影响。

3. 市场状况

远洋渔业渔获物价格反映了其市场供需状况，也在一定程度上反映了捕捞者对鱼种、规格、产量、销售区域的选择，一定的销售价格是保证捕捞业利润的基础。一般而言，较高的渔获物价格对生产有激励作用，会提升生产效率，而较低的渔获物价格会抑制生产，降低生产效率。但高价值的品种往往产量较小，捕捞费时较长，这使得追求高平均价值的渔获也会导致技术效率下降。本节考察一省远洋渔获的平均销售价格 Z_4 对远洋渔业技术效率的影响。

远洋渔获境外出售比例。远洋渔业可分为过洋性渔业和大洋性渔业，其中过洋性渔业是指到别的国家专属经济区内从事捕捞生产的渔业，我国远洋渔业船队在非洲、朝鲜、南亚等地的作业就属于这一种。过洋性渔业通过和当地渔业公司合作，取得购买政府的渔业捕捞证，往往会把渔获物在当地或国际市场销售。本节将考察一省远洋渔获的境外出售比例 Z_5 对远洋渔业技术效率的影响。

4. 经济基础条件

地区经济发展水平是影响一省远洋渔业发展的经济环境因素。远洋渔业是地区整体经济中的一部分，其他各个行业的发展构成了捕捞业发展的环境与基础，如交通条件、信贷支持、港口及后勤保障等因素都对远洋渔业有重要的支持作用。一般而言，整体的地区经济发展水平会影响远洋渔业技术效率。本节以人均国内生产总值 Z_6 来代表各省份经济发展水平，研究其对远洋渔业技术效率的影响。

根据上述讨论，技术无效函数可以更具体的表达为：

$$m_i = \delta_0 + \sum_{1}^{6} \delta_i Z_i \qquad (11-4)$$

式中，δ_0 为常数项；Z_1-Z_6 为上述各影响因素；$\delta_1-\delta_6$ 为各影响因素的系数。

三、数据来源

本节所有数据来源于相应年份的《中国统计年鉴》《中国渔业统计年鉴》。主要根据数据可得性，选择了北京、天津、辽宁、上海、江苏、浙江、福建、山东、广东、广西10个沿海省（市、区）以及中国农业发展集团有限公司（简称中农发，包含原中水总公司）作为样本。北京虽然并非沿海城市，但有多家远洋渔业企业在此注册，且其数据也纳入《中国渔业统计年鉴》统计。中国水产总公司是我国最大的国有渔业综合性企业，在国内建有14家直属企业和近200处联营企业，专业从事远洋捕捞。在《中国渔业统计年鉴》中其数据单独统计，并与各省（市、区）并列，因而将其作为省级生产单位纳入分析。沿海省份中河北、海南在《中国渔业统计年鉴》中并无近期数据，因而不纳入分析。

由于2008年前后《中国渔业统计年鉴》中的统计指标差别较大①，考虑到研究的时效性，实证分析中我们主要利用了样本省（市、区）2008～2014年的面板数据。但在涉及确定回归函数形式的辅助分析中，我们也利用了所有沿海省（市、区）（即包括河北、海南在内）及中水总公司1996～2007年的数据②。对于缺失的指标值，根据统计年鉴编辑说明，各表中的“空格”表示该项统计指标数据不足本表最小单位数、数据不详或无该项数据。对于“不足本表最小单位数”及“无该项数据”的情况，在数据处理中直接取0。对于“数据不详”数据，采用插值法补充，即以该省（市、区）/单位前后两年有关数据取均值作为当年数据。

（一）前沿函数变量数据来源

估计前沿函数模型的所有变量数据均来自《中国渔业统计年鉴》相应年份。

① 如“远洋渔业总产值”这一指标在2008年及之后的《中国渔业统计年鉴》中才有，而“国外经营总收入”这一指标在2007年及之前的《中国渔业统计年鉴》中才有。且《中国渔业统计年鉴》中北京并无2007年及之前的数据。

② 1996年前后统计年鉴的统计口径差异较大，因而不考虑1996年之前的数据。

1. 产出水平 Y_{it}

采用价值量与实物量分别计算技术效率。其中实物量采用年鉴中"远洋捕捞产量"指标值，价值量采用"远洋渔业总产值"指标值，并以《中国统计年鉴》中海水捕捞产品生产者价格指数①调整为2008年不变价②。由于我国远洋渔业基本以企业为微观生产单位，追求利润最大化，因此以价值量测度产出更具参考价值。

2. 资本投入

以实物量"远洋渔船数量" S_{it} 和"远洋渔船总功率" K_{it} 进行计算，分别采用年鉴中"各地区远洋渔船年末拥有量"表格中"艘"和"千瓦"指标值作为投入数据。

3. 劳动投入 L_{it}

直接采用《中国渔业统计年鉴》中"远洋渔业从业人员"指标值。技术效率测算中，劳动投入量是一项重要的投入变量，从理论逻辑上看，没有劳动投入则生产完全不能进行。但自2008年后，远洋渔业从业人员数并不在《中国渔业统计年鉴》统计范围之内，这一数据缺失。不过根据笔者对1996～2007年沿海省（市、区）及中水总公司的投入产出数据进行计量分析发现③，劳动投入这一变量无论是在估计出的远洋捕捞业平均生产函数还是前沿生产函数中，其值均很小且完全不具统计显著性，表明无论从经济实证意义还是统计意义上，劳动投入变量对生产函数的影响都很小且可忽略。因而在利用前沿函数测算2008～2014年远洋渔业技术效率时，本节忽略了劳动投入这一变量。

（二）技术效率影响因素数据来源

1. 远洋渔船单船平均功率 Z_1

以每年各省级单位远洋捕捞渔船总功率除以当年远洋捕捞渔船数量得到，远洋捕捞渔船总功率和总数量分别取《中国渔业统计年鉴》中"各地区远洋渔船年末拥有量"表格中"千瓦"和"艘"指标值。预期其对技术效率有正向影响。

---

① 2011年之前并无"海水捕捞产品生产者价格指数"，因而以"渔业产品生产者价格指数"代替。

② 由于我国约50%的远洋渔获会在国际市场出售，价值核算涉及国际海洋捕捞产品价格及汇率因素，用国内价格指数调整也会带来一定误差。同时考虑到选择适当的区域和时机销售以获得最优价格，也是远洋渔业经营效率的一种体现，不对价格进行调整有其合理性，本文后面也给出了不进行价格调整的分析结果。

③ 后文中有详述。

2. 金枪鱼和鱿鱼产量比例 Z_2、Z_3

分别取《中国渔业统计年鉴》中“金枪鱼”“鱿鱼”指标值，再除以该省份“远洋捕捞产量”指标值得到。预期其对远洋渔业技术效率有正向影响。

3. 平均销售价格 Z_4

以《中国渔业统计年鉴》中“远洋渔业总产值”指标值除以“远洋捕捞产量”指标值得到。预期其对远洋渔业技术效率有正向影响。

4. 境外出售比例 Z_5

以《中国渔业统计年鉴》中“境外出售量”指标值除以“远洋捕捞产量”指标值得到。境外出售会减少渔获在途时间，降低油耗和渔船负重，增加有效捕捞时间，因而预期其对远洋渔业技术效率有正向影响。

5. 人均国内生产总值 Z_6

取《中国统计年鉴》各省（市、区）/单位的“人均地区生产总值及指数”指标数据。利用各省（市、区）/单位的以2008年当年价计的GDP和其后6年人均地区生产总值指数，得到以2008年不变价计的各年份人均GDP。由于中农发集团的远洋渔业业务在全国沿海地区开展，因此其数据取各地市均值。预期其对远洋渔业技术效率有正向影响。

（三）数据的描述性统计

表11-1和表11-2分年份给出各投入产出要素及影响因素的描述统计值。观察表11-1可发现，6年来远洋渔业无论从投入量还是产出量，均呈快速增长态势。尤其是2012~2014年，远洋渔船数量分别增加12.41%、17.98%、13.94%，远洋渔船功率则增长更迅猛，分别增加了19.37%、34.90%、27.92%，由此导致远洋渔船的平均功率也快速增加。

表11-1　2008~2014年全国各年份远洋捕捞业投入产出数据描述统计

年份	远洋捕捞产量（万吨）	远洋渔业总产值（亿元）	总数量（艘）	增长比例（%）	总功率（万千瓦）	增长比例（%）	平均功率（千瓦）	增长比例（%）
2008	108.33	101.16	1462	—	78.44	—	536.53	—
2009	97.72	91.71	1456	-0.41	86.13	9.81	591.57	10.26
2010	111.64	119.15	1546	6.18	91.53	6.26	592.03	0.08
2011	114.78	125.78	1628	5.30	98.34	7.44	604.03	2.03
2012	122.34	132.09	1830	12.41	117.38	19.37	641.44	6.19

续表

年份	远洋捕捞产量（万吨）	远洋渔业总产值（亿元）	总数量（艘）	增长比例（%）	总功率（万千瓦）	增长比例（%）	平均功率（千瓦）	增长比例（%）
2013	135.20	143.12	2159	17.98	158.35	34.90	733.45	14.34
2014	202.73	184.86	2460	13.94	202.56	27.92	823.40	12.26

注：远洋渔业总产值以当年价格计。

由表11－2可知，样本省（市、区）远洋捕捞的主要鱼种是金枪鱼与鱿鱼，捕捞量合计占比稳定在50%以上，近年来有所上升，其中2014年鱿鱼占比上升迅速。而远洋渔获的境外销售比例近年来呈缓慢下降趋势。

表11－2　2008～2014年全国各年份远洋捕捞业影响因素数据描述统计

年份	金枪鱼比重（%）	鱿鱼比重（%）	渔获均价（万元/吨）	境外销售比重（%）	人均GDP（万元）
2008	0.12	0.37	0.93	0.42	4.18
2009	0.17	0.18	0.94	0.51	4.54
2010	0.15	0.33	1.07	0.46	4.99
2011	0.14	0.37	1.10	0.45	5.41
2012	0.14	0.37	1.08	0.41	5.84
2013	0.19	0.32	1.06	0.40	6.30
2014	0.14	0.43	0.91	0.34	6.79

注：各比重数据均以占当年全国总量数据相比计算。渔获均价以当年价计，人均GDP为2008年不变价，以各省（市、区）人均GDP算术平均数计算。

四、模型投入变量确定

本节利用1996～2007年各省（市、区）及中水总公司的面板数据，估计由式（11－1）给出的前沿生产函数以及对应的平均生产函数，即前沿生产函数中去掉无效率项 u_{it}，以确定劳动投入变量在生产函数中的作用。分别利用OLS回归、随机效应模型、固定效应模型、BC95模型的随机前沿法进行分析，得到的结果总结如表 11－3 所示。

表 11－3　1996～2007 年远洋捕捞业生产函数估计

	OLS 回归（平均生产函数）		随机效应模型（平均生产函数）		固定效应模型（平均生产函数）		BC95 模型（前沿生产函数）	
	系数	t	系数	Z	系数	t	系数	Z
LnS	0.43	2.38**	0.45	2.13**	0.41	1.8*	0.43	2.51**
LnK	0.85	4.87***	0.58	3.61***	0.41	2.54**	0.85	5.09***
LnL	0.03	0.19	0.03	0.19	－0.05	－0.32	0.03	0.2

注：* 表示在 10% 水平上显著、** 表示在 5% 水平上显著、*** 表示在 1% 水平上显著。

由表 11－3 可以发现，远洋渔船数量与远洋渔船功率两变量在各模型下系数值都较大，统计上至少为 10% 水平上显著，显示其在远洋捕捞业生产函数模型中有重要的经济和统计显著性。而劳动力投入变量 LnL 无论在哪一个模型中系数绝对值都很小，而统计上也都极不显著。表明其在远洋捕捞业生产函数中基本不产生影响，远洋捕捞业生产函数模型仅用远洋渔船数量与远洋渔船功率作为投入变量就可很好地刻画。这一结果似乎违反逻辑，因为无论任何种类的生产都必然有劳动力投入，否则生产无法进行。对这一异常结果的解释是，远洋渔船一般有人员定额，所需人员数量随捕捞渔船的类型和功率而定，因而远洋渔船数量与总功率在很大程度上已包括了人员数量的信息。一个证据是，利用各省 1996～2007 年数据分别将人员数量对远洋渔船数量与总功率做回归①，拟合优度基本都在 90% 以上，表明人员数量可由渔船数量及其总功率决定。上述分析意味着，在估计 2008～2014 年远洋捕捞业（前沿）生产函数时，也可忽略劳动力投入变量，而不必担心其对（前沿）生产函数有显著影响。

五、主要实证结果及分析

（一）模型估计及参数检验

利用 2008～2014 年上述投入产出与影响因素的省级面板数据，本章运用

① 还包括了后两者的交叉项和二次项，以更充分的利用两者信息。

FRONTIER4.1 软件对模型（11－1）进行了估计，分别以产出为实物量（方程一）、产出为经价格调整的价值量（方程二）和产出为未经价格调整的价值量（方程三）作为产出变量。样本回归方程参数估计及其检验结果由表 11－4 给出：

表 11－4 2008～2014 年远洋捕捞业随机前沿生产函数及其影响因素估计

参数		方程一：产出为实物量		方程二：产出为经价格调整的价值量		方程三：产出为未经价格调整的价值量	
		系数估计	t 值	系数估计	t 值	系数估计	t 值
前沿函数投入变量	常数项	2.2805 ***	51.2803	3.7525 ***	7.4034	2.9575 ***	5.8779
	渔船数量	0.1491 ***	25.7982	0.4063 ***	4.8079	0.3117 ***	3.8271
	渔船功率	0.8085 ***	126.0196	0.5360 ***	6.6764	0.6567 ***	8.5453
	时间变量	－0.0380 ***	29.8656	－0.0884 ***	－4.8632	－0.0403 *	－1.9922
技术效率影响因素	船均功率	－0.0013	－0.0358	－0.0176	－0.2218	0.3573 ***	3.2273
	金枪鱼比重	1.2929 ***	2.7829	0.7465	0.6587	0.0909	0.0827
	鱿鱼比重	0.1802	0.6408	0.1804	0.2159	0.8430	0.9545
	平均价格	0.5221 ***	3.4742	－0.9373 ***	－2.8305	－1.1178 *	1.9986
	外销比例	0.7787 ***	4.1193	2.7525 ***	8.2949	2.0307 ***	3.7951
	人均 GDP	－0.1464 ***	－3.9672	－0.2630 ***	－2.6931	－0.5788 ***	－2.7770
Sigma－squared		0.1721 ***	3.9875	0.1834 ***	3.3087 **	0.2971 ***	2.1632
Gamma		0.9999 ***	2.1382E＋06	0.6401 ***	6.7733	0.7765 ***	7.9788
LR 单边扰动项检验		61.2329 ***		84.6621 ***		66.4479 ***	

注：* 表示在 10% 水平上显著、** 表示在 5% 水平上显著、*** 表示在 1% 水平上显著，LR 为似然比检验统计量，用于检验技术非效率项是否显著。

从表 11－4 估计结果来看，三个方程对于技术非效率的似然比检验均在 1% 水平上显著，表明模型中技术非效率项显著存在，因而采用随机前沿模型对生产函数加以分析是适当的。对各投入产出变量系数的检验均在 1% 水平上显著，表明模型整体识别能力良好。三个方程中渔船功率弹性均大于渔船数量弹性，表明在远洋渔业行业中，功率投入对产出的贡献大于数量投入的贡献，即规模更大的渔船对远洋渔业生产增长更具意义。三个方程的渔船功率弹性与数量弹性之和均在 0.94～0.97，似乎存在规模不经济，但由于我们省略了劳动力投入变量，因而不能做这一认定。各影响因素中，鱿鱼比重、外销比例、人均 GDP 三个变量的系数在三个方程中方向相同，检验显著性一致，显示了较好的稳健性。平均价格的系数在三个方程中均显著，但在不同的方程中影响方向不同。船均功率和金枪鱼比重只分别在一个方程中显著。下文将具体讨论各种因素的影响。

三个方程中时间变量系数值均为负且统计显著，其中方程一和方程二中系数值分别为 -3.80% 和 -8.84% 且均在 1% 的水平上显著，直观上表明远洋捕捞业生产前沿在这一时期存在技术退步。与方程二相比，方程三中的产出变量未做价格调整，因而产出的增加除了真实的增长外，还包括由于捕捞产品价格增长带来的影响。事实上，近年来海洋捕捞产品价格一直逐年上升，这使得产出被“虚增”，从而掩盖了前沿技术退步，因而其值高于方程二中的时间变量系数值。方程一和方程三中的时间变量系数值更值得信赖。前沿技术退步是远洋渔业资源衰退的一个直接证据。如前文所述，一般而言随着渔业技术和捕捞方法的研发推广、渔船的升级换代、劳动力素质与经验的提升、信息技术发展带来的导航通信能力提升，都会促使渔业技术进步率提升。广泛的实证研究表明，国民经济总体、农业、全国渔业、沿海渔业等都表现出了正的技术进步率。同近海捕捞业一样，远洋捕捞业作为我国整体国民经济的一部分，技术水平也应当随经济发展不断提升。然而本章估算的远洋捕捞业的前沿技术进步水平不但没有上升，反而显著下降，其原因应同样在于资源存量数据缺失带来的技术进步率估计值有偏。由于实证研究中资源存量数据缺失，其随时间变动的趋势性会体现在时间变量的系数，也即前沿技术进步率上。如果这一趋势为负，则会使前沿技术进步率低估。由此可以大概推测，假如我国远洋渔业真实的技术进步率为 0，则 2008 ~ 2014 年远洋渔业资源存量年递减率为 3.8% 以上①，如果真实的技术进步率为正，则远洋渔业资源衰退速度会更快。近年来远洋捕捞业产量持续的趋势，是由捕捞努力量的不断快速增加带来的，长期而言会由于资源衰而竭难以持续。

（二）技术效率分析

测算出的远洋捕捞业技术效率反映了各省级单位对捕捞生产要素利用的效率水平。随着捕捞技术的扩散、先进捕捞装备的普及、各地区渔业管理政策的交流以及各生产单位运用投入要素的经验积累，各生产单位的技术效率多应呈上升趋势，我国远洋渔业的发展也基本符合这一经验规律。

表 11 -5 和表 11 -6 给出了 2008 ~ 2014 年各省级单位技术效率水平及描

---

① 仅指我国远洋捕捞业所涉及的海域。

述性统计，由于方程二和方程三计算出的效率值接近，排序相似，因而不分别列出，仅给出由方程一和方程二计算出的结果。

表 11-5 2008~2014 年远洋捕捞业技术效率分省估计（方程一）

	2008 年	2009 年	2010 年	2011 年	2012 年	2013 年	2014 年	近 3 年均值	排序
北京	0.9954	0.4403	0.8615	0.6615	0.7856	0.5925	0.8956	0.7579	3
天津	0.1965	0.3373	0.3642	0.3313	0.4102	0.4885	0.8096	0.5695	7
辽宁	0.4197	0.5098	0.6584	0.6235	0.6078	0.5626	0.7334	0.6346	6
上海	0.9376	0.8408	0.6029	0.5948	0.6890	0.6799	0.9961	0.7883	2
江苏	0.6670	0.4793	0.6023	0.7118	0.8986	0.9899	0.8308	0.9065	1
浙江	0.6332	0.3673	0.5139	0.6073	0.6181	0.6691	0.8477	0.7116	4
福建	0.8713	0.9674	0.9458	0.9387	0.8813	0.6372	0.5109	0.6765	5
山东	0.3615	0.3526	0.7571	0.6974	0.6632	0.3426	0.6885	0.5647	8
广东	0.7466	0.9999	0.8826	0.6837	0.5681	0.5661	0.4728	0.5357	9
广西	0.4392	0.2427	0.2133	0.2050	0.1908	0.1828	0.3128	0.2288	11
中农发	0.5543	0.4701	0.4493	0.4896	0.4342	0.4872	0.5842	0.5019	10
平均	0.6202	0.5461	0.6228	0.5950	0.6134	0.5635	0.6984	0.6251	—
方差	0.0647	0.0698	0.0525	0.0388	0.0445	0.0418	0.0429	0.0321	—
标准差	0.2543	0.2642	0.2292	0.1970	0.2110	0.2045	0.2071	0.1791	—
变异系数	0.4100	0.4838	0.3681	0.3312	0.3439	0.3628	0.2965	0.2865	—

表 11-6 2008~2014 年远洋捕捞业技术效率分省估计（方程二）

	2008 年	2009 年	2010 年	2011 年	2012 年	2013 年	2014 年	近 3 年均值	排序	差别*
北京	0.9600	0.9618	0.9598	0.9609	0.9575	0.9158	0.9551	0.9428	5	-2
天津	0.9476	0.8989	0.9227	0.9295	0.9436	0.9376	0.9540	0.9450	3	4
辽宁	0.8464	0.8272	0.9179	0.9134	0.9102	0.8956	0.8796	0.8951	9	-3
上海	0.9305	0.9071	0.8480	0.9109	0.9426	0.9411	0.9568	0.9468	2	0
江苏	0.7760	0.9109	0.9426	0.9546	0.9580	0.9603	0.9246	0.9476	1	0
浙江	0.9207	0.8949	0.9434	0.9480	0.9381	0.9422	0.9486	0.9430	4	0
福建	0.9163	0.9344	0.9507	0.9259	0.9399	0.9428	0.9451	0.9426	6	-1
山东	0.6619	0.6833	0.9201	0.9338	0.9255	0.8488	0.9246	0.8996	8	0
广东	0.8400	0.9126	0.9192	0.8282	0.8741	0.8628	0.9166	0.8845	10	-1
广西	0.0924	0.2471	0.2206	0.2448	0.2714	0.2774	0.3775	0.3088	11	0
中农发	0.9066	0.8554	0.8840	0.9226	0.9179	0.9246	0.9427	0.9284	7	3

续表

	2008 年	2009 年	2010 年	2011 年	2012 年	2013 年	2014 年	近 3 年均值	排序	差别*
平均	0.7998	0.8212	0.8572	0.8611	0.8708	0.8590	0.8841	0.8713	—	—
方差	0.0628	0.0418	0.0456	0.0430	0.0401	0.0384	0.0288	0.0354	—	—
标准差	0.2506	0.2044	0.2135	0.2074	0.2002	0.1960	0.1696	0.1880	—	—
变异系数	0.3133	0.2488	0.2491	0.2409	0.2299	0.2282	0.1918	0.2158	—	—

注：* 差别为表 11-5 排序值减表 11-6 排序值。

由上述表格中技术效率平均值可以看出，2008~2014 年无论是以价值量还是实物量作为产出量进行测算，我国远洋渔业技术效率总体呈上升的趋势，但其中 2013 年平均技术效率下降值得关注。随着近年来我国沿海各省（市、区）将远洋渔业作为海洋经济新的增长点而大力发展，远洋捕捞业渔船快速增加，对渔业资源的竞争加剧，可能造成未来生产效率下降。

从各省（市、区）/单位近 3 年年均技术效率值来看，以实物量作为产出量计算技术效率，江苏、北京、上海等省市较高，而广西、中农发、广东等省（区）/单位较低。而以价值量作为产出量计算技术效率，则江苏、上海、天津等省市较高，而广西、广东、辽宁等省区较低。比较两表格可发现，北京、天津、辽宁、中农发四省市/单位在两个表格中排序差异绝对值在 2 位以上，表明天津、中农发相对更注重渔获物的平均价格，而北京、辽宁相对更注重渔获物的产量。排位居前的均为生产规模较小的省（市、区），而远洋捕捞业大省浙江、山东、辽宁、福建的技术效率总体而言位居中游，其中浙江排位最前。广西技术效率排位最末，且与排倒数第二位的单位差距较大。

两表中技术效率最高的单位与最低的单位相差 2 倍多，显示省际技术效率差异较大。以下利用 σ 收敛对沿海各省（市、区）/单位远洋渔业技术效率的敛散性做一简要探讨。σ 收敛由弗里德曼（1992）和奎阿（1996）提出，是指不同经济区域产出或收入的分散程度随时间推移而逐渐降低的过程，通常采用标准差、变异系数或 Theil 指数等指标进行分析，能够直观反映区域间的差距是否缩小。上述表格最后一行给出了各年技术效率的变异系数，可发现随时间推移变异系数虽略有波动，但下降趋势明显，表明这段时期内各省级单位之间技术效率离散程度有明显的收敛趋势。但广西与其他省市/单位之间技术效率始终有明显差异。

（三）技术效率影响因素分析

1. 技术水平

从单船角度来看，远洋捕捞渔船有一定的规模效应，小的渔船无法充分安装所需设备，续航能力有限，容量狭小也无法承载大量渔获，因而捕捞效率较低。更进一步，规模大的捕捞渔船一般而言设备更先进，捕捞技术水平和船长技能更高，而这是技术效率的基础决定因素，因而船均功率与技术效率应当存在正向影响关系。但三个方程中船均功率的系数值并非为负且显著，表明船均功率对于技术效率没有显著正向影响，上述正向影响关系在实证结果中并未得到支持。其中方程一和方程二中船均功率系数为负但不显著。究其原因，可能在于我国远洋捕捞渔船普遍技术水平落后，大的捕捞渔船也未必先进，技术效率并不比小渔船的高①。此外，大功率远洋渔船多从事大洋性远洋渔业，单次航程长，一年内折返次数少。而中小功率远洋渔船多从事过洋性远洋渔业，单次航程短，一年内折返次数多。这使得大功率远洋渔船所应具有的高效率被航次因素抵消。由于统计数据中缺乏过洋性渔业与大洋性渔业的分别统计，因而无法对这一问题展开进一步分析。方程三中船均功率系数为正且显著，表明渔船规模对以价值量核算的技术效率有负向影响。其原因在于，我国大功率远洋捕捞渔船多从事成规模鱼类种群的捕捞，相对而言更注重捕捞总量而非单位价值。从数据上看，船均功率与捕获物平均价格的相关系数为 -0.19 且在 10% 水平上显著，即渔船平均功率越大的省（市、区）其捕获物平均价格会更低，这导致了船均功率与以价值量核算的技术效率的负相关。

2. 产品结构

金枪鱼和鱿鱼是我国远洋渔业中的两个代表性鱼种，两者合计占远洋渔业捕捞量的50%以上。金枪鱼的种类很多，不同种类之间的经济价值相差很大，而我国捕捞和加工的主要种类为鲣鱼，其经济价值与高价值的蓝鳍金枪鱼、黄鳍金枪鱼等相差甚远，但仍比远洋渔获平均价格高约40%②，是远洋渔获中的高价值鱼种。鱿鱼的价值相对较低③，但在传统大洋性捕捞品种多已被充分利

---

① 根据《科技日报》2013 年 1 月 6 日《大型远洋渔船终于有了“中国造”》中报道，在役的远洋捕捞渔船中 70% 是由原近海拖网渔船改装而成，大型渔船全部是购买俄罗斯等国 20 世纪 80 ~ 90 年代生产制造的二手甚至三手的旧船，普遍船龄超过 25 年。

② 按《中国船舶报》2014 年 4 月 23 日《国产大型金枪鱼围网船一年回本》一文报道计算，2013 年金枪鱼每公斤价格约为 15.5 元，高于远洋渔获每公斤平均价格 11.6 元。

③ 根据《舟山日报》2014 年 10 月 14《全市远洋渔业生产前三季度实现增产增值》报道，秘鲁海域鱿鱼平均价格每公斤 6.9 元，低于远洋渔获平均价。

用，而头足类海洋生物资源在仍有开发潜力的现状下，近些年来得到快速发展。本章的分析表明，金枪鱼占远洋渔获产量的比重在三个方程中对远洋渔业技术效率均有负向影响，其中方程一中系数在1%水平上显著。鱿鱼占远洋渔获产量的比重，在三个方程中对远洋渔业技术效率均有统计上并不显著的负向影响①，表明各省（市、区）/单位在这两种鱼种上的捕捞能力可能相对其他鱼种的捕捞能力过剩，有必要适当调整。各省（市、区）/单位在制定远洋渔业发展目标时，可根据自身优势和基础条件选择多样性鱼种，以错位竞争，从而避免过度竞争带来的效率下降。

3. 市场状况

远洋渔获物平均价格的系数与预期一致。一方面，远洋渔业以企业为微观组织运作，盈利是捕捞作业的首要目标。远洋渔获物平均价格一方面取决于市场供需状况，另一方面取决于捕捞主体对鱼种、时机、规格、产量、销售区域的决策选择。远洋渔业全球捕捞，全球销售，市场供需状况对各省（市、区）/单位影响基本相同，因而价格差异主要取决于各省（市、区）/单位对捕捞鱼种、销售区域等的主观选择。较高的渔获物价格一方面通过增加价值提高生产效率，另一方面通过对生产的激励作用提升生产量，从而进一步提升效率。而较低的渔获物价格会降低产值，抑制生产，从而降低生产效率。方程二和方程三的平均价格系数为负且统计显著，正表明更高的渔获价格提升了以价值量计算的技术效率。但高价值的品种往往产量较小，捕捞费时较长，这使得以实物量计算的技术效率会下降，方程一的平均价格系数为正且统计显著，正是支持了上述逻辑。概括来看，远洋渔业中高价格与高产量往往难以兼得。

无论以价值量还是实物量计算技术效率，外销比例在三个方程中的系数均为正值且统计显著，表明外销比例高的省（市、区）/单位技术效率显著为低，并且外销比例对以价值量计算技术效率的影响远大于其对以实物量计算技术效率的影响。其原因应该在于，2008年以来欧美经济危机导致渔获物的国际市场价格低于国内市场价格，这抑制了以外销为目的的捕捞业生产，使实物量计算的技术效率也降低，同时导致以价值量计算的技术效率下降得更多。

4. 经济基础条件

远洋渔业是一个集渔船修造、人员培训、远洋捕捞、海上运输、物资补给、冷藏储运、加工贸易、科学调查、金融服务等为一体，功能多样且互补的

① 笔者也将两个比例分别放入影响因素方程中，其结果与两个比例和的结果相似，对技术效率并无显著影响。

产业链体系，对整体经济的发展水平要求较高。世界上远洋渔业发达的国家，多数也是整体经济较发达的国家。三个方程中人均 GDP 的系数均为负且统计显著，正是表明了经济基础对远洋渔业的基础支撑作用，这与理论预期一致。

六、不足与展望

本章对远洋渔业技术效率影响因素的分析仍有进一步拓展的必要。影响远洋渔业技术效率的因素众多，但限于数据可得性，本章仅分析了五个因素。而渔船技术水平、远洋渔业从业人员素质、远洋渔业的信贷及油料补贴、远洋渔业的产业组织结构、远洋渔业保证能力等关键因素，均因无相应统计数据而无法纳入分析。尤其是缺乏远洋渔业保障能力这一远洋渔业发展重要基础的相关数据，使我们无法对这一重要因素展开分析。远洋渔业生产需要多种保障能力来配合支持，如渔业港口及其相关的装卸、仓储、物流、分销等以及相关的冷藏、冻结、制冰能力等，还包括食品、油料等远洋船员和渔船的生活及生产物资补充。与近海捕捞主要依赖国内本地进行保障不同，远洋捕捞需要在海外就近进行销售、仓储、补给等保障工作，因而海外渔业基地对远洋渔业发展具有重要的支撑作用①。但一些零散的新闻报道和数据简报无法满足统计分析的需要。本章尽可能充分利用已有的相关统计数据。后续的研究可在收集利用各类统计数据的基础上，手工调研和收集各省（市、区）、各远洋渔业公司甚至各远洋渔船的投入产出、技术水平、人员素质、渔业补贴、海外基地等相关数据，以从不同层面和角度对本主题进行更深入的分析，并进而以此为基础，提出更具针对性和可行性的对策建议。

① 笔者收集了沿海各省（市、区）/单位水产加工能力、冻结能力、冷藏能力等，并放入影响因素方程进行分析，结果均不显著。由于存在与其他影响因素的相关性，会影响其他系数估计值，故未将其列入最终结果。

第十二章　中国远洋捕捞业全要素生产率变动测算

——基于 DEA – Malmquist 指数

一、引言

2015 年 3 月，汪洋副总理在中国远洋渔业 30 年座谈会上提出要“转变远洋渔业发展方式，向远洋渔业强国迈进”。转变经济发展方式，就是要将经济增长的内在驱动力由要素投入增加转变为科技与管理创新，使全要素生产率提升成为经济增长的主要动力源泉。全要素生产率增长率是指一个经济体产出增长率超出要素投入增长率的部分，综合反映了技术进步、制度变革、组织创新等因素对于经济增长的作用。研究全要素生产率不仅有助于分析经济增长的源泉和脉络，而且是制定长期可持续增长政策的基础。

世界范围内，针对海洋渔业的全要素生产率研究已有很多，国内近年来也有所开展，但并没有针对我国远洋渔业的研究，本书第二章对相关研究做了全面综述。本章将对 2008 ~ 2013 年我国远洋渔业的全要素生产率进行测算，并分别讨论全国及各省（市、区）远洋渔业全要生产率及其分解指标的演化趋势和变动规律。在我国大力推进海上粮仓建设、发展远洋渔业的关键历史节点，通过对历年来我国远洋渔业全要素生产率增长率的测算及影响因素的研究，可梳理我国远洋渔业生产力发展的演进脉络，可以总结规律，提炼经验，凝聚共识，创新对策，为我国远洋渔业实现持续、快速和有质量发展提供理论支持和政策借鉴。

本章采用基于 DEA – Malmquist 指数方法研究中国远洋捕捞业全要素生产

率变动，该方法的具体介绍在本书第三章，这里不再赘述。这一方法将全要素生产率变动做如下分解：全要素生产率变动指数 = 纯技术效率变化指数 × 规模效率变化指数 × 技术进步指数。分析所用的软件为昆士兰大学效率与生产率分析研究中心 Coelli 教授所编制的 DEAP2.1。

二、数据来源

（一）样本及时段选择

本章所有数据来源于《中国渔业统计年鉴》的相应年份。根据远洋渔业在我国的发展状况，选择了北京、天津、辽宁、上海、江苏、浙江、福建、山东、广东、广西 10 个沿海省（市、区）以及中国农业发展集团有限公司（以下简称中农发）作为样本。沿海省（市、区）/单位中河北、海南在《中国渔业统计年鉴》中并无近期数据，因而不纳入分析。

关于时段选择。统计分析的一般要求是数据具有可比、指标完整、样本量大、时间序列长。按统计可比性来看，2006 年起远洋渔业产量按照远洋渔业管理办法进行统计，而非各省上报数，与往年不具可比性。渔船数据按照渔业局数据进行核实，对部分地区渔船数量做删减调整，与各省份上报数据存在差别。一些地区渔船报送口径也与往年有所差异。因此 2006 年前后数据不具有完全可比性①。从指标上看，远洋渔船船员数这一指标在 2008 年之前有数据，而 2008 年之后并没有，本书第三章对这一数据进行了估算。远洋捕捞业产值数在 2008 年之前并无数据，而 2008 年之后有数据。从样本量来看，自 2007 年开始，北京、广西开始有远洋渔业数据，纳入统计的省（市、区）/单位最多。综合考虑各种因素后，本章研究主要针对 2008 年及之后数据，辅助分析时利用了 1996 ~ 2005 年数据。

（二）投入产出变量数据来源

1. 产出水平 Y_{it}

采用价值量与实物量分别计算技术效率。其中实物量采用《中国渔业统计

① 根据 2007 年《中国渔业统计年鉴》。

年鉴》中“远洋捕捞产量”指标值，价值量采用“远洋渔业总产值”指标值①。由于我国远洋渔业基本以企业为微观生产单位，追求利润最大化，因此以价值量计算产出更具参考价值。

2. 资本投入 S_{it} 和 K_{it}

以实物量“远洋渔船数量” S_{it} 和“远洋渔船总功率” K_{it} 进行计算。分别采用《中国渔业统计年鉴》中“各地区远洋渔船年末拥有量”表格中“艘”和“千瓦”指标值作为投入数据。

3. 劳动投入 L_{it}

1996～2007年数据直接采用《中国渔业统计年鉴》中“远洋渔业船员数”指标值。自2008年后，远洋渔业从业人员数并不在《中国渔业统计年鉴》统计范围之内，这一数据缺失，笔者在第三章第五节对其进行了估算。不过根据笔者对1996～2005年时段和2008～2013年时段远洋渔业全要素生产率进行测算发现，是否包含劳动投入这一变量对结果影响较小，具体分析请见后文。

对于缺失的指标值，根据统计年鉴编辑说明，各表中的“空格”表示该项统计指标数据不足本表最小单位数、数据不详或无该项数据。对于“不足本表最小单位数”及“无该项数据”的情况，在数据处理中直接取0。对于“数据不详”以及明显异常的数据，采用插值法补充，即以该省（市、区）前后两年有关数据取均值作为当年数据。

三、基本结果

本章的产出为实物量和经价格调整的价值量，分别计算了沿海各省（市、区）与中农发2008～2013年全要素生产率指数，并在表12－1中分别给出了计算结果。其中第①、第③列的投入量中包括了劳动力投入（估算）数据，而第②、第④列中没有。第⑤列数据是未经价格调整的价值量作为产出计算的结果。

① 由于我国约50%的远洋渔获会在国际市场出售，价值核算涉及国际海洋捕捞产品价格及汇率因素，用国内价格指数调整也会带来一定误差。同时考虑到选择适当的区域、时机、鱼种销售以获得最优价格，也是远洋渔业经营效率的一种体现，不对价格进行调整有其合理性。

表 12-1　TFP 指数比较

年份	省（市、区）/单位	产出为实物量		产出为经价格调整的价值量		产出为未经价格调整的价值量
		①有人员	②无人员	③有人员	④无人员	⑤无人员
2008～2009	北京	0.346	0.337	0.530	0.523	0.518
	天津	1.791	1.699	1.122	1.066	1.055
	辽宁	1.145	1.146	1.029	1.029	1.019
	上海	0.696	0.804	0.610	0.687	0.681
	江苏	0.616	0.616	1.116	1.116	1.105
	浙江	0.456	0.456	0.594	0.594	0.588
	福建	0.998	0.985	1.048	1.042	1.032
	山东	0.941	0.941	1.047	1.047	1.037
	广东	1.454	1.442	1.379	1.374	1.361
	广西	0.511	0.510	2.883	2.882	2.854
	中农发	0.792	0.741	0.770	0.722	0.715
2009～2010	北京	2.273	2.290	1.666	1.678	1.806
	天津	0.980	0.978	0.901	0.899	0.967
	辽宁	1.304	1.311	1.250	1.255	1.350
	上海	0.718	0.718	0.590	0.590	0.635
	江苏	1.201	1.201	1.346	1.346	1.448
	浙江	1.342	1.342	1.355	1.355	1.458
	福建	0.974	0.963	1.217	1.194	1.284
	山东	1.894	1.894	1.987	1.987	2.138
	广东	0.745	0.745	0.960	0.960	1.033
	广西	0.875	0.875	0.776	0.776	0.835
	中农发	0.967	0.975	0.942	0.950	1.022
2010～2011	北京	0.698	0.610	0.550	0.488	0.543
	天津	0.962	0.885	0.874	0.815	0.907
	辽宁	0.877	0.870	0.871	0.862	0.958
	上海	1.002	1.002	1.254	1.254	1.395
	江苏	1.153	1.155	1.191	1.194	1.328
	浙江	1.077	1.077	0.870	0.870	0.967
	福建	0.959	0.976	0.680	0.687	0.764

续表

年份	省（市、区）/单位	产出为实物量		产出为经价格调整的价值量		产出为未经价格调整的价值量
		①有人员	②无人员	③有人员	④无人员	⑤无人员
	山东	0.961	0.928	1.075	1.044	1.161
	广东	0.827	0.827	0.656	0.656	0.730
	广西	0.841	0.845	0.906	0.908	1.009
	中农发	1.066	1.065	1.057	1.056	1.174
2011~2012	北京	1.281	1.332	1.202	1.257	1.394
	天津	1.094	1.066	0.815	0.799	0.886
	辽宁	0.860	0.878	0.759	0.749	0.831
	上海	1.194	1.194	1.221	1.221	1.354
	江苏	1.142	1.072	0.884	0.840	0.931
	浙江	1.037	1.037	0.755	0.755	0.838
	福建	0.769	0.769	0.801	0.801	0.888
	山东	0.795	0.803	0.666	0.666	0.739
	广东	0.799	0.794	0.982	0.982	1.089
	广西	0.969	0.969	1.081	1.081	1.199
	中农发	0.861	0.861	0.834	0.834	0.925
2012~2013	北京	0.718	0.716	0.591	0.590	0.636
	天津	1.281	1.400	0.855	0.896	0.965
	辽宁	0.907	0.892	0.794	0.784	0.844
	上海	0.988	0.988	0.897	0.897	0.966
	江苏	0.998	0.963	1.012	0.995	1.071
	浙江	1.048	1.048	0.987	0.987	1.063
	福建	0.703	0.703	0.887	0.887	0.955
	山东	0.440	0.440	0.365	0.364	0.393
	广东	0.805	0.805	0.730	0.730	0.786
	广西	1.445	1.445	1.426	1.426	1.536
	中农发	1.102	1.078	0.906	0.886	0.955

经过比较可以发现，投入量中是否包括劳动力数据，对全要素生产率测算结果影响并不显著。以实物量为产出量计算的全要素生产率指数中，第①、第②列之间的相关系数为0.995，而以价值量为产出量计算的全要素生产率指数

中，第③、第④列之间的相关系数为0.998，均极接近于1。另比较第④、第⑤列可以发现，未经价格调整的产值作为产出变量，使计算的全要素生产率指数普遍增大，表明在此期间远洋渔获价格上升。

表12-2　按年平均TFP指数比较

年份	产出为实物量		产出为经价格调整的价值量		产出为未经价格调整的价值量
	①有人员	②无人员	③有人员	④无人员	⑤无人员
2008~2009	0.792	0.790	0.983	0.982	0.972
2009~2010	1.132	1.133	1.119	1.118	1.203
2010~2011	0.939	0.919	0.882	0.865	0.961
2011~2012	0.967	0.965	0.893	0.889	0.986
2012~2013	0.907	0.908	0.818	0.817	0.880

表12-3　按省（市、区）/单位平均TFP指数比较

省（市、区）/单位	产出为实物量		产出为经价格调整的价值量		产出为未经价格调整的价值量
	①有人员	②无人员	③有人员	④无人员	⑤无人员
北京	0.872	0.852	0.808	0.795	0.852
天津	1.188	1.170	0.908	0.890	0.954
辽宁	1.004	1.005	0.925	0.919	0.985
上海	0.900	0.926	0.868	0.889	0.953
江苏	0.994	0.975	1.099	1.084	1.162
浙江	0.935	0.935	0.878	0.878	0.941
福建	0.872	0.871	0.907	0.905	0.970
山东	0.903	0.898	0.885	0.880	0.943
广东	0.896	0.893	0.910	0.909	0.974
广西	0.880	0.880	1.256	1.256	1.347
中农发	0.950	0.935	0.897	0.883	0.946

进一步比较可发现，无论是按年平均（见表12-2）还是按省（市、区）/单位（见表12-3）平均，上述两表格第①、第②列及第③、第④列全要素生产率指数均值都非常接近。我们认为，虽然是否加入劳动力作为要素投

入对各省（市、区）/单位计算出的全要素生产率指数有一定影响，但这种影响较小且基本不影响其趋势和排序。此外，考虑到所采用的劳动力数据也是估算所得，存在一定的估算偏误，利用这一数据核算生产率也会将估算偏误引入全要素生产率指数中。我们认为不考虑劳动力投入所核算的远洋渔业全要素生产率指数，能够基本反映客观现实。之后的分析即针对以调整后价值量为产出量，且不考虑劳动力投入的核算结果（第④列）展开①。

基于 DEA 的 Malmquist 指数计算以线性规划为基础，如果某个投入向量是其他投入向量的线性组合，则这一投入向量不会对生产前沿面有实质性影响，从而不会对测算出的全要素生产率指数有影响②。远洋渔船都有人员定额，从总体上看，由总船只数与总功率数可较准确地确定人员数，即在很大程度上人员数是船只数与功率数的线性组合。因此核算全要素生产率时，是否包括人员数量对核算结果影响并不大。

我们也对 1996 ~ 2005 年数据做了类似上面的分析，结果基本相同。但加入与不加入劳动力两种情况下，核算出的全要素生产率指数之间相关系数略小，为 0.93。主要原因可能在于 2005 年及之后的远洋渔业统计，未依据我国远洋渔业管理办法规定，核算产量及远洋渔船功率、数量时不够规范。具体测算结果略。

四、整体分析

（一）时序视角

以下对我国远洋渔业全要素生产率变动的整体情况进行分析。表 13 - 4 给出了按年平均的全要素生产率分解指数。从时间序列上看，我国远洋渔业平均全要素生产率只在 2009 ~ 2010 年提高了 11.8%，而在其他年份均为下降，6 年平均的降幅为 7.2%。最近的 2012 ~ 2013 年下降最大，达 18.3%。总体而言全要素生产率的变动幅度较大。从分解的指标来看，2008 ~ 2013 年平均技

① 事实上，理想的“全”要素生产率核算很难到达，吨位、油料、网具、装备、饵料、航时等很多投入要素在这一层面的核算中都没有数据。这里的全要素生产率分析，可以认为是抓住了两个最重要投入要素的“多”要素生产率分析。

② 利用算例可以方便地验证这一点。

术效率变动为 1.4%，其中纯技术效率平均变动为 6%，且波动不大，显示平均各省（市、区）/单位之间技术效率差异在减小，对投入要素优化运用的水平趋同。但在此期间规模效率变动为 -4.3%，其中 2008 ~ 2012 年规模效率相对平稳，最大的降幅出现在 2012 ~ 2013 年，为 -16.3%。规模效率恶化有两种可能：一是要素投入规模非效率降低造成的规模不经济；二是要素投入规模非效率增加造成的规模不经济。结合在此期间我国远航渔业要素投入大为增加的实际，我们认为这种规模效率的恶化，成因在于要素投入规模的无序扩张。此外，2012 ~ 2013 年规模效率的这一大幅下降也是当年全要素生产率大幅下降的主要成因。

表 12 -4　按年平均分解 TFP 指数比较

年份	技术效率变动	技术进步变动	纯技术效率变动	规模效率变动	全要素生产率变动
2008 ~ 2009	1.258	0.781	1.255	1.002	0.982
2009 ~ 2010	0.907	1.233	0.970	0.935	1.118
2010 ~ 2011	0.964	0.897	0.968	0.996	0.865
2011 ~ 2012	1.104	0.805	1.076	1.026	0.889
2012 ~ 2013	0.882	0.927	1.054	0.837	0.817
平均	1.014	0.916	1.060	0.957	0.928

2008 ~ 2013 年平均技术进步变动为 -8.4%，是此期间全要素生产率负向变动的根本原因。在所有的年份中，2009 ~ 2010 年平均技术进步增幅最大，为 23.3%，2011 ~ 2012 年平均技术进步降幅最大，为 19.5%。核算得出的技术进步平均变动为负值这一实证结果需要特别关注。我国近年来对远洋渔业的投入不断加大，远洋渔业科技水平和装备水平也在不断提升。从生产力发展角度而言，不应存在技术进步为负的情况。我们分析，出现这一情况的根本原因在于远洋渔业资源的衰退①。捕捞业是对渔业资源的采集，捕捞产量是对既定

① 指我国远洋渔业所涉及的海域。远洋渔业资源存量下降可能是绝对下降，也可能是相对下降，即相对于每单位捕捞能力可利用的资源量下降。一定区域内的资源存量即使不变，增加的要素投入也会使平均每单位捕捞能力分配的资源减少。此外还要看新增远洋渔船的作业海域，是新开发的还是已有的。新开发的海域相比原来的平均存量很可能会更少，因为一般资源密集的海域会先被开发。

渔业资源存量施加一定的捕捞努力量得到的。因而除了资本、人力等捕捞生产要素投入外，渔业资源存量也决定了捕捞产出量。在资源存量下降速度超过技术进步率的情况下，仍会出现核算出的技术进步率下降的情况。在上一章对我国远洋渔业技术效率的分析中，我们也发现前沿技术进步率为负的同样结果。从严格意义上讲，以核算出技术进步为负值来作为远洋渔业资源衰退的证据，并不足够充分。更可靠的证据，应当是对我国远洋渔业作业海域进行科学的资源调查。但本书证据仍为各级决策者提供了一个警示，即不论从国家、区域还是行业、企业层面，进行远洋渔业发展规划时都要未雨绸缪，将生产力发展规划与资源存量发展变动情况统筹考虑。

（二）各省（市、区）/单位概况

表 12 - 5 给出了 2008 ~ 2013 年按省平均的全要素生产率分解指数。从各省（市、区）/单位情况来看，大部分省（市、区）/单位在此期间的平均全要素生产率变动为负，省（市、区）/单位之间差异并不大。仅有的两个全要素生产率变动为正的省（市、区）/单位，是远洋渔业规模均很小的江苏、广西两地。远洋渔业规模排名前列的浙江、中农发，平均全要素生产率降幅均较大。平均全要素生产率降幅最大的是北京，为 20.5%。从分解的指标来看，2008 ~ 2013 年各省（市、区）/单位平均技术效率变动差异不大。最高的是广西，年均增长 34%，而纯技术效率提升达到 65.4%，显示了广西这个远洋渔业规模最小地区对于生产前沿面的快速追赶，但平均规模效率下降较快。数据显示 2013 年广西远洋渔船数据量为往年一半，可能因此导致未达到有效经济规模。

在各省（市、区）/单位中，江苏的平均技术进步增幅最大为 4.6%，而且是唯一在此期间平均技术进步为正的省（市、区）/单位。北京的平均技术进步降幅最大，为 13.9%，上海、天津、中农发的平均技术进步下降也均超过 10%，共同位居后列。事实上，这两直辖市一公司是我国远洋渔业相对技术水平较高的单位，尤其是中农发长期专业从事远洋捕捞，而上海的远洋渔业历史悠久，装备水平较高。它们相比其他省（市、区）/单位更快速的技术退步，原因可能在于从事远洋捕捞的海域经过多年高水平开发，资源存量下降较快。

表 12-5 按省（市、区）/单位平均分解 TFP 指数比较

省（市、区）/单位	技术效率变动	技术进步变动	纯技术效率变动	规模效率变动	全要素生产率变动
北京	0.915	0.869	1.000	0.915	0.795
天津	0.998	0.892	1.018	0.981	0.890
辽宁	1.014	0.906	1.026	0.989	0.919
上海	1.013	0.878	1.000	1.013	0.889
江苏	1.037	1.046	1.031	1.006	1.084
浙江	0.977	0.899	1.037	0.943	0.878
福建	0.990	0.914	1.042	0.949	0.905
山东	0.966	0.911	0.991	0.975	0.880
广东	0.953	0.953	1.006	0.947	0.909
广西	1.340	0.938	1.654	0.810	1.256
中农发	1.002	0.881	0.987	1.016	0.883
平均	1.014	0.916	1.06	0.957	0.928

五、重点省（市、区）/单位分析

以下对我国浙江、福建、辽宁、山东、上海、中农发等省（市、区）/单位远洋渔业全要素生产率变动情况分别展开分析。这些省（市、区）/单位2013年远洋渔业产量均在10万吨以上，占当年全国远洋渔业总产量的92.2%

（一）浙江远洋渔业全要素生产率变动情况

表 12-6 浙江 2008~2013 年分解 TFP 指数

年份	技术效率变动	技术进步率变动	纯技术效率变动	规模效率变动	全要素生产率变动
2008~2009	0.795	0.747	0.790	1.008	0.594
2009~2010	1.066	1.271	1.329	0.802	1.355
2010~2011	1.027	0.847	0.990	1.037	0.870

续表

年份	技术效率变动	技术进步率变动	纯技术效率变动	规模效率变动	全要素生产率变动
2011 ~ 2012	0.931	0.811	1.024	0.909	0.755
2012 ~ 2013	1.099	0.898	1.125	0.977	0.987
变异系数	0.125	0.226	0.187	0.099	0.315
平　　均	0.977	0.899	1.037	0.943	0.878

浙江全要素生产率变动幅度较大，尤其是 2008 ~ 2009 年与 2009 ~ 2010 年。近 3 年来变动趋于平稳（见表 12 - 6）。整体而言，浙江全要素生产率下降速度在所有省（市、区）/单位中位居第二，达到 - 12.2%。但在全国普遍下滑的2012 ~ 2013 年，表现又大大好于全国平均水平，显示情况趋于好转。同全国整体情况一样，浙江全要素生产率下降的根源在于技术进步率平均变动为 - 10.1%。此外，纯技术效率稳步提升，而规模效率略有下降，表明在近年来远洋渔船增加较快的背景下，已有规模不经济的趋势呈现，因此有必要控制渔船增幅。

（二）福建远洋渔业全要素生产率变动情况

表 12 - 7　福建 2008 ~ 2013 年分解 TFP 指数

年份	技术效率变动	技术进步率变动	纯技术效率变动	规模效率变动	全要素生产率变动
2008 ~ 2009	1.263	0.825	1.231	1.026	1.042
2009 ~ 2010	0.982	1.215	1.000	0.982	1.194
2010 ~ 2011	0.725	0.948	0.760	0.953	0.687
2011 ~ 2012	1.090	0.734	1.315	0.829	0.801
2012 ~ 2013	0.969	0.916	1.000	0.969	0.887
变异系数	0.195	0.195	0.206	0.078	0.217
平均	0.990	0.914	1.042	0.949	0.905

福建全要素生产率水平在 2008 ~ 2010 年连续上升之后，在 2010 ~ 2013 年又出现了连续下降，但整体而言变动相对平稳，略低与全国平均水平（见表 12 - 7）。同全国整体情况一样，福建全要素生产率下降的主要原因在于平均技术进步率变动为 - 8.6%。纯技术效率波动相对较大，整体而言仍在提升。同

浙江一样，规模效率持续下降，表明在近年远洋渔船增加较快的背景下，规模经济水平持续下降，同样有必要控制渔船增幅。

（三）辽宁远洋渔业全要素生产率变动情况

表 12－8　辽宁 2008～2013 年分解 TFP 指数

年份	技术效率变动	技术进步变动	纯技术效率变动	规模效率变动	全要素生产率变动
2008～2009	1.318	0.781	1.297	1.016	1.029
2009～2010	1.029	1.22	1.051	0.979	1.255
2010～2011	0.907	0.950	0.937	0.967	0.862
2011～2012	1.021	0.734	1.069	0.956	0.749
2012～2013	0.854	0.918	0.831	1.028	0.784
变异系数	0.175	0.207	0.168	0.032	0.223
平均	1.014	0.906	1.026	0.989	0.918

辽宁全要素生产率在经历了 2009～2010 年 25.5%的快速上升之后，近 3 年转为较快下降，降速分别为 13.8%，25.1%和 21.6%（见表 12－8）。下降的主要成因是 2011～2012 年为技术进步负向变动 26.6%，2012～2013 年为纯技术效率下降 16.9%，同时技术进步降幅 8.2%。整体而言，辽宁远洋渔业全要素生产率波动幅度不大，长期平均来看全要素生产率下降的主要成因仍为技术进步负向变动。但 2010～2012 年纯技术效率较快下降，表明辽宁远洋渔业生产效率有落后其他省（市、区）/单位的趋向。

（四）山东远洋渔业全要素生产率变动情况

表 12－9a　山东 2008～2013 年分解 TFP 指数

年份	技术效率变动	技术进步变动	纯技术效率变动	规模效率变动	全要素生产率变动
2008～2009	1.339	0.782	1.156	1.159	1.047
2009～2010	1.595	1.246	1.631	0.978	1.987
2010～2011	1.116	0.936	1.000	1.116	1.044
2011～2012	0.872	0.764	1.000	0.872	0.666
2012～2013	0.406	0.899	0.507	0.799	0.364
变异系数	0.428	0.209	0.380	0.156	0.598
平均	0.967	0.911	0.991	0.975	0.880

山东远洋渔业全要素生产率变动剧烈，变异系数达0.598，分解指标中技术效率变动也非常大，变异系数为0.428，在所有省（市、区）/单位中均为最大（见表12-9a）。全要素生产率变动最高为2009~2010年，达98.7%，最低为2008~2009年，为4.7%。主导全要素变动的分解指标是技术效率变动，2009~2010年为59.5%，而2012~2013年为59.4%。这种剧烈波动让我们怀疑年鉴数据记载或统计口径有误。为方便比较，将山东2008~2013年远洋渔业投入产出数据列于表12-9b。如果数据确实符合客观实际，则山东应当加强远洋渔业规划与调控，避免行业大起大落。2013年山东远洋渔船大幅增加72.11%，但总产出反而下降16.24%，显示可能存在远洋渔船规模的无序扩张。

表12-9b　山东2008~2013年远洋渔业投入产出表

年份	远洋捕捞产量（吨）	远洋捕捞产值（万元）*	远洋渔船数量（艘）	远洋渔船功率（千瓦）	船员数估算（人）**
2008	98000	94786	216	108462	5008
2009	78700	84850	172	94365	4124
2010	149814	169343	170	95277	4051
2011	127993	162885	156	87855	2774
2012	134982	138696	190	125136	4439
2013	113062	95961	327	256918	7471

注：*产值调整为2008年不变价；**估算过程在本书第三章。

（五）上海远洋渔业全要素生产率变动情况

表12-10　上海2008~2013年分解TFP指数

年份	技术效率变动	技术进步变动	纯技术效率变动	规模效率变动	全要素生产率变动
2008~2009	1.069	0.643	1.000	1.069	0.687
2009~2010	0.515	1.146	0.747	0.689	0.590
2010~2011	1.765	0.711	1.242	1.420	1.254
2011~2012	1.101	1.108	1.078	1.022	1.221
2012~2013	1.000	0.897	1.000	1.000	0.897
变异系数	0.409	0.252	0.176	0.250	0.325
平均	1.014	0.878	1.000	1.013	0.889

上海远洋渔业全要素生产率变动的波动幅度较大，主要是由纯技术效率和

规模效率在2009~2010年与2010~2011年的剧烈波动导致，但近两年趋于平稳（见表12－10）。全要素生产率在2008~2010年以超30%的速度连续下降，又在2010~2012年连续两年以超过20%的比率快速反弹，2012~2013年转为与全国同步下降。此期间整体而言纯技术效率维持不变，规模效率有所提升，造成平均全要素生产率下滑的主因在于技术进步的负向变动。

（六）中农发远洋渔业全要素生产率变动情况

表12－11　中农发2008~2013年分解TFP指数

年份	技术效率变动	技术进步变动	纯技术效率变动	规模效率变动	全要素生产率变动
2008~2009	1.022	0.707	1.000	1.022	0.722
2009~2010	0.709	1.340	1.000	0.709	0.950
2010~2011	1.456	0.725	1.000	1.456	1.056
2011~2012	0.963	0.866	1.000	0.963	0.834
2012~2013	0.994	0.892	0.935	1.063	0.886
变异系数	0.262	0.283	0.029	0.258	0.141
平均	1.002	0.881	0.987	1.016	0.882

中农发远洋渔业全要素生产率变动的波动幅度最小，这可能是由于中农发远洋渔业生产规模大、经验成熟、合作关系稳定等优势带来的（见表12－11）。但除2010~2011年全要素生产率有增长外，其他年份都在下降。规模效率在2009~2011年发生大幅变动，但长期平均而言略有提高。整体来看，中农发远洋渔业全要素生产率下降的主因仍在于技术进步的负向变动。

六、结束语

本章利用省级面板数据和基于DEA－Malmquist指数法，对我国远洋捕捞业的全要素生产率变动进行了核算和归纳性分析。核算出2008~2013年平均技术进步变动为－8.4%，考虑到此期间真实的技术进步率显然应当为正，这一结果表明我国远洋捕捞业所涉及海域存在渔业资源下降的趋势。此期间规模效率变动为－4.3%，其成因应在于要素投入规模的无序扩张。技术进步率为负和规模效率的负向变动，是此期间全要素生产率年均下降 7.2% 的主要原因。进一步的研究可对远洋捕捞业影响因素及其影响机制加以探求。直观来看，远洋渔获价格变动、捕捞船只更新、捕捞技术水平提升、渔业资源波动，以至各省（市、区）/单位对远洋捕捞业发展的补贴与支持政策、与海域所属国合作等因素，都可能会对远洋捕捞业生产率变动产生影响。这有待今后继续进行深入的研究。

第十三章 远洋捕捞业可持续发展对策研究

一、政策背景

关于远洋渔业发展，有两份重要纲领性文件：一是农业部 2012 年制定的《关于促进远洋渔业持续健康发展的意见（农渔发〔2012〕30 号）》（以下简称《远洋渔业发展意见》），二是国务院 2013 年颁布的《关于促进海洋渔业持续健康发展的若干意见（国发〔2013〕11 号）》。相较而言，国务院制定的《关于促进海洋渔业持续健康发展的若干意见》关于远洋渔业发展的意见更宏观、更概括，内容简练。而农业部制定的《远洋渔业发展意见》对远洋渔业发展的指导更具体、细致，且符合国务院的总体方针要求，本章以之为基础展开讨论。

《远洋渔业发展意见》关于发展远洋渔业的总体思路是，“以加快转变远洋渔业发展方式为主线，以提升远洋渔业综合实力和国际竞争力为目标，以优化生产布局、加强能力建设、完善产业体系、提高管理水平为重点，坚持发挥市场机制与政策扶持相结合，着力增强企业实力和产业综合效益，坚持国内管理和国际规则相衔接，促进远洋渔业规范有序发展，努力将我国远洋渔业建设成为布局合理、装备优良、配套完善、管理规范、支撑有力的现代产业体系，推动我国从远洋渔业大国向远洋渔业强国转变”。这一思路体现了党的十七届三中全会“扶持和壮大远洋渔业”的重要精神及《中华人民共和国国民经济和社会发展第十二个五年规划纲要》有关要求，也符合学界和业界对远洋渔业发展的思考，指明了若干年内我国远洋渔业发展的目标与方向。

《远洋渔业发展意见》关于发展远洋渔业的具体思路，一是优化远洋渔业生产布局，包括发展壮大大洋性渔业、巩固提高过洋性渔业、积极开发南极海洋生物资源。二是加强远洋渔业能力建设，包括提升远洋渔船装备水平、提高远洋渔业科技研发能力、加强远洋渔业专业人才培养。三是完善远洋渔业产业体系，包括延长远洋渔业产业链条，加快远洋渔业产业配套设施建设。四是加大远洋渔业政策扶持力度。五是提升远洋渔业管理水平，包括完善远洋渔业管理制度、加强远洋渔船船员管理、强化远洋渔业安全生产管理、提高远洋渔业行业组织化程度。这些思路切中实际，具体明确。在这些发展思路指引下，我国远洋渔业近年来发展迅速，尤其是2013～2014年，远洋渔业实现了大幅跨越，产量由2013年的135万吨增长为203万吨，远洋渔船总功率由158万千瓦增长为203万千瓦，经济效益与技术水平不断提升，远洋渔业的国际竞争力进一步增强，取得了良好的效果。

二、政策建议

但我国远洋渔业在快速发展下仍存在一些问题，有些是政策执行不到位所致，有些则可能需对政策本身作一定的调整。本节主要根据前文实证分析的结果，提出如下政策建议，作为对《远洋渔业发展意见》的一点反思和补充。

（一）拓展海洋权益，获取更多国际渔业资源

由实证分析判断，在远洋渔船大幅增加的现状下，所涉及海域的渔业资源有明显下降的倾向，表明我国远洋渔业发展受到可利用的资源限制。以我国的经济实力，通过补贴和政策扶植增加远洋船队科技水平与规模相对容易，但拓展与船队规模相适应的远洋渔业资源并不容易。应大力加强远洋渔业资源调查与探捕，充分利用全球海洋渔业资源，加强拓展与各国渔业合作，加强在各国际渔业管理组织中的话语权，扩大大洋性渔业捕捞份额。以尽可能使可利用远洋渔业资源的拓展跟上远洋捕捞能力拓展的步伐。

（二）恰当制定远洋渔业发展目标

根据实证结果，我国远洋渔业涉及的海域存在较快的资源衰退。因而各地在制定远洋渔业长期规划时，要充分考虑未来资源变动趋势对捕捞业发展的影

响，合理有序利用远洋渔业资源，避免捕捞能力过度发展后大量闲置造成的损失。同时应加强远洋渔区的渔业资源调查和研究，明确其资源变动趋势与影响因素，构建合理的资源管理策略，并加强与有关国家合作。

（三）谨慎制定补贴政策

我国对于远洋渔业的补贴主要包括远洋渔业用油补贴、远洋渔船更新改造补助、远洋渔业信贷补贴等。渔业补贴对于企业经济效益，发展远洋渔业生产力起了重要作用，受到广泛欢迎。但在远洋渔业资源衰退的背景下，补贴易导致落后捕捞能力的过度积累。建议明确补贴的目标和导向，进一步向高效、节能、环保和安全的远洋渔船倾斜，以提高整体效益，增强国际竞争力。此外，应加强对远洋渔业企业和有关科研结构进行远洋渔业资源调查的补贴力度。

（四）鼓励远洋渔获在国内销售

从实证结果来看，外销比例对技术效率有负向影响，对以价值量计算的技术效率负向影响尤甚。将外销的远洋渔获转为国内销售，对经济效益有良好提升作用。以舟山为例，2010 年起舟山市安排资金 600 余万元用于拓展鱿鱼国内市场销售，着力推进国内市场营销体系建设。两年后远洋秘鲁鱿鱼从过去的 80% 出口、20% 内销，转为 70% 内销、30% 出口。捕获的秘鲁鱿鱼平均销售价格也从两年前的 5500 元/吨，上升到 6500 元/吨，且市场渔获供不应求[①]。

（五）协调各地发展重点，避免无序竞争

2012 年《农业部关于促进远洋渔业持续健康发展的意见》出台后，各省（市、区）抓住时机，大力发展远洋渔业。根据《中国渔业统计年鉴》，2013 年国内远洋渔船为 2159 艘，比 2012 年增加 319 艘，增长迅速，而同期全国远洋渔业平均技术效率则由上升转为下降。可能会延续国内各行业常见的“一哄而上，重复建设，急剧扩张，效益下降”的老路。应当加强分类指导，根据各省（市、区）实际条件和优势劣势，分别确定发展规划与重点，避免重复无序竞争。

（六）远洋渔业品种可多样化

实证分析表明，金枪鱼与鱿鱼占远洋渔获总量比例高，会导致技术效率下

① 《秘鲁鱿鱼价格回升，鱿钓产业回暖》，《舟山日报》2013 年 11 月 5 日。

降，显示在这两个鱼种上可能存在捕捞能力过剩。单一品种的大量上市也会压低市场价格，因此各地区各远洋渔业企业在选择目标鱼种时，可不必专门以这两个鱼种为目标，多样化的鱼种选择会带来更高的效益。远洋渔业企业还应加强对捕捞产品资源量、需求量与价格的现状、趋势和影响因素的把握和预测，以优化捕捞和销售策略。

（七）各地应依据自身情况，走适合自己的远洋渔业发展道路

沿海各省（市、区）经济发展水平、发展远洋渔业的基础条件、专业人才和劳动力条件、所面临的资源环境状况差异巨大。实证分析表明，各省（市、区）间技术效率与全要素生产率变动规律同样有较大差异。因而各省（市、区）应当根据自身实际条件和比较优势，选择适合自身的发展道路。如广西的远洋渔业发展，无论以价值量还是以实物量测算的技术效率，均排在最后，且与倒数第二位有很大差距，这与广西整体经济相对落后，对远洋渔业体系支撑不足有关。广西应当根据自身实际，不断提升远洋渔船和设备科技含量，提高远洋船员素质，消减落后产能，以提升技术效率，最终提升远洋渔业效益。

（八）捕捞产出及全要素生产率波动大，不利于提升产业链效益

由对各省（市、区）远洋捕捞产出统计数据及全要素生产率增长率的分析可见，各省（市、区）远洋渔业普遍存在产出波动大、全要素生产率波动大的特点。这与远洋渔业资源丰度和气候环境的不确定性以及国际捕捞产品市场行情多变的行业特性有关。产出波动大会导致企业经营不稳定，给销售、市场信誉、产值效益、库存物流等带来较大的不确定性。相关部门及远洋渔业企业自身应当加强产出预测、协调信息、增加供应链弹性，以降低产出波动带来的负面影响。

（九）规模效率下降，或表明各省（市、区）远洋船队规模扩张无度

根据对 2008 ~2013 年远洋渔业规模效率的分析，此期间规模效率平均降低 4.3%，而 2012 ~2013 年降低 16.3%。在我国远洋渔业要素投入大为增加的背景下，这种规模效率恶化表明要素投入非效率增加，造成规模不经济。建议各省（市、区）应当结合可利用的远洋渔业资源与远洋渔业人才与劳动力资源的实际情况，有序安排远洋渔业要素投入，避免要素投入规模的无序扩张。

第十四章　结论、不足与展望

本书针对中国海洋捕捞业生产进行了理论与实证研究。在文献梳理和实践总结的基础上，分近海捕捞业与远洋捕捞业两部分进行了理论研究和实证研究，分析了有关政策并根据研究结果提出对策建议。本章对本书主要的研究工作进行了总结概括，并指出研究的局限以及值得进一步深入研究的问题。

一、主要工作与创新

（一）主要工作与结论

1. *渔业经济均衡理论分析*

第五章对渔业经济均衡及其影响因素进行了理论分析。在渔业资源自由进入与垄断占有两种情况下，利用 Cobb - Douglas 生产函数对经典的渔业生物经济 Gordon - Schaefer 模型进行了拓展。通过将捕捞努力量以 Cobb - Douglas 生产函数表示，将要素价格、生产弹性、技术进步等因素引入 Gordon - Schaefer 模型，得到了自由进入均衡、垄断占有的最大经济产出均衡（MEY）、垄断占有的最大可持续生物产出均衡（MSY）等结果。全面分析了与海洋捕捞业有关的各种生物环境特性、市场交易特性、捕捞技术特性等外生因素，对于均衡的资源量、捕捞量、捕捞努力量、资本及劳动要素投入量等的影响，并讨论了参数变动对均衡影响的效果和内在机理。例如，如自由进入均衡下，当其他条件不变时，科技进步会导致捕捞努力量上升，资源存量不断下降，并在一定条件下激励生产要素投入量上升。因而可认为技术进步是导致生产要素投入控制类政策失效的主要成因之一。第五章研究工作可为进一步的理论研究和政策制定奠定基础。

2. 近海捕捞业技术效率实证分析

第六和第七章对近海捕捞业技术效率进行了实证分析。讨论了研究我国海洋捕捞业技术效率的使用方法，分别利用 Battese 和 Coelli（1992）、Battese 和 Coelli（1995）模型以及我国沿海 11 个省（市、区）2008 ~ 2012 年近海捕捞业投入产出数据，对我国近海捕捞业技术效率变动趋势及影响因素进行了分析。研究表明：

（1）对我国海洋捕捞业技术效率的研究，采用随机前沿方法（SFA）是适当的。这是因为我国对海洋渔业资源存量并无全面的调查统计数据，因而研究海洋捕捞业生产率时不得不在缺失这一变量的情况下进行。随机前沿方法以微观经济的生产函数为基础，便于分析缺失变量所造成的影响。而其他生产率核算方法如目前文献常用的 DEA 方法则做不到这一点。

（2）根据对 1996 ~ 2012 年近海捕捞业投入产出数据的分析，发现我国近海捕捞业前沿技术进步率为负且递减，结合其他实证研究结果分析，认为这是近海渔业资源呈加速衰退趋势的证据，推测近 7 年来我国近海渔业资源平均衰退速度在 5.6% 以上。而各省（市、区）近海捕捞业技术效率呈显著上升趋势，且各省（市、区）之间差异显著，不存在明显收敛趋势。

（3）对近海捕捞业技术效率影响因素的计量分析发现，各省（市、区）农村人均收入与技术效率负相关，渔业生产保障能力（以各省（市、区）制冰能力为代理变量）和捕捞渔船纳入“双控”比例与技术效率正相关，捕捞渔船吨位、省域近海污染比例、户均补贴收入等与技术效率呈 U 形关系。显示一定程度的补贴可促进技术效率提升，而过高的补贴则会降低技术效率。渔船功率增长与技术效率正相关，表明近海捕捞业经济效益好的省（市、区），捕捞能力控制更难。

3. 关于近海污染、捕捞业生产与渔业资源存量的实证分析

第八章实证研究了我国近岸海域污染比例对近海捕捞业的影响。基本研究假设是近海污染对近海捕捞业生产有显著的负向影响，但这一影响并非直接产生，而是通过降低近海渔业资源存量，间接对近海捕捞业产出产生影响。实证研究支持了这一假设。OLS 回归发现，近岸海域污染比例每增加一个单位（1%），则对各省（市、区）平均而言近海捕捞产量会下降 0.56%。但在固定效应回归结果中，污染比例的系数并不显著，表明消除各省（市、区）个体效应的影响，尤其是消除了省域渔业资源存量的影响后，污染比例对捕捞产出并无影响。这表明近海污染确是通过降低近海渔业资源存量，进而降低了近海捕捞业产出。

4. 远洋捕捞业技术效率与生产率实证分析

第十一章利用 Battese 和 Coelli（1995）模型研究了 2008～2013 年我国省域远洋捕捞业的技术效率及其影响因素，第十二章利用基于数据包络分析的马姆奎斯特指数法，研究了 2008～2013 年我国省域远洋捕捞业的全要素生产率变动。研究表明：

（1）远洋捕捞业前沿技术进步率为 -10% 左右，且在 1% 水平上显著。这与对近海捕捞业的分析结果类似，是我国远洋捕捞业所涉及海域存在渔业资源衰退的一个证据。近年来远洋捕捞业产量持续增长的趋势是由于捕捞努力量的不断快速增加带来的，长期而言会由于资源衰竭难以持续。关于技术效率，无论是以价值量还是实物量作为产出量测算，此期间我国远洋渔业技术效率平均值都呈先上升后下降的倒 U 形，表明我国远洋渔业的总体效益在持续增长后有所降低。此外，各省（市、区）之间技术效率离散程度有明显的收敛趋势。对技术效率的影响因素分析表明，以船均功率计的单船规模与以金枪鱼、鱿鱼产量比重计的产品结构，对技术效率无显著影响。而以吨均价格计的市场状况与人均 GDP 计的经济基础，对技术效率有显著正向影响，外销比例则对技术效率有负向影响。

（2）我国省域远洋捕捞业全要素生产变动分析，总体来看，2008～2013 年平均的技术进步变动为 -8.4%。这一结果与第十一章前沿技术进步率约为 -10% 一致，表明了该结果的稳健性。此期间规模效率变动为 -4.3%，最大的降幅出现在 2012～2013 年，为 -16.3%。规模效率恶化的成因应在于要素投入规模的无序扩张。技术进步率为负和规模效率的负向变动，是此期间全要素生产率负向变动的根本原因。分省份来看，浙江全要素生产率变动幅度较大，平均为 -12.2%，下降速度在所有省（市、区）中位居第二，不过 2011～2013 年变动相对平稳。浙江全要素生产率下降的根源在于平均技术进步率变动为 -10.1%，规模效率略有下降，因而有必要控制渔船增幅。

（二）关于海洋捕捞业可持续发展的政策建议

基于上述实证和理论分析结论，对我国近海及远洋捕捞业发展历程及现状的梳理，以及对我国近海捕捞发展政策、海洋资源保护政策、远洋渔业发展政策等的梳理及实施效果的分析，本书主要提出以下政策建议。

1. 关于近海捕捞业

（1）严格落实渔业“双控”政策。实证分析表明，“双控”政策实施期间全国平均近海捕捞业技术效率呈显著上升趋势，而近海捕捞渔船纳入“双控”

的比例越高，则该省（市、区）捕捞业技术效率越高，均证明“双控”政策实施对于过剩捕捞能力控制有切实作用，因而应进一步严格落实“双控”制度。

（2）切实削减过剩捕捞能力。实证研究核算出的近海捕捞业前沿技术进步率为负且递减，表明近海渔业资源呈加速衰退趋势，目前的近海捕捞能力相对于资源存量仍显得过高，以“零增长”为目标的“双控”仍会导致渔业资源衰竭。加之真实的技术进步，会在捕捞要素投入不变的情况下增加捕捞能力。近海捕捞能力控制因而应将“零增长”目标修订为“负增长”，捕捞要素投入的年削减率应当至少大于近海捕捞业真实技术进步的速度。考虑到各省（市、区）之间技术效率差异显著且不存在明显收敛趋势，各省（市、区）近海捕捞能力削减应分省（市、区）设立目标。第九章基于各省（市、区）近7年技术效率均值，核算出每个省（市、区）适当的近海渔船功率削减比率。

（3）控制成本类补贴增长。实证分析表明，渔业补贴能够提高近海捕捞业技术效率，但当补贴额较高时则会造成技术效率下降，其原因在于补贴造成渔船退出困难，使捕捞能力积累过剩。仅从提高捕捞业整体技术效率的角度来看，渔业补贴较高的省（市、区）应当控制补贴增长。如果从减缓渔业资源衰退的角度来看，对于近海捕捞的成本类补贴更应削减，转用于生计渔民的转产转业、培训教育、医疗及养老保险等方面，并可促进近海捕捞能力削减目标的实现。

（4）加强近海渔业资源修复。对近海捕捞业实证分析的结果，直接或间接表明了我国近海资源严重衰退，捕捞能力严重过剩的现实。因而除了要严格落实捕捞能力消减政策，还应采取多种手段恢复近海渔业资源。应通过严格执行伏季休渔制度、建立海洋生态资源保护区、投放人工渔礁、加大增殖放流力度、建立海洋牧场等多种手段保护和恢复近海渔业生态资源，并进一步加强海洋渔业资源的调查、监测与评估体系。

（5）大力控制陆源污染。实证分析表明，近海污染对近海捕捞业及近海渔业资源有严重影响。应加大近海环境保护力度，严控陆源污染。厘清职权、理顺体制、明确责任，切实落实《海洋环境保护法》等相关法律政策。完善污染损害赔偿机制，探索陆域污染区域向海洋环境受损区域的转移赔付机制以及海洋生态污染的区域合作治理机制等。

2. 关于远洋捕捞业

（1）拓展海洋权益，获取更多国际渔业资源。由实证分析判断，在远洋渔船大幅增加的现状下，所涉及海域的渔业资源有下降的倾向，表明我国远洋渔业发展受到可利用的资源限制。应大力加强远洋渔业资源调查与探捕，扩大渔业合作与大洋性渔业捕捞份额，尽可能使可利用远洋渔业资源的拓展跟上远洋捕捞能力拓展的步伐。

（2）恰当制定远洋渔业发展目标。各地在制定远洋渔业长期规划时，要充分考虑未来资源变动趋势对捕捞业发展的影响，合理有序利用远洋渔业资源，避免捕捞能力过度发展后大量闲置造成的损失。各省（市、区）规模效率普遍降低，表明要素投入非效率增加，造成规模不经济。建议各省（市、区）应当结合可利用的远洋渔业资源与远洋渔业人才与劳动力资源的实际情况，有序安排远洋渔业要素投入，避免要素投入规模的无序扩张。

（3）谨慎制定补贴政策。我国对于远洋渔业的补贴主要包括远洋渔业用油补贴、远洋渔船更新改造补助、远洋渔业信贷补贴等。在远洋渔业资源衰退的背景下，补贴易导致落后捕捞能力的积累。建议补贴进一步向高效、节能、环保和安全的远洋渔船倾斜，以提高整体效益，增强国际竞争力。此外，应加强对远洋渔业企业和有关科研机构进行渔业资源调查的补贴力度。

（三）本书创新概括

通过引入 Cobb - Douglas 生产函数来刻画努力量的生产，对经典的 Gordon - Schaefer 模型进行了拓展，得到渔业资源自由进入、垄断占有等不同产权配置状态下的长期均衡，并细致分析了外生经济因素对其的影响。为对我国“双控”政策等投入限制政策或渔业补贴政策进行更细致的理论分析打下基础。

海洋捕捞业生产率问题在国际上已经被广为研究，但国内的相关研究稀少且不够深入。本书利用技术效率与全要素生产率的主流研究方法，分近海捕捞业与远洋捕捞业两部分对该问题展开深入研究，得到一些有益结论。并以此为基础评价了“双控”、补贴、远洋渔业发展等现行政策效果，提出了有针对性的政策建议。

二、研究中的不足之处

（一）研究方法方面

理论分析部分仍仅是一个静态模型，如果能从动态角度对模型进行拓展，则其解释能力和适用范围会更大。对于捕捞努力量的生产，或可采用更多种类的生产函数来刻画。实证研究方面，对海洋捕捞业技术效率与全要素生产率或可采用多种方法核算，以相互印证，增强研究结论的稳健性。

（二）数据方面

研究所受客观局限在于，近海与远洋渔业资源存量数据没有统计数据，造成对技术进步率与技术效率的测算中无法排除资源存量变动的影响，在一定程度上弱化了实证结果的经济含义和政策指导价值。此外，由于不同年份年鉴数据统计项目与统计口径有所差别，有些数据需要估算，这也影响了分析的精度。可待今后有了进一步数据之后，做更准确的分析。

（三）对策建议部分

所提供的证据还较单薄，基于这些结果所提出的政策建议还有待进一步深入探讨和全面论证。希望能够抛砖引玉，引来学界对本书的更多关注和主管部门更深入的调查研究。以积累证据，探索规律，切实控制我国近海过剩捕捞能力，完善我国远洋渔业发展政策，实现海洋捕捞业的可持续发展。

三、研究展望

海洋捕捞业生产能力控制与可持续发展涉及的问题复杂，对海洋捕捞业生产率的研究只是一个方面，而且本书所做的工作也仅是初步的。关于海洋捕捞业生产与生产率还有许多重要问题值得研究。

国外海洋捕捞业生产率研究多以单船为生产单位展开，对投入产出要素分析得更细致，因此能对捕捞业效率与生产率问题进行更深入分析。这也应是国内海洋捕捞业生产率研究的方向，对于大型远洋渔船，这类研究更具生产指导意义。

技术进步能够在要素投入数量不变的情况使近海捕捞能力增加，若要通过削减要素投入达到削减捕捞能力的目的，必须使每年的要素投入削减比例大于技术进步率。因而近海捕捞业技术进步速度应当是制定捕捞要素投入削减目标的重要参考依据。海洋捕捞技术进步测算，必须有完善的渔业资源存量数据才能进行。可考虑在资源存量数据相对完善的区域和时段，研究捕捞业的技术进步率。

捕捞限额制度是国外行之有效的捕捞能力控制手段，国内对此也展开了许多研究。已经有学者分析了国内实施捕捞限额制度的可行性（慕永通和梁振林，2010）与制度交易成本（杨正勇，2005）等问题，但尚未有研究针对捕捞限额制度的收益进行分析。本书理论分析部分为我国近海渔业资源租金实际估计提供了一定的基础。

除此之外，如渔民转产、捕捞船只回购、渔业社区管理、海洋牧场建设、海洋生态保护区建设等也与海洋捕捞业可持续发展紧密相关，值得进一步研究。本书实证研究中，渔业资源存量被作为缺失变量处理，只能从分析结果推测渔业资源变动趋势。国外渔业资源存量的调查数据较全面，因而其对捕捞业生产与生产率的研究更准确。应当大力加强渔业资源调查、监测与统计工作，以为科学研究与政策制定提供坚实基础。

参考文献

[1] Aigner D. , K. Loverll, P. Schmodt. Formulation and Estimation of Stochastic Frontier Production Function Models [J]. Journal of Econometrics, 1977, 6 (1): 21 – 37.

[2] Anderson L. G. The Economics of Fisheries Management [M]. Baltimore and London: The John Hopkins University Press, 1986.

[3] Arnason R. Loss of Economic Rents in the Global Fishery [J]. Journal of Bioeconomics, 2011, 13 (3): 213 – 232.

[4] Arnason R. , Kieran Kelleher, Rolf Willmann. The Sunken Billions: The Economic Justification for Fisheries Reform [M]. Washington, DC: World Bank and Food and Agriculture Organization, 2009.

[5] Asche F. , Eggert H. , Gudmundsson E. Fisher's Behavior with Individual Vessel Quotas Over – capacity and Potential Rent : Five Case Studies [J]. Marine Policy, 2008, 32 (6): 920 – 927.

[6] Baggio M. Optimal Fishery Management with Regime Shifts: An Assessment of Harvesting Strategies [J]. Environmental and Resource Economics, 2016, 64 (3): 465 – 492.

[7] Baltagi B. , Griffen J. A General Index of Technical Change [J]. Journal of Political Economy, 1988, 96 (1): 20 – 41.

[8] Battese G. E. , G. S. Corra. Estimation of a Production Frontier Model: With Application to the Pastoral Zone of Eastern Australia [J]. Australian Journal of Agricultural Economics, 1977 (21): 169 – 179.

[9] Battese G. G. , T. Coelli. A Model for Technical in Efficiency Effects in a Stochastic Frontier Production Function for Panel Data [J]. Empirical Economics, 1995 (20): 325 – 332.

[10] Bertignac M., Campbell H. F., Hampton J., et al. Maximizing Resource Rent in the Western and Central Pacific Tuna Fisheries [J]. Marine Resource Economics, 2001, 15 (3): 707-717.

[11] Boyce J. R. Instrument Choice in a Fishery [J]. Journal of Environmental Economics & Management, 2004, 47 (1): 183-206.

[12] Campbell H. F., Lindner R. K. The Production of Fishing Effort and the Economic Performance of License Limitation Programs [J]. Land Economics, 1990, 66 (1): 56-66.

[13] Chowdhury N. K., Kompas T., Kalirajan K. Input and Quality Controls: A Stochastic Frontier Analysis of Bangladesh's Industrial Trawl Fishery [R]. AARES 54th Annual Conference, 2010.

[14] Christy F. Fisherman Quotas: A Tentative Suggestion for Domestic Management [R]. Law of the Sea Institute, 1973.

[15] Clark C. W. Mathematical Bioeconomic: The Mathematics of Conservation [M]. New York: J. Wiley & Sons, 2010.

[16] Denison E. F. The Sources of Economic Growth in the United States and the Alternatives Before Us [M]. New York: Committee for Economic Development, 1962.

[17] Dupont D. P. Rent Dissipation in Restricted Access Fisheries [J]. Journal of Environmental Economics & Management, 1990, 19 (90): 26-44.

[18] Edwards S. F., S. J. Murawski. Potential Economic Benefits from Efficient Harvest of New England Groundfish [J]. North American Journal of Fisheries Management, 1993, 13 (3): 437-449.

[19] Eggert H., Tveterås R. Productivity Development in Icelandic, Norwegian and Swedish fisheries [J]. Applied Economics, 2013, 45 (6): 709-720.

[20] Felthoven R. G., Paul C. J. M., Torres M. Measuring Productivity Change and its Components for Fisheries The Case of the Alaskan Pollock Fishery, 1994-2003 [J]. Natural Resource Modeling, 2009, 22 (1): 105-136.

[21] Felthoven R. G. Effects of the American Fisheries Act on Capacity, Utilization and Technical Efficiency [J]. Marine Resource Economics, 2002 (17): 181-205.

[22] Felthovena R. G., Catherine J., Morrison P. Directions for Productivity Measurement in Fisheries [J]. Marine Policy 2004 (28): 161-169.

[23] Fox K., Grafton R. Q., Squires D., Kirkley J. Property Rights in a

Fishery: Regulatory Change and Firm Performance. Journal of Environmental Economics and Management [J]. 2003, 46 (1): 156-177.

[24] Gilbert B., Yeo B. H. Measuring Technological Change in Artisanal Fisheries: Evidence From Malaysia [R]. 15th IIFET Conference, 2010.

[25] Gilbert B., Yeo B. H. Technological Change and Managerial Ability: Evidence from a Malaysian Artisanal [J]. Fishery Land Economics, 2014, 90 (2): 352-371.

[26] Gordon H. S. An Economic Approach to the Optimum Utilization of Fishery Resources [J]. Fisheries Research, 1953 (10): 442-447.

[27] Gordon H. S. The Economics of a Common Property Resource: The Fishery [J]. Political Economy, 1954 (62): 124-142.

[28] Grafton R. Q., Squires D., Fox K. J. Private Property and Economic Efficiency A Study of a Common-Pool Resource [J]. Journal of Law and Economics, 2000, 43 (2): 679-713.

[29] Graham M. Modern Theory of Exploiting a Fishery, and Applications to North Sea Trawling [J]. J. Conseil, 1935 (10): 263-274.

[30] Greenville J. Hartmann J., Macaulay T. G. Technical Efficiency in Input-Controlled Fisheries: The NSW Ocean Prawn Trawl Fishery [J]. Marine Resource Economics, 2006 (21): 159-179.

[31] Gulland J. A. Fish Stock Assessment: A Manual of Basic Methods [M]. New York: J. Wiley & Sons, 1983.

[32] Hannesson R., Salvanes K. G., Squires D. Technological Change and the Tragedy of the Commons: The Lofoten Fishery over 130 Years [J]. Land Economics, 2010, 86 (4): 746-765.

[33] Hannesson R. Growth Accounting in a Fishery [J]. Journal of Environmental Economics and Management, 2007a, 53 (3): 374-376.

[34] Hannesson R. The Bioeconomic Production Function in Fisheries: A Theoretical and Empirical Analysis [J]. Canadian Journal of Fisheries and Aquatic Sciences, 1983, 40 (7): 968-982.

[35] Hardin G. The Tragedy of the Commons [J]. Science, 1968, 162 (3859): 1243-1248.

[36] Hentrich S., Salomon M. Flexible Management of Fishing Rights and a Sustainable Fisheries Industry in Europe [J]. Marine Policy, 2006, 30 (6): 712-720.

[37] Homans F. R., Wilen J. E. A Model of Regulated Open Access Resource Use [J]. Journal of Environmental Economics & Management, 1997, 32 (1): 1-21.

[38] Homans F. R., Wilen J. E. Markets and Rent Dissipation in Regulated Open Access Fisheries [J]. Journal of Environmental Economics & Management, 2005, 49 (2): 381-404.

[39] Hoyo J. J., Espino D. C., Toribio R. J. Determination of Technical Efficiency of Fisheries by Stochastic Frontier Models: A Case on the Gulf of Cadiz [J]. ICES Journal of Marine Science, 2004 (61): 416-421.

[40] Hugo J. Fuentes, Emili Griffel - Tatj, Sergio Perelman, A Parametric Distance Function Approach for Malmquist Productivity Index Estimation [J]. Journal of Productivity Analysis, 2001, 15 (2): 79-94.

[41] Jensen R. The Digital Provide: Information (Technology), Market Performance and Welfare in the South Indian Fisheries Sector [J]. Quarterly Journal of Economics, 2007, 122 (3): 879-924.

[42] Jin L., Thurnberg E., Kite - Powell H., Blake K. Total Factor Productivity Change in the New England Groundfish Fishery: 1964 - 1993 [J]. Journal of Environmental Economics and Management, 2002 (44): 540-556.

[43] Jorgenson D. W., Grillches Z. The Explanation of Productivity Change. Review of Economic Studies [J], 1967, 34 (3): 249-283.

[44] Jorgenson D., Christensen L. R., Lau L. J. Transcendental Logarithmic Production Frontiers [J]. Review of Economics and Statistics, 1973, 55 (1): 28-45.

[45] Karpoff J. M. Suboptimal Controls in Common Resource Management: The Case of the Fishery [J]. Journal of Political Economy, 1987, 95 (1): 179-194.

[46] Kim D. H., Lee K. H., Bae B. S., P. S. W. Productive Efficiency of the Sandfish Arctoscopus Japonicus Coastal Gillnet Fishery Using Stochastic Frontier Analysis [J]. Fishery Science, 2011 (77): 35-40.

[47] Kirchner C. H. Estimating Present and Future Profits within the Namibian Hake Industry: A Bio - economic Analysis [J]. African Journal of Marine Science, 2014, 36 (3): 283-292.

[48] Kirkley J., Paul C. J. M., Cunningham S., Catanzano J. Embodied and Disembodied Technical Change in Fisheries: An Analysis of the Sète Trawl Fishery, 1985-1999 [J]. Environmental and Resource Economics, 2004 (29): 191-217.

[49] Kirkley J., Squires D., Strand I. Characterizing Managerial Skill and

Technical Efficiency in a Fishery [J]. Journal of Productivity Analysis, 1998 (9): 145 - 160.

[50] Kompas T., Che T. N., Grafton R. Q. Technical Efficiency Effects of Input Controls: Evidence from Australia's Banana Prawn Fishery [J]. Applied Economics, 2004, 36 (15): 1631 - 1641.

[51] Kumbhakar S. C., Lovell C. A. K. Stochastic Frontier Analysis [M]. Cambridge University Press, 2003.

[52] Malakoff D. Extinction on the High Seas [J]. Science, 1997 (277): 486 - 488.

[53] McManus J. W. Tropical Marine Fisheries and the Future of Coral Reefs: A Brief Review with Emphasis on Southeast Asia [J]. Coral Reefs, 1997 (16): 121 - 127.

[54] Meeusen W., J. W. Broeck. Efficiency Estimation from Cobb - Douglas Production Function with Composed Error [J]. International Economic Review, 1977, 18 (2): 435 - 444.

[55] Murray J. H. Constrained Marine Resource Management [M]. Unpublished Ph. D. Dissertation, 2007, University of California, San Diego, CA.

[56] Nguyen L., T. B. Nguyen. Assessment of Tonkin Gulf Fishery, Vietnam, Based on Bioeconomic Models [C]. The Fourteenth Biennial Conference of the International Institute of Fisheries Economics and Trade, 2008.

[57] O'Dor R. The Unknown Ocean: The Baseline Report of the Census of Marine Life Research Program [R]. Consortium for Oceanographic Research and Education, Washington DC, 2003.

[58] Ogundari K., Olajide O. Akinbogun. Modeling Technical Efficiency with Production Risk: A Study of Fish Farms in Nigeria [J]. Marine Resource Economics. 2010 (25): 295 - 308.

[59] Orea L. Parametric Decomposition of a Generalized Malmquist Productivity Index [J]. Journal of Productivity Analysisi, 2002 (18): 5 - 22.

[60] Prager M. H. A Suite of Extensions to a Nonequilibrium Surplus - Production Model [J]. Fishery Bulletin, 1994, 92 (2): 374 - 389.

[61] Sanchirico J. N., Holland D., Quigley K., et al. Catch - quota Balancing in Multispecies Individual Fishing Quotas [J]. Marine Policy, 2006, 30 (6): 767 - 785.

[62] Schaefer M. B. Some Aspects of the Dynamics of Populations Important to

the Management of Commercial Marine Fisheries [J]. Bulletin of the Inter – American Tropical Tuna Commission, 1954, 1 (2): 27 –56.

[63] Scott A. The Fishery: The Objective of Sole Ownership [J]. Journal of Political Economy, 1955, 63 (2): 116 –124.

[64] Seijo J. C. Modelación de Pesquerias Tropicales [J]. XXV Aniv. Inst. Nal. Pesca 1987 (1): 85 –90.

[65] Sesabo J. K., Tol R. S. J. Technical Efficiency of Small – scale Fishing Households in Tanzanian Coastal Villages: An Empirical Analysis [J]. African Journal of Aquatic Science, 2007, 32 (1): 51 –61.

[66] Sharma K. R., Leung P. Technical Efficiency of the Longline Fishery in Hawaii: An Application of a Stochastic Production Frontier [J]. Marine Resource Economics, 1999 (13): 259 –274.

[67] Sinan H., Whitmarsh D. Wealth – based Fisheries Management and Resource Rent Capture: An Application to the Maldives Marine Fisheries [J]. Marine Policy, 2010, 34 (3): 389 –394.

[68] Smith M. D., Wilen J. E. Economic Impacts of Marine Reserves: The Importance of Spatial Behavior [J]. Journal of Environmental Economics & Management, 2003, 46 (2): 183 –206.

[69] Smith V. L. On Models of Commercial Fishing [J]. Political Economy, 1969, 77 (2) : 181 –198.

[70] Solow R. M. Technical Change and the Aggregate Production Function [J]. Review of Economics and Statistics, 1957, 39 (3): 312 –320.

[71] Squires D., Reidb C., Jeon Y. Productivity Growth in Natural Resource Industries and the Environment: An Application to the Korean Tuna Purse – seine Fleet in the Pacific Ocean [J]. International Economic Journal, 2008, 22 (1): 81 –93.

[72] Squires D., Vestergaard N. The Paradox of Private Efficiency and Social Inefficiency with Common – Pool Natural Resources: Economic Efficiency and Bio – economics [R]. University of California, San Diego, 2007.

[73] Squires D. Opportunities in Social Science Research [C] //Beamish R. J., Rothschild B. J. The Future of Fisheries Science in North America. Springer Netherlands, 2009: 637 –696.

[74] Squires D. Producer Quotas and Virtual Quantities [R]. Draft Memo, Dept of Economics, University of California San Diego, 2007.

［75］ Squires D. Productivity Measurement in Common Property Resource Industries：An Application to the Pacific Coast Trawl Fishery ［J］. RAND Journal of Economics. 1992，23 （2）：221 －236.

［76］ Stavins R. N. The Problem of the Commons：Still Unsettled after 100 Years ［J］. American Economic Review，2011，101 （2）：81 －108.

［77］ Sumaila U. R.，Hannesson R. Maximum Economic Yield in Crisis? ［J］. Fish & Fisheries，2010，11 （11）：461 －465.

［78］ Susilowati I.，Bartoo N.，Omar I. H.，Jeon Y.，Kuperan K.，Squires D.，Vestergaard N. Productive Efficiency，Property Rights and Sustainable Renewable Resource Development in the Mini － purse Seine Fishery of the Java Sea ［J］. Environment and Development Economics. 2005，10 （6）：837 －859.

［79］ Tai S. Y.，Heaps T. Effort Dynamics and Alternative Management Policies for the Small Pelagic Fisheries of Northwest Peninsular Malaysia ［J］. Marine Resource Economics，1996，11 （11）：85 －103.

［80］ 埃尔奇安．租金 ［M］//约翰·伊特韦尔，默里·米尔盖特，彼得·纽曼．新帕尔格雷夫经济学大辞典（第四卷）．北京：经济科学出版社，1996：150 －153.

［81］ 白洋，朱伯玉．公海渔业资源养护和利用国际法律制度研究 ［J］. 中国人口·资源与环境，2014，24 （6）：171 －177.

［82］ 包特力根白乙，冯迪．中国渔业生产：计量经济模型的构建与应用 ［J］. 中国渔业经济，2008，3 （26）：26 －30.

［83］ 包特力根白乙，刘新山，张文华．基于计量经济模型的辽宁渔业生产动向研究 ［J］. 水产科学，2009，28 （9）：542 －546.

［84］ 包特力根白乙，孙怡，杨洁涵．水产经济学若干基本概念之研究 ［J］. 中国渔业经济．2009，27 （1）：66 －70.

［85］ 蔡昉．中国经济增长如何转向全要素生产率驱动型 ［J］. 中国社会科学，2013 （1）：56 －73.

［86］ 蔡莉．中国新东部海洋渔业资源人口承载力研究（2010 ~ 2020）［M］. 北京：中国社会科学出版社，2012：120 －130.

［87］ 陈君．我国海洋渔业可持续发展方向：集约型海洋渔业 ［J］. 生态经济，1999 （6）：13 －16.

［88］ 陈力群，张朝晖，王宗灵．海洋渔业资源可持续利用的一种模式——海洋牧场 ［J］. 海岸工程，2006 （4）：71 － 76.

［89］ 陈思行．公海渔业的管理趋势 ［J］. 海洋开发与管理，1994 （4）：9 －13.

［90］陈思行．公海渔业及其管理［J］．海洋渔业，1997（3）：97－102.

［91］陈新军，周应祺．国际海洋渔业管理的发展历史及趋势［J］．上海海洋大学学报，2000，9（4）：348－354.

［92］陈新军，周应祺．基于BP模型的渔业资源可持续利用综合动态评价［J］．湛江海洋大学学报，2002（6）：38－44.

［93］陈新军，陆化杰，刘必林，田思泉．大洋性柔鱼类资源开发现状及可持续利用的科学问题［J］．上海海洋大学学报，2012，21（5）：831－841.

［94］陈新军．渔业资源与渔场学［M］．北京：中国农业出版社，2004.

［95］陈鑫．财政部：调整渔业捕捞和养殖业油价补贴政策［N］．中国新闻网，2015－07－09.

［96］陈艳，慕永通．资源租金与基于产权的渔业管理［J］．中国渔业经济，2005（4）：19－21.

［97］陈艳明，包特力根白乙．中国海洋伏季休渔制度研究［J］．河北渔业，2010（9）：46－50.

［98］陈作志，林昭进，邱永松．基于AHP的南海海域渔业资源可持续利用评价［J］．自然资源学报，2010（2）：249－257.

［99］丛子明，李挺．中国渔业史［M］．北京：中国科学技术出版社，1993.

［100］崔毅，马绍赛，李云平等．莱州湾污染及其对渔业资源的影响［J］．渔业科学进展，2003，24（1）：35－41.

［101］丁琪，陈新军，方舟．西北太平洋沿海国海洋渔业资源可持续利用评价［J］．中国海洋大学学报（自然科学版），2015，45（3）：54－67.

［102］丁琪，陈新军，李纲，方舟．基于渔获统计的西北太平洋渔业资源可持续利用评价［J］．资源科学，2013，35（10）：2032－2040.

［103］董永虹．区域海洋渔业产业结构调整优化模型研究［J］．数量经济技术经济研究，2002（9）：57－59.

［104］杜建国，叶观琼，陈彬等．中国海域海洋生物的营养级指数变化特征［J］．生物多样性，2014，22（4）：532－538.

［105］范永超，陈新军，汪金涛．基于多因子栖息地指数模型的南太平洋长鳍金枪鱼渔场预报［J］．海洋湖沼通报，2015（2）：36－45.

［106］扶持和壮大我国远洋渔业研究课题组．把远洋渔业作为一项战略产业加以扶持［J］．中国国情国力，2010（9）：7－12.

［107］傅广宛，茹媛媛，孔凡宏．海洋渔业环境污染的合作治理研究——

以长三角为例［J］. 行政论坛，2014（1）：72－77.

［108］傅占先．海洋渔业资源保护与合理开发研究［J］. 海洋渔业，1988（3）：104－109.

［109］高强，丁慧媛．山东省渔业生产效率及其变动趋势的测算与分析，中国渔业经济，2011（4）：107－114.

［110］高强．资源与环境双重约束下渔业经济发展战略研究［J］. 农业经济问题，2006（1）：29－ 32.

［111］顾婷，李灵稚．中韩黄海水域远洋渔业合作：现状与对策［J］. 国际经济合作，2013（11）：74－77.

［112］郭睿．渔业增殖放流效益日益显现［N］. 中国渔业报，2013－01－28.

［113］国家海洋局．中国海洋环境状况公报［EB/OL］. http：//www. coi. gov. cn/gongbao/huanjing/.

［114］国家环境保护总局．中国保护海洋环境免受陆源污染国家报告［J］. 环境保护，2006（20）：15－21.

［115］国小雨．中国远洋渔业发展现状及趋势研究［J］. 海洋经济，2013，3（5）：25－31.

［116］哈尔·瓦里安．微观经济学（高级教程）（第三版）［M］. 北京：经济科学出版社，1997：68－85.

［117］韩杨，曾省存，刘利．印度尼西亚渔业发展趋势及与中国渔业合作空间［J］. 世界农业，2014a（5）：39－45.

［118］韩杨，杨子江，刘利．菲律宾渔业发展趋势及其与中国渔业合作空间［J］. 世界农业，2014b（10）：56－61.

［119］何枫．经济开放度对我国技术效率影响的实证分析［J］. 中国软科学，2004（1）：48－52.

［120］胡宁宁，邓启明．WTO 框架下中国渔业补贴及其出口效应研究——基于 1999～2011 年数据的实证［J］. 科技与管理，2013，15（4）：26－30.

［121］胡兆群．海洋水产资源增殖规模问题的探讨［J］. 河北渔业，1993（1）：7－9.

［122］黄硕琳．《联合国海洋法公约》生效对公海渔业的影响［J］. 水产学报，1996，20（3）：250－257.

［123］黄硕琳．公海渔业的限制与发展——国际渔业法律环境剖析［J］. 水产学报，1993（3）：216－223.

［124］黄勇民．提升福建远洋渔业质量和效益的建议［J］. 世界海运，

2014, 37 (10): 16 - 18.

[125] 贾晓平. 增殖放流对生态环境的修复作用研究报告 [N]. 中国渔业报, 2009 - 03 - 02.

[126] 乐佩琦, 梁秩桑. 中国古代渔业史源和发展概述 [J]. 动物学, 1995, 30 (4): 54 - 59.

[127] 李. 安德森. 渔业经济学 [M]. 上海: 上海财经大学出版社, 2012: 16 - 44.

[128] 李大海, 潘克厚, 韩爱香. 考虑价格变动因素的 Gordon - Schaefer 模型 [J]. 中国渔业经济, 2006 (3): 55 - 63.

[129] 李纲. 我国近海鲐鱼资源评估及风险评价 [D]. 上海海洋大学博士学位论文, 2008: 1 - 125.

[130] 李谷成. 技术效率、技术进步与中国农业生产率增长 [J]. 经济评论, 2009 (1): 60 - 68.

[131] 李京文, 李军. 中美生产率比较 [J]. 经济研究, 1993 (4): 67 - 71.

[132] 李陆嫔, 黄硕琳. 我国渔业资源增殖放流管理的分析研究 [J]. 上海海洋大学学报, 2011, 20 (5): 765 - 773.

[133] 李文杭, 孙国兴, 李树德. 天津市渔业技术进步贡献率测算及增长对策分析 [J]. 中国渔业经济, 2003 (S1): 28 - 30.

[134] 李文抗, 房恩军. 建设人工鱼礁修复海洋渔业资源生态环境 [J]. 天津水产, 2003 (4): 5 - 8.

[135] 李子奈, 潘文卿. 计量经济学 (第二版) [M]. 北京: 高等教育出版社.

[136] 梁仁君, 林振山, 任晓辉. 海洋渔业资源可持续利用的捕捞策略和动力预测 [J]. 南京师大学报 (自然科学版), 2006 (3): 108 - 112.

[137] 林光纪. 人工鱼礁物品经济学特性 [J]. 福建水产, 2005 (2): 6 - 10.

[138] 林光纪. 渔业公共资源的市场配置及其政策 [J]. 福建水产, 2005 (4): 1 - 4.

[139] 林光纪. 渔业公共资源管理的制度经济学探讨 [J]. 福建水产, 2008 (3): 1 - 6.

[140] 林光纪. 重构我国捕捞准入制度的理论探讨 [J]. 福建水产, 2012, 3 (2): 163 - 169.

[141] 林群, 邵文慧, 高齐圣. 山东省渔业生产函数的协整分析 [J]. 中

国渔业经济，2009（12）：104－109.

［142］刘秉镰，李清彬．中国城市全要素生产率的动态实证分析：1990～2006——基于DEA模型的Malmquist指数方法［J］.南开经济研究，2009（3）：139－152.

［143］刘炳磊，于会娟．我国沿海省市海洋捕捞业全要素生产率的动态实证分析——基于DEA模型的Malmquist指数方法［J］.中共青岛市委党校青岛行政学院学报，2014（5）：41－45.

［144］刘金立，陈新军，李纲．基于贴现率的西北太平洋柔鱼生物经济模型及管理策略分析［J］.中国海洋大学学报，2014，44（4）：42－46.

［145］刘金立，陈新军，李纲等．西北太平洋柔鱼资源综合配置模型及管理策略探讨［J］.海洋与湖沼，2014（5）：1016－1023.

［146］刘金铃，徐向荣，丁振华等．海南珊瑚礁区鱼体中重金属污染特征及生态风险评价［J］.海洋环境科学，2013（2）：262－264.

［147］刘勤，向清华，杜冰．基于PDM模型的上海远洋渔业产业发展动力因素探析［J］.中国农学通报，2011，27（23）：51－57.

［148］刘世禄，冯小花，陈辉．关于加快发展我国远洋渔业的战略思考［J］．渔业现代化，2014，41（4）：63－68.

［149］刘舜斌．关于渔船功率指标配置制度改革的思考［J］.中国渔业经济，2007，25（3）：3－6.

［150］刘艳红，黄硕琳．公海渔业制度的发展及我国的公海渔业权益［J］.海洋湖沼通报，2009（1）：162－170.

［151］刘志东，冯春雷，陈雪忠等．中国远洋渔业的机遇与挑战［J］.安徽农业科学，2014（24）：8474－8476.

［152］刘卓，杨纪明．日本海洋牧场研究现状及其进展［J］.现代渔业信息，1995（5）：14－18.

［153］刘子藩，周永东．东海伏季休渔效果分析［J］.浙江海洋学院学报，2000，19（2）：144－148.

［154］卢江勇．海南省渔业生产函数实证分析［J］.水产科学，2005（12）：50－53.

［155］马永兴．搞好增殖放流实现海洋渔业可持续发展［J］.山东农业，2000（8）：24.

［156］慕亚平，江颖．从“公海捕鱼自由”原则的演变看海洋渔业管理制度的发展趋势［J］.中国海洋法学评论，2005（1）：67－98.

［157］慕永通，梁振林．捕捞限额制度可行性研究报告概要［J］. 中国渔业经济，2010（2）：38－42.

［158］慕永通，马林娜．个别可转让配额理论的起源与发展［J］. 中国海洋大学学报（社会科学版），2004（1）：1－8.

［159］慕永通，韩立民．渔业问题及其根源剖析［J］. 中国海洋大学学报社会科学版，2003（6）：65－74.

［160］慕永通．我国海洋捕捞业的困境与出路［J］. 中国海洋大学学报（社会科学版），2005（2）：1－5.

［161］聂启义，黄硕琳．公海金枪鱼渔业管理趋势研究［J］. 上海海洋大学学报，2011，20（4）：587－595.

［162］欧焕康，虞聪达．渔船“双控”制度成效研究［J］. 浙江海洋学院学报：自然科学版，2011，30（5）：432－435.

［163］平瑛，蔡中华，张鸿杨．基于DEA模型的我国渔业生产效率的研究［J］. 中国渔业经济，2013（6）：113－117.

［164］綦振奕，赵志宏，于志新．当前我国海洋捕捞业面临的主要问题及可持续发展对策探讨［J］. 齐鲁渔业，2006（7）：53－ 55.

［165］邱永松，张鹏．南海大洋性渔业资源开发利用对策建议［C］// 热带海洋科学学术研讨会暨第八届广东海洋湖沼学会、第七届广东海洋学会会员代表大会论文及摘要汇编，2013.

［166］邵泽宁．论公海渔业资源的国际法律保护［J］. 中南政法学院学报，1990（1）：67－71.

［167］佘远安．韩国、日本海洋牧场发展情况及我国开展此项工作的必要性分析［J］. 中国水产，2008（3）：22－24.

［168］沈卉卉，黄硕琳．中西太平洋金枪鱼渔业管理现状分析［J］. 上海海洋大学学报，2014（5）：789－795.

［169］施鼎钧．辉煌的中国渔业史［J］. 北京水产，1999（6）：39－40.

［170］史磊，高强．我国远洋渔业发展的困境及支持政策研究［J］. 中国渔业经济，2009，27（2）：69－73.

［171］史同广．论海洋渔业资源的保护问题［J］. 国土与自然资源研究，1995（1）：38－42.

［172］孙建富，王丹．辽宁远洋渔业可持续发展的策略研究［J］. 辽宁经济，2015（4）：36－39.

［173］孙培廷．基于现代造船技术的远洋渔业发展建议［J］. 世界海运，

2012，35（7）：1－5.

［174］孙政才．加强水生生物资源养护推进生态文明建设［J］．中国水产，2009（6）：1－3.

［175］唐议，盛燕燕，陈园园．公海深海底层渔业国际管理进展［J］．水产学报，2014，38（5）：759－769.

［176］滕菲，郭佩芳．浅谈《海洋环境保护法》的行政主体［J］．海洋环境科学，2012（6）：913－917.

［177］汪金涛，高峰，雷林，官文江，周劲望，叶守建，陈新军．基于神经网络的东南太平洋茎柔鱼渔场预报模型的建立及解释［J］．海洋渔业，2014，36（2）：131－137.

［178］王秉和．世界公海渔业资源及开发利用现状［J］．齐鲁渔业，1998（2）：29－31.

［179］王传荣．加快远洋渔船装备发展提升远洋渔业战略地位［J］．港口经济，2013（1）：48－51.

［180］王海峰，刘大海，姜军．对影响我国海洋捕捞业制度要素的实证分析［J］．中国渔业经济，2006（5）：24－ 28.

［181］王雅丽，陈新军，李纲．东黄海鲐鱼渔业资源租金初探［J］．上海海洋大学学报，2012，21（6）：1046－1052.

［182］韦有周，赵锐，林香红．建设“海上丝绸之路”背景下我国远洋渔业发展路径研究［J］．现代经济探讨，2014（7）：55－60.

［183］席利卿，彭可茂．技术进步、技术效率与中国渔业增长分析．中国科技论坛．2010（3）：124－128.

［184］肖乐，李明爽．远洋渔业三十年艰苦拼搏铸辉煌——专访中国农业发展集团董事长刘身利［J］．中国水产，2015（4）：4－9.

［185］肖姗，孙才志．基于 DEA 方法的沿海省市海洋渔业经济发展水平评价［J］．海洋开发与管理，2008（4）：90－94.

［186］杨瑾．大力发展远洋捕捞业振兴海洋经济［J］．海洋开发与管理，2012（11）：97－102.

［187］杨正勇．海洋渔业资源管理中 ITQ 制度交易成本研究［D］．复旦大学博士学位论文，2005.

［188］杨正勇．我国海洋渔业资源管理中个体可转让配额制度交易成本的影响因素分析——Williamson 的视角［J］．海洋开发与管理，2006（6）：150－153.

[189] 姚丽娜，刘洋．我国远洋渔业竞争力比较研究———兼对浙江省的解析［J］. 农业经济问题，2014（7）：94－104.

[190] 姚洋，章奇．中国工业企业技术效率分析［J］. 经济研究，2001（10）：13－19.

[191] 姚震，骆乐．渔业制度变迁对渔业生产率贡献的分析［J］. 中国渔业经济，2001（6）：16－17.

[192] 易纲，樊纲，李岩．关于中国经济增长与全要素生产率的理论思考［J］. 经济研究，2003（8）：13－22.

[193] 于淑华，于会娟．中国沿海地区渔业产业效率实证研究——基于DEA的Malmquist指数分析［J］. 中国渔业经济，2012，30（3）：140－146.

[194] 余秀宝．我国渔业捕捞行政许可问题探讨［J］. 法制论坛，2012（1）：195－205.

[195] 袁新华，李彩艳，缪为民．我国渔业经济增长的制度经济学分析［C］//2008年中国渔业经济专家论坛论文集，2008.

[196] 岳冬冬，王鲁民．我国远洋鱿钓渔业市场演进路径与产业发展对策［J］. 农业现代化研究，2013（5）：548－551.

[197] 张健华，王鹏．中国全要素生产率：基于分省份资本折旧率的再估计［J］. 管理世界，2012（10）：18－30.

[198] 张沛军．发展远洋渔业，开发海洋国土［J］. 工程研究——跨学科视野中的工程，2013，5（1）：82－91.

[199] 张秋华，程家骅，徐汉祥等．东海区渔业资源及其可持续利用［M］. 上海：复旦大学出版社，2007：587.

[200] 张彤．基于DEA方法的中国海洋捕捞产业动态生产效率［J］. 中国渔业经济，2007（4）：6－10.

[201] 张欣．自然禀赋、技术进步与沿海地区渔业经济增长［J］. 科技管理研究，2012（12）：74－77.

[202] 张秀梅，王熙杰，涂忠等．山东省渔业资源增殖放流现状与展望［J］. 中国渔业经济，2009，27（2）：51－58.

[203] 张勋，张禹，周爱忠等．我国远洋渔业渔具发展概况［J］. 中国农业科技导报，2013（6）：16－19.

[204] 张砚杰，王晓兵．改革开放30年中国农业生产力和效率变化评估［J］. 农业经济问题，2012（10）：19－28.

[205] 张益丰．海洋渔业最大捕捞能力的有效测度方法理论综述［J］. 上

海海洋大学学报，2008，17（6）：740－746.

［206］张铮铮，李胜忠．我国远洋渔业装备发展战略与对策［J］．船舶工程，2015，37（6）：6－12.

［207］郑曙光．海洋渔业资源的国际保护［J］．浙江水产学院学报，1987（2）：149－154.

［208］郑奕，周应祺，方水美等．中国近海捕捞能力与能力利用度的量化及其应用［J］．浙江海洋学院学报（自然科学版），2008，27（4）：415－424.

［209］郑奕，周应祺．DEA理论及其在我国海洋渔业中的应用［J］．上海海洋大学学报，2002，11（1）：37－42.

［210］郑奕，方水美，周应祺，项亦子．中国海洋捕捞能力的计量与分析［J］．水产学报，2009，33（5）：885－892.

［211］中国农业百科全书编辑部．中国农业百科全书——水产业卷（下）［M］．北京：农业出版社，1994：468－697.

［212］中国农业部水产司．水产经济工作手册［M］．北京：农业出版社，1994.

［213］中华人民共和国环境保护部．中国近岸海域环境质量公报［EB/OL］．中华人民共和国环境保护部网站．

［214］中华人民共和国农业部，环境保护部．中国渔业生态环境状况公报［EB/OL］．http：//www.cafs.ac.cn/hjgg.asp.

［215］中华人民共和国农业部渔业局．2010年水生生物资源增殖放流工作扎实推进［EB/OL］．http：//www.cnfm.gov.cn/info/display.asp？sortid=53&id=56358.

［216］中华人民共和国农业部渔业局．中国渔业统计年鉴［M］．北京：中国农业出版社，1996－2014.

［217］中华人民共和国统计局．中国统计年鉴［M］．北京：中国统计出版社，2009－2014.

［218］周春旗，赵细康，杨宇峰．渔船作业效率及政策研究［J］．中国渔业经济，2006（4）：50－54.

［219］周端明．技术进步、技术效率与中国农业生产率增长——基于DEA的实证分析．数量经济技术经济研究，2009（12）：70－82.

［220］周晓艳，韩朝华．中国各地区生产效率与全要素生产率增长率分解（1990～2006）［J］．南开经济研究，2009（5）．

［221］周应祺，陈新军，张相国．有关捕捞能力量化统计方法的探讨［J］．上

海海洋大学学报，2000，9（2）：119－124.

［222］周应祺，王军，钱卫国等．鱼类集群行为的研究进展［J］．上海海洋大学学报，2013，22（5）：734－743.

［223］周应祺，郑奕．捕捞能力及其计量［J］．上海海洋大学学报，2002，11（1）：84－87.

［224］周应祺．渔业导论［M］．北京：中国农业出版社，2010.

［225］朱玉贵．海洋渔业资源可持续利用研究［J］．中国人口·资源与环境，2009（2）：166－169.

［226］朱玉贵．中国伏季休渔效果研究一种制度分析视角［D］．中国海洋大学博士学位论文，2009.

后　记

本书是笔者主持的中国海洋发展研究中心青年项目“资源衰退背景下中国近海捕捞业生产率研究（AOCQN201228）”和中国海洋大学管理学院510项目“中国海洋捕捞业生产率研究”的研究成果，并在其基础上有所扩充。本书的完成得益于中国海洋大学管理学院原副院长、工商管理系主任王淼教授的大力支持和持续督促，在此谨向王淼教授表示诚挚的谢意。感谢我的博士后导师中国海洋发展研究院副院长韩立民教授，在研究过程中对我的耐心点拨、不断鼓励和所提供的多方帮助。感谢管理学院和工商管理系所营造的积极向上且宽松和谐的工作氛围。感谢秦宏副教授、秦曼博士等同事在研究过程中的探讨与合作。

本书研究和写作过程中尽量做到言之有据、细致深入，但不足之处在所难免。此外写作过程中参考了许多专家学者的论文著作，引用尽量做到规范周全，但恐仍有疏漏。以上不当之处敬请读者不吝批评指正。

2017年5月于青岛